성경공부 3

성령의 역사

성령에 대한 이해 | 진리의 영과 미혹의 영
현대 기독교회의 기적, 믿을 수 있는 것인가?
기독교회에 들어온 뉴에이지
방언에 대한 진실과 오해
창조인가 진화인가?

11HN.NET

성경공부 3
성령의 역사

편　　집 11HN 네트워크
발 행 인 손계문
발 행 일 2018년 8월 20일
출판등록 2007년 7월 4일
전　　화 1544-0091, 010-9543-0091
이 메 일 11hnnet@gmail.com
웹사이트 www.11hn.net

ISBN : 979-11-6324-010-5 (세트)
ISBN : 979-11-6324-013-6 04230
값 6,000원

11HN(11th Hour Network : 열한시 네트워크)는
성경의 진리와 참된 복음을 회복하기 위해 힘쓰고 있으며 값싼 구원론과 교회성장, 기계적인 신앙으로 전락해버린 교회를 흔들어 깨우기 위해 회개운동, 거룩운동, 재림운동을 하는 신앙 운동체입니다.
예수 그리스도의 마음을 품은 예수님의 증인들이 세상 곳곳에서 일어나기를 소망합니다.

Contents

오직 성령의 열매는
사랑과 희락과 화평과
오래 참음과 자비와 양선과
충성과 온유와 절제니
이같은 것을
금지할 법이
없느니라
갈라디아서 5:22,23

성경공부
성령의 역사
1장

성령에 대한 이해

성령은 누구시며 무엇을 하는가?

제1부 성령의 역할

1. 성령은 누구신가?

성령은 어떤 힘이나 기운이 아니라 인격체이신 하나님이십니다.

조금 늦은 감이 있긴 하지만, 흔히 그리스도인들이 성령에 대하여 오해하고 있는 한 가지 점을 밝혀야 할 필요가 있을 것 같습니다. 꽤 많은 사람이 성령을 마치 하나님께로부터 나오는 기운이나 힘, 내지는 능력 같은 비인격적인 물질로서 이해하고 있습니다. 그러나 예수님께서는 성령을 하나의 인격체이신 분으로 소개하셨습니다. 주님께서는 성령님을 "그가", 또는 "저가"라고 호칭하시며 당신 자신과 동등한 인격을 갖추고 있는 개체로 말씀하셨습니다.

고린도후서 3장 17절에서 사도 바울은 "주는 영이시니 주의 영이 계신 곳에는 자유함이 있느니라"고 하여 주의 영, 곧 성령을 한 인격체로 말씀하신 사실도 보게 됩니다. 또한 베드로도 "네가 성령을 속이고..."(행 5:3)라고 말씀하여 성령님을 인격체로 언급한 사실을 알게 됩니다. 히브리서 9장 14절은 "영원하신 성령"이라고 호칭하고 있는가 하면, 시편 139편 7절은 "내가 주의 신을 떠나 어디로 가며..."라고 말씀하고 있는 것으로 보아 성령께서는 신성의 속성을 가진 하나님이시라는 사실을 우리는 깨닫게 됩니다.

또한 예수님께서 침례 받으실 때에, 하나님 아버지께서는 하늘 위에서 "이는 내 사랑하는 아들이요, 나의 기뻐하는 자라"고 말씀하고 계셨고, 예수님께서는 요단강 물에서 계셨으며, 성령께서는 비둘기 모양으로 주님 위에 임하셨던 사실로 성령께서도 하나님의 속성에 속하는 삼위일체 가운데 한 분이시라는 사실을 미루어 이해하게 되는 것입니다. 그러므로 예수님께서는 우리가 새로운 믿는 자들을 얻게 될 때에 아버지와 아들과 성령의 이름으로 침례를 주라고 분부하셨던 것입니다. 이러한 이해는 우리가 성령님을 어떻게 취급하여야 할 지에 있어서 큰 도움을 주게 됩니다.

성령님도 인격적인 하나님이십니다. 예수님께서 인격적인 개체를 가지신 하나님이신 것처럼 말입니다. 그러므로 우리는 어떻게 하면 성령의 능력을 받을 수 있는가를 알려고 애쓰기 보다는, 어떻게 하면 성령님께 쓰인바 되는 사람이 될 수 있을까에 대하여 많이 명상하여야 됩니다. 성령께서는 순종하는 자들 속에 임재 하십니다. "우리는 이 일의 증인이요, 하나님이 자기를 순종하는 사람들에게 주신 성령도 그러하니라 하더라"(행 5:32).

1) 이길 수 있게 해 주시는 분

이 글의 가장 중요한 사상은 거듭남, 칭의, 성화는 모두 성령의 힘에 의해서 이루어진다는 것입니다. 로마서 7장과 8장의 몇 구절은 인간의 구원을 위한 성령의 역사를 잘 설명해주고 있습니다. 로마서 7장에서 바울은 하나님의 법이 자신을 구속하기 때문에 경험되는 처절한 인간의 상태를 설명하고 있습니다. "우리가 율법은 신령한 줄 알거니와 나는 육신에 속하여 죄 아래 팔렸도다. 나의 행하는 것을 내가 알지 못하노니 곧 원하는 이것은 행하지 아니하고 도리어 미워하는 그것을 함이라. 만일 내가 원치 아니하는 그것을 하면 내가 이로 율법의 선한 것을 시인하노니 이제는 이것을 행하는 자가 내가 아니요 내 속에 거하는 죄니라. 내 속 곧 내 육신에 선한 것이 거하지 아니하는 줄을 아노니 원함은 내게 있으나 선을 행하는 것은 없노라. 내가 원하는 바 선은 하지 아니하고 도리어 원치 아니하는 바 악은 행하는도다. 만일 내가 원치 아니하는 그것을 하면 이를 행하는 자가 내가 아니요 내 속에 거하는 죄니라"(롬 7:14-20).

율법에 구속되어 있는 인간의 상태에 대해서 바울은 다음과 같은 설명을 부가하였습니다. "내 속 사람으로는 하나님의 법을 즐거워하되 내 지체 속에서 한 다른 법이 내 마음의 법과 싸워 내 지체 속에 있는 죄의 법 아래로 나를 사로잡아 오는 것을 보는 도다"(롬 7:22,23).

2) 세 가지 법과 성령

이 성경 절에서 바울은 두 가지 법에 관하여 말하고 있습니다. 첫 번째 법은 하나님의 법, 즉 십계명(7절)을 가리키는데, 바울은 이 법이 공정하고 선하지만 자신이 그 법의 요구를 행할 수 없음을 한탄하고 있습니다. 두 번째 법은 "죄의 법"으로서 육신에 거하는 죄의 힘을 가리킵니다. "죄의 법"은 선천적으로 타고나며, 또한 후천적으로도 습득되는 죄로 쏠리는 인간의 성향을 말합니다. 이 성향은 인간이 의를 행하지 못하도록 만들며 인간의 도덕성을 약하게 만들어 도덕적 능력의 한계를 설정합니다. 그렇기 때문에, 로마서 7장 24절에서, 이러한 인간의 상태를 보면서 바울은 "오호라 나는 곤고한 사람이로다 이 사망의 몸에서 누가 나를 건져내랴"고 한탄한 것입니다.

그러나 바울은 여기서 그치지 않고 로마서 8장에 승리의 말씀을 적고 있습니다. 로마서 8장은 우리에게 곤고한 인간의 상태를 해결할 수 있는 문제의 해결점을 확실하게 제시하고 있습니다. 그 이유는 세 번째 법이 우리에게 주어졌다고 말씀하기 때문입니다. 이 세 번째 법은 바울뿐만 아니라 우리의 모든 문제와 신앙적 고뇌를 완전히 해결시켜 줍니다. "이는 그리스도 예수 안에 있는 생명의 성령의 법이 죄와 사망의 법에서 너를 해방하였음이라"(롬 8:2).

세 번째 법은 바로 우리가 성령께 완전히 굴복한다면 그가 우리 안에 들어와서 우리의 문제를 해결해 주신다는 것입니다. 바울은 그리스도를 통하여 오는 성령만이 우리를 구원에 이르게 하는 승리를 얻도록 할 수 있으며, 이로써 우리가 죄에 대하여 승리함으로써, 마음에 진정한 평화를 얻게 하며, 영원한 생명에 이르게 한다고 명확하게 말하고 있습니다.

성령은 예수님께서 당신의 백성을 높이기 위하여 아버지께 간청할 수 있는 모든 선물 중에 가장 고상한 선물이었습니다. 성령은 본성적으로 타락한 인간을 영적으로 소생시켜주는 분으로 주시는 바 되었으며 이 분이 없이는 그리스도의 희생이 아무 소용도 없을 것입니다. 악의 세력은 여러 세기 동안 강해졌기 때문에 사람들은 사탄의 속박에 복종 당하게 되었습니다.

죄는 신성의 제 삼위이신 성령의 강력한 작용을 통하여만 물리칠 수 있기 때문에 성령은 제한된 능력을 가지고 오시는 것이 아니라 하나님의 능력이 충만한 가운데 오셨습니다. 세상의 구주께서 이루신 일을 효력있게 만드시는 분은 성령이십니다. 성령은 마음을 순결하게 만드십니다. 성령을 통하여 신자는 거룩한 품성을 나누어 가지는 자가 됩니다. 그리스도께서는 모든 유전적이며 배양된 악의 성향들을 이기며 당신 자신의 품성을 당신의 교회에 새기는 거룩한 능력으로서 성령을 주셨습니다.

3) 약속된 선물

예수님께서는 겟세마네 동산으로 가기 바로 전에 그의 제자들에게 성령의 은사를 주기로 약속하셨습니다. 3년 동안 예수님께서는 말씀과 비유들로 성령의 은사에 대하여 가르치셨습니다. 3년 동안 예수님께서는 제자들에게 능력의 근원으로서,

상담자로서, 인도자로서, 친구로서 함께 계셨습니다. 그러나 예수님께서 그들을 떠나야만 할 때가 이르렀고, 그들을 늑대들 속에서 방황하는 양으로서, 뱀들의 공격을 받는 비둘기로서 홀로 남겨두어야 할 시간이 되었습니다.

예수님께서는 그들이 어느 때 보다도 더 큰 도움을 필요로 할 것을 아시고, 그들이 앞으로 경험하게 될 여러 시험을 내다보시며 그들을 위한 가장 큰 선물을 준비하셔서 그들의 모든 필요를 공급하시려 하셨습니다. "내가 아버지께 구하겠으니 그가 또 다른 보혜사를 너희에게 주사 영원토록 너희와 함께 있게 하시리니 저는 진리의 영이라. 세상은 능히 저를 받지 못하나니 이는 저를 보지도 못하고 알지도 못함이라. 그러나 너희는 저를 아나니 저는 너희와 함께 거하심이요"(요 14:16,17).

성령을 의미하는 "보혜사"의 헬라어 원어는 "Parakletos"입니다. 이 단어는 다른 성경 번역본들에는 "돕는 자"(N.A.S.B.), "상담자"(R.S.V.), "대변자"(N.E.B), "당신 옆에서 변호해 주는 다른 이"(Philips)로 번역되어 있습니다. 이러한 여러 다른 번역을 비교해 볼 때 "보혜사"라는 말에는 여러 가지 함축적인 의미가 담겨 있음을 알 수 있습니다.

스코틀랜드의 유명한 신학자 William Barclay는 "Parakletos"-보혜사가 갖는 의미를 다음과 같이 설명하고 있습니다.

"Parakletos의 문자적 의미는 '부르심을 받은 자'라는 뜻인데 이 단어의 실제적 의미는 '왜 부르심을 받았는가'하는 이유와 연결되어 결정되어진다. 헬라 사람들은 이 단어를 여러 가지 의미로 사용하였다. 'Parakletos'는 법정에서 증인으로 부르심을 받은 사람을 가리킬 때도 쓰인 단어로써 이 사람은 고소당한 사람의 대변자나 증인으로서 고소당한 사람을 변호하는 역할을 하게 된다. 또한 이 단어는 어떤 단체나 군대에 초빙을 받아 그 단체에서 일하는 사람들이나 군인들의 사기를 높이는 일을 하는 사람을 가리켰다. 그러므로 'Parakletos'는 주로 문제에 처한 사람들을 돕는 자라는 의미를 갖고 있었다. 'Parakletos'의 현대적 의미는 'to cope' 즉, 견딜 수 있게 한다는 뜻으로, 우리로 하여금 인생의 문제점들과 불안함을 없애주심으로 문제를 풀어나갈 수 있도록 도와준다는 의미이다. 성령은 패배한 영혼에게 승리를 가능케 한다."

4) 동반자 되시는 성령

바울은 "Parakletos" - 보혜사라는 단어와 함께 또 다른 말을 사용함으로 성령의 활동을 설명하고 있는데 이것이 바로 "성령의 교제"라는 말입니다(빌 2:1). 어느 때나 어느 곳에서나 모든 슬픔과 고통 중에서, 그리고 앞길이 캄캄하고 장래가 암담하게 보일 때에 또한 우리가 무기력하고 외로움을 느낄 때에 믿음의 기도 응답으로써 보혜사가 우리에게로 오십니다. 환경은 우리를 모든 지상의 친구로부터 분리시킬는지 모르지만, 어떤 환경도 어떤 먼 거리도 우리들을 하늘의 보혜사로부터 분리시키지 못합니다. 우리가 어디 있든지 어디를 가든지 언제나 그분은 우리를 지지하고 붙드시고 격려하시고 위로하시기 위하여 우리의 오른편에 계십니다.

제자들에게 성령 은사의 중요성을 설명하시면서 예수님께서는 "그(성령)가 와서 죄에 대하여, 의에 대하여, 심판에 대하여 세상을 책망하시리라. 죄에 대하여라 함은 저희가 나를 믿지 아니함이요, 의에 대하여라 함은 내가 아버지께로 가니 너희가 다시 나를 보지 못함이요, 심판에 대하여라 함은 이 세상 임금이 심판을 받았음이니라"(요 16:8-11)라고 말씀하셨습니다.

그러므로 우리는 성령이 거듭나게 하는 힘의 근원이 된다는 것을 알 수 있습니다. 만약 어떤 사람이 죄로부터 떠나기를 거절하고 그리스도의 의를 받아들이기를 주저하면 성령께서 그의 양심에 역사하사 그들이 어떠한 결과를 갖게 될 것인지를 보여 주십니다(요 16:11 참고). 또한 성령에 의하여 우리는 깨끗하게 됨을 얻을 수 있고, 하나님의 자녀로서 구별되며, 의롭게 됨을 얻게 되는 것입니다(고전 6:11 참고). 성령으로 말미암아 우리는 마음과 인생의 전쟁에서 승리를 얻을 수 있으며, 그리스도 안에서 성장하여 많은 열매를 맺을 수 있는 것입니다(갈 5:16-25 참고).

또한 성령의 역사는 우리 안에 의를 증가시키며, 이로써 우리가 참된 평안과 즐거움을 얻게 하고, 진리로 인도하며, 연약한 자를 도와 능력을 주시며, 죄로부터 자유롭게 하고, 죄를 끊을 수 있도록 하십니다(롬 14:17, 8:26, 요 14:26, 엡 3:16, 고후 3:17, 눅 24:49 참고).

성령의 역사를 이해하면 할수록 우리는 그의 임재를 더욱 더 감사하게 됩니다. 우리는 죄와 자아와 더불어 싸우기 위하여 성령의 도우심이 필요합니다. 그러므로 다음 글을 계속해서 읽기 전에 먼저 성령과 도움의 역사를 달라고 기도하십시오.

5) 본질상 진노의 자녀이었더니

바울은 에베소서 2장 3절에서 같은 주장을 하고 있습니다. 에베소 사람들은 일반 사람들과 특별히 다른 사람들은 아니었습니다. 그런데 바울은 그들을 "본질상 진노의 자녀"라고 표현함으로 로마서 7장에 그가 언급한 죄에 힘없이 넘어지는 인간의 상태를 다시 제시하고 있습니다. 다윗은 시편 51장 5절에 "내가 죄악 중에 출생하였음이여 모친이 죄 중에 나를 잉태하였나니"라고 하였고, 욥은 "누가 깨끗한 것을 더러운 것 가운데서 낼 수 있으리이까 하나도 없나이다."(욥 14:4)라고 하였습니다.

우리는 욕망, 감정, 동기, 흥미, 경향, 자세... 등 인간의 개성과 성품을 형성하는 것들을 마음 안에 갖고 있습니다. 이 그림을 통하여 우리는 왜 아기들도 죄된 증상을 나타내는지를 알 수 있습니다. 왜냐하면, 마음의 중심에 자기중심적 자아를 품고 있기 때문에 인간의 본질은 자연적으로 하나님을 거절하게 되는 것입니다. 인간은 자기 스스로 하나님의 뜻을 따르고자 하는 의지를 갖고 있지 못합니다. 인간은 자기가 원하는 것만 하고 싶어 하는 것입니다. "육신의 생각은 하나님과 원수가 되나니 이는 하나님의 법에 굴복치 아니할 뿐 아니라 할 수도 없음이라"(롬 8:7). "내가 너로 여자와 원수가 되게 하고"(창 3:15).

죄에 대항하여 싸우려고 하는 모든 마음은 하나님께서 심어 주신 것입니다. 하나님께서는 "내가 ... 원수가 되게 하리"라고 하셨습니다. 그러나 이 원수 관계는 선천적으로 되지 않습니다. 인류가 하나님의 율법을 범했으므로 그의 본성은 악해졌습니다. 그리하여 인류는 사탄과 조화되고 그의 뜻에 따라 생각하고 움직이는 종이 되었습니다. 죄인과 죄의 창시자인 사탄과는 본질상으로 원수 관계가 될 수가 없습니다. 둘 다 반역으로 악해졌습니다. 만일 하나님께서 특별히 간섭하지 않으셨을 것 같으면 사탄과 인류는 동맹하여 하늘을 대항하였을 것입니다. 인류는 사탄과 원수가 되기는커녕 오히려 하나님을 대항하는 일에 연합하였을 것입니다.

하나님께서 인간에게 말씀하시는 경로는 바로 양심입니다. 양심은 우리 안에 이미 세워져 있는 기관이므로, 하나님께서는 이것을 통하여 우리들이 말 안 듣고 고집 센 죄의 길에서 돌이킬 수 있도록 역사하십니다. 양심은 왜곡되어지고 무감각해질 수 있습니다. 그러나 하나님께서는 이 양심을 통하여 하나님의 백성과 이방인들에게 말씀하십니다.

하나님께서는 사랑을 통하여 양심에 호소하심으로써 인간이 다시 하나님께 돌아올 수 있도록 인도하시며, 자아 중심적인 우리들의 마음에 예수님께서 들어오실 수 있도록 여건을 조성해 주십니다. 하나님께서는 우리가 자아 중심적인 삶을 고집한다면, 진정한 행복을 가질 수 없으며, 죄로부터 온전한 승리를 쟁취할 수 없고, 하늘과 영원한 삶에 대한 소망이 없다는 사실을 아십니다. 악을 향한 모든 성향과 함께 자아는 반드시 완전히 굴복되어져야 합니다.

불행하게도 하나님께서 양심을 통하여 말씀하실 때, 대부분 우리는 이것이 하나님의 음성이라는 것을 의식하지 못하며, 무엇을 위하여 말씀하시는지를 깨닫지 못합니다. 다윗 왕의 이야기를 통하여 우리는 좋은 교훈을 배울 수 있습니다. 다윗은 우리아를 전쟁에 보내어 죽이고 그의 아내를 취하였습니다. 이 죄는 다윗의 양심을 무디게 만들었습니다. 때가 이르자 하나님께서 선지자 나단을 다윗에게 보내셔서 한 마리의 작은 양의 이야기를 하게 하심으로써, 다윗의 마음을 찌르셨습니다(삼하 12:1-13 참고). 다윗은 그 이야기에 나오는 탐욕적인 부자의 이야기를 듣고 자기 자신이 어떠한 사람이라는 것을 갑자기 깨닫게 되었습니다. 이렇게 자신의 죄를 깨달은 다윗은 그의 죄를 뉘우치면서 회개의 시, 시편 51편을 쓰게 되었습니다.

하나님께서 우리에게 말씀하시는 일이 성공하면, 우리의 양심은 일깨워지고 우리가 그 동안 지어온 구체적인 죄들에 대하여 깊은 자각이 일어나게 됩니다. 이러한 죄들은 우리를 쉽게 무너뜨리고 힘없게 만드는 육체의 정욕일 수도 있고, 사람들 간에 일어나는 부정직한 거래일 수도 있으며, 나쁜 성격일 수도 있습니다. 양심은 우리가 즐겨보는 텔레비전 프로그램이나 헛되이 시간을 보내게 만드는 책들, 또는 음악들을 지적하기도 합니다.

예수님께서는 니고데모에게도 같은 사상을 언급하셨습니다. 예수님께서 말씀하시기를 "육신으로 난 것은 육이요 성령으로 난 것은 영이니 내가 네게 거듭나야 하겠다 하는 말을 기이히 여기지 말라"(요 3: 6-7)고 하셨습니다. 다른 말로 말해서, 우리는 초자연적인 어떤 힘에 의하여 완전히 다른 사람으로 다시 태어나야 한다는 것입니다. 즉 다른 종류의 사람으로 변화되어야 한다는 것입니다.

6) 나는 승리하리라

양심의 외침을 귀담아 듣는 일과 하나님께 속하고자 하는 소망을 통하여 우리는 죄된 습관들을 없애고자 하는 다음과 같은 결심을 할 수 있습니다. "나는 이 죄를 반드시 극복해야 합니다." "내가 보기 좋아하는 이러 이러한 프로그램들을 나는 다시 보지 않을 것입니다." "나는 절대로 악한 성미를 부리지 않을 것입니다…"

많은 사람이 이러 저러한 나쁜 죄의 습관들을 먼저 고치기 시작함으로써 그리스도인이 되려고 시도하지만 대부분 실패하고 맙니다. 이렇게 시작하는 것은 시작부터 틀린 길을 가는 것입니다. 왜냐하면 죄의 개혁은 습관의 개혁보다도 먼저 마음의 개혁이 일어나야 하기 때문입니다. 마음이 개혁되지 않은 상태에서 습관을 개혁하고자 하면 이러한 개혁은 오래가지 못하고 좌절되고 말기 때문입니다.

구멍 난 곳을 때우는 식의 종교는 아무런 가치가 없습니다. 왜냐하면 하나님께서는 우리의 마음 전체를 원하시기 때문입니다. 우리 마음의 어느 조그만 부분이라도 악에 대한 성향이 개발되도록 내버려 두거나 반역의 정신이 싹트도록 허용해서는 안 됩니다. 많은 사람이 이러한 방법으로 매일의 신앙생활을 하고 있기 때문에 하나님의 성품을 잘못 나타내는 일이 허다합니다.

7. 억지로 순종하려고 애쓰는 것은 순종하는 것이 아니다

만약 우리가 하나님의 계명에 순종하고자 할 때에 계명에 순종하고자 하는 마음이 마음 깊은 곳에서부터 우러나오지 않고 단지 순종해야만 하늘에 갈 수 있기 때문에 순종하려고 애쓴다면, 결코 우리는 순종의 즐거움을 경험할 수 없으며, 실제로 그러한 행위는 순종이 아니라 억지 행위일 뿐입니다. 왜냐하면 진정으로 순종하지 않으면 겉으로만 행하는 외식적 복종이기 때문입니다. 우리가 진정으로 순종하기를 원한다고 할지라도 이러한 원함이 순결한 사랑의 결과로서 나타나지 않으면, 우리 마음속에 살아있는 자아로 인하여 진실된 순종을 할 수 없게 됩니다. 이러한 노력은 이기심에 의지한 특정한 습관의 개혁에 불과합니다. 자아가 자아를 개혁하려고 하는 것은, 스스로의 노력으로 죄에서 해방되고자 하는 것과 마찬가지로 전혀 불가능한 시도입니다.

죄의 힘은 인간의 힘으로 정복될 수 없습니다. 죄를 정복하는 것은 악한 영들을 정복하는 일이기 때문에 우리 스스로 어떤 한계를 설정하여 스스로를 억제하려고 애쓰는 것은 무의미한 노력입니다. 하나님만이 우리를 승리자로 만드실 수 있는 것입니다. 그러므로 하나님께서 우리에게 양심을 통하여 말씀하시는 역사는 단순히 우리 자신이 어떠한 죄에 빠져 있는지를 깨닫게 하는 일 이상의 위대한 사업이 포함되어 있는 것입니다. 하나님께서는 우리가 자아(Self)를 포기하기 원하십니다. 그렇다면 어떻게 자아를 정복할 수 있을까요? 자아를 정복하는 법은 바로 거듭남에 있습니다.

오직 자아가 죽을 때에만, 높아지고자 하는 욕망이 없어지며, 감사하는 마음이 가득 차고, 사랑의 향기가 생활을 풍요롭게 만들며, 주님께서 우리 마음에 사실 수 있고, 우리가 하나님의 동역자로서 인정받을 수 있게 되는 것입니다. 만약 우리가 자아에 집착하고 마음을 하나님께 온전히 바치기를 거절하면 우리는 스스로 멸망을 선택하는 것과 다름 없습니다. 죄가 발견되는 곳에는 하나님의 소멸의 불이 따르기 때문입니다.

자아는 정복되어지기 어렵습니다. 인간의 여러 형태로 부패된 마음은 쉽게 성령의 호소에 응답하지 않습니다. 그러므로 우리 모두는 그리스도를 통하여 얻어지는 승리가 있기 전까지는 희망이 없다는 사실을 깨달아야 합니다. 승리는 확실히 가능합니다. 왜냐하면 그리스도 안에서 능치 못할 것이 없기 때문입니다. 그리스도의 은혜를 통하여 내려지는 능력으로 이 세상의 모든 악과 부패된 감정들은 극복될 수 있습니다.

어떤 사람들의 자아는 높아지려는 감정으로 크게 부풀어 있습니다. 그리스도인이라고 자부하는 많은 사람이 이러한 비뚤어진 자아를 갖고 있습니다. 그들은 바위에 떨어져 부서뜨려짐을 당한 경험이 없습니다. 자아가 깨어지는 경험이 없으면, 그들은 계속해서 자아에 의존하여 살 것이며, 영원한 의로 돌아서는 경험을 하지 못할 것입니다. 하늘 진주 문을 들어설 자들은 모두 정복자로서 들어갈 것인데, 그들이 정복한 가장 큰 원수는 바로 자아가 될 것입니다.

2 성령을 받는 길

3년 이상이나 의지하고 믿고 따르던 예수님께서 이제 하늘로 떠나가실 시간이 되었다고 말씀하셨습니다. 열두 제자에게 있어서 그 말씀은 폭탄처럼 충격적인 발표가 아닐 수 없었습니다. 그들의 생애의 모든 기대와 소망이 그분께 있었습니다. 그분 때문에 그들은 모든 집과 농토와 배와 그물들과 생업들을 버렸습니다. 가족과 친척들과 친구들과 이웃들의 비난과 조소도 아랑곳하지 아니하고 주님을 따랐던 것입니다. 그런데 이제 훌쩍 떠나 버리시고 나면 그들은 어떻게 하란 말인가? "쿼바디스(주님 어디로 가십니까?)"라는 베드로의 질문에 "나의 가는 곳에 네가 지금은 따라 올 수 없으나 후에는 따라 오리라"고 하신 주님의 대답은 그들을 더욱 곤경에 빠뜨리게 하였습니다.

이렇게 당황하는 제자들에게 마치 다정한 아버지처럼 예수님이 다음과 같이 위로의 말씀을 꺼내시기 시작하셨습니다. "내가 아버지께 구하겠으니 그가 또 다른 보혜사를 너희에게 주사 영원토록 너희와 함께 있게 하시리니"(요 14:16). 예수님이 성령을 다른 보혜사라고 부르셨습니다. 다시 말하자면, 예수님 자신이 그들에게 보혜사였었기 때문에 이제 떠나가시는 마당에 다른 보혜사를 그들을 위하여 보내 주시겠다고 약속하시는 것이었습니다.

Comforter(보혜사) 라는 영어 단어가 내포하고 있듯이 "필요할 때에 도움을 주는 조력자"라는 뜻으로서 "항상 곁에 있어서 위로하며 길을 인도해 주는 이"의 의미를 가지고 있는 낱말입니다. 성령의 임재는 그들에게 마치 예수님께서 항상 그들 곁에 계셔서 가르치시고 깨닫게 하시고 해야 할 일을 알게 하시고 갈 길을 보여주셨던 것처럼 그와 꼭 같은 역할을 해 주실 것이라는 말씀이었습니다.

예수님의 말씀의 의미를 아직 확실하게 이해하지 못한 채 어안이 벙벙한 제자들에게 예수님은 다음과 같이 계속해서 차근차근 설명해 주셨습니다. "저는 진리의 영

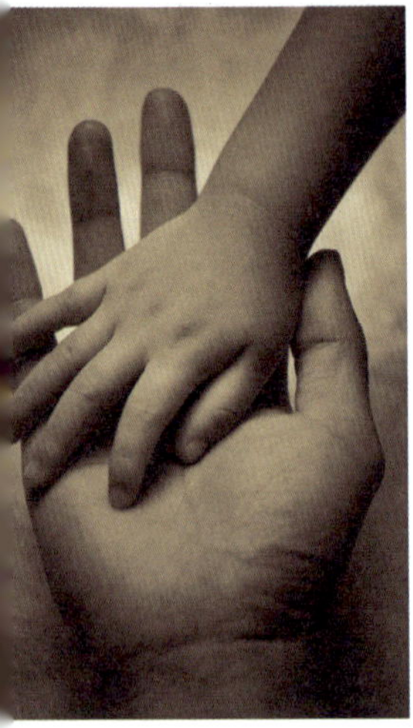

이라. 세상이 능히 저를 받지 못하나니 이는 저를 보지도 못하고 알지도 못함이라 그러나 너희는 저를 아나니 저는 너희와 함께 거하심이요 또 너희 속에 계시겠음이라. 내가 너희를 고아와 같이 버리지 아니하고 너희에게로 오리라 조금 있으면 세상은 다시 나를 보지 못할 터이로되 너희는 나를 보리니 이는 내가 살았고 너희도 살겠음이라. 그날에는 내가 아버지 안에, 너희가 내 안에, 내가 너희 안에 있는 것을 너희가 알리라"(요 14:17-20).

예수님은 성령을 진리의 영이라고 부르셨습니다. 진리를 가르치시고 진리로 인도하시고 진리를 깨닫게 하시는 것이 그분의 직분이라는 말씀입니다. 같은 장 26절에서 주께서는 "보혜사 곧 아버지께서 내 이름으로 보내실 성령 그가 너희에게 모든 것을 가르치시고 내가 너희에게 말한 모든 것을 생각나게 하시리라" 고 말씀하신 것으로 보아서도 성령의 직분은 예수님께서 그들을 위하여 하셨던 그 똑같은 일을 그들을 위하여 해 주시는 것이었습니다. 예수님께서 그들을 생명의 진리의 길로 늘 가르치시고 인도해 오셨던 것처럼 말입니다. 그래서 그들이 고아처럼 내버려질 것이 아니라고 말씀하신 것이었습니다.

성령은 영이시라고 말씀하셨습니다. 하나님도 영이십니다(요 4:24). 그러므로 하나님께서는 동일한 시간에 모든 곳에 존재하실 수 있는 무소부재의 능력을 가지고 계십니다. 그러나 하나님과 동등하신 예수님께서는 육체로 이 땅에 오셨습니다. 우리 죄인들과 함께 살면서 가르치시고 보여 주시고 또 우리를 위하여 대속의 제물이 되시기 위해서 사람의 육신을 취하신 채 이 땅에 임하셨던 것입니다.

그런데 그리스도께서 성경의 예언대로 모든 사업을 다 이루신 후, 다시 하늘로 올라가시는 시점에서, 불쌍한 제자들을 위하여 놀랍고도 위대한 한 가지 선물을 약속해 주시고 계신 것이었습니다. 육신을 쓰시고 임하신 예수님께서는 그들과 항상 어느 곳에서나 동시에 같이 계실 수가 없으셨습니다. 그래서 이제는 다른 보혜사이신 성령을 그들에게 보내어 주심으로써, 그들이 어디에서 무엇을 하던지, 그들 각자 한 사람 한 사람과 언제나 함께 계시겠다는 엄청난 약속을 주신 것이었습니다. 이 약속은 제자들뿐만 아니라, 예수 그리스도를 믿고 따르는 모든 그리스도인을 위한 약속이었습니다. 성령에 대한 약속은 하나님께서 인간에게 주실 수 있는 선물 가운데서 가장 크고 좋은 선물이었습니다.

이제 예수님께서 하늘로 다시 돌아가시는 입장이셨으나 그들은 홀로 버려진 바 되지 않을 것이었을 뿐더러, 그들은 더욱 더 놀라운 영적 체험과 주의 영의 인도를 받는 경험을 하게 될 것이었습니다. 그러므로 예수님은 다음과 같이 말씀하셨던 것입니다. "그러하나 내가 너희에게 실상을 말하노니 내가 떠나가는 것이 너희에게 유익이라. 내가 떠나가지 아니하면 보혜사가 너희에게로 오시지 아니할 것이요 가면 내가 그를 너희에게 보내리니"(요 16:7).

성령에 대한 문제는 기독교회 역사에 있어서 항상 토론과 이견의 주제가 되어 왔습니다. 사람들은 대부분의 경우에 있어서 성령의 역사를 마치 능력을 주고 기적을 베풀게 하며 환희의 경험을 가져다주는 매개체로서만 이해하려고 애를 씁니다. 그러나 예수님께서는 오히려 성령을, 그리스도인들을 진리로 인도하고 하나님의 말씀과 그 뜻을 깨닫게 하시는 분으로 설명하셨습니다. 요한복음 7장 37-39절은 다음과 같이 말씀하고 있습니다. "명절 끝 날 곧 큰 날에 예수님께서 서서 외쳐 가라사대 누구든지 목마르거든 내게로 와서 마시라 나를 믿는 자는 성경에 이름과 같이 그 배에서 생수의 강이 흘러 나리라 하시니 이는 그를 믿는 자의 받을 성령을 가리켜 말씀하신 것이라 (예수께서 아직 영광을 받지 못하신 고로 성령이 아직 저희에게 계시지 아니하시더라)." 여기에서 예수님께서 아직 영광을 받지 못하셨다는 의미는 아직 십자가에 돌아가시지 않았다는 의미입니다. 예수님께서는 우리들을 위하여 희생하시는 당신의 고통스러운 죽음을 오히려 영광이라고 생각하셨기 때문에 그렇게 표현하신 것입니다.

예수님께서 부활하신 후부터 승천하시기 전까지 당신의 제자들과 함께 보내신 약 40일간의 황금 같은 시간동안 예수님께서는 그들에게 성경이 주님 자신에 대하여 기록한, 즉 메시야에 대하여 예언하고 설명하여준 성경 말씀들을 찾아서 설명하여 주시는 일로 대부분 시간을 보내셨습니다. 누가복음 24장 25-27절의 말씀은 우리에게 그 사실을 간접적으로 시사해 주고 있는 것을 볼 수 있습니다. "가라사대 미련하고 선지자들의 말한 모든 것을 마음에 더디 믿는 자들이여 그리스도가 이러한 고난을 받고 자기의 영광에 들어가야 할 것이 아니냐 하시고 이에 모세와 및 모든 선지자의 글로 시작하여 모든 성경에 쓴 바 자기에 관한 것을 자세히 설명하시니라."

그러므로 제자들이 메시야의 사명과 사역에 대한 성경에 기록된 진리의 말씀을 제대로 이해하지 못하였기 때문에, 그들은 성령을 받으시고 직접 체험하셨던 예수님께서 성령을 이해하시는 것처럼 성령에 대하여 이해할 수가 없었습니다. 그래서 요한복음 7장 39절은 저희에게 아직 성령이 계시지 아니했다고 기록한 것입니다. 성령께서는 항상 이 세상에 존재해 오셨습니다. 십자가 이전에도 성령께서 계셨습니다. 창세기 1장 2절에 하나님의 신이 수면에 운행하셨다고 성경은 기록하고 있는 것입니다.

그러나 인간이 하나님의 진리의 말씀을 이해하고 올바로 받아들이기 전까지는 그들을 통하여 능력을 행하실 수가 없는 것입니다. 예수님께서 성령에 대하여 설명하시면서 "그가 와서 죄에 대하여, 의에 대하여, 심판에 대하여 세상을 책망하시리라."(요 16:8)라고 말씀하셨습니다. 그 말은 과거에 지은 죄들과 현재에 의롭게 살아야 하는 그리스도인의 생활, 그리고 미래에 받을 하나님의 심판에 대하여 양심에 자각을 주는 일을 하실 것이라는 뜻입니다. 다시 말해서 성령께서 하시는 일은 그리스도인이 죄를 떠나서 의롭게 살아가도록 촉구 하신다는 뜻입니다. 사람이 십자가 앞에 나아가 죄를 회개하고, 하나님의 진리대로 개혁하여 새로운 삶을 살도록 인도하고 감화하시는 분은 하나님의 영 즉, 성령이십니다.

그러면 어떻게 하면 성령을 받을 수 있을까요? 그리스도인이라면 누구나 다 성령을 받고자 원할 것입니다. 많은 그리스도인이 성령의 충만함을 위하여 기도하고 있습니다. 먼 길을 마다하고 매일 새벽 기도회에 참석하여 성령을 달라고 정성껏 기도하는 교인들이 얼마나 많습니까? 그러나 우리들에게 문제가 하나 있습니다. 많은 경우에, 사람들은 성령이 어떠한 분이신지를 성경적으로 알지 못하면서 성령을 구하고 있는 것입니다. 성령께서 무엇을 원하고 계신지에 대하여 심각한 오해를 가지고 있으면서 막연히 성령을 달라고 기도하고 있는 것입니다. 하나님 뜻대로 순종하지는 않으면서, 하나님께서 원하시는 대로 굴복하려고 하지는 않으면서 성령의 능력과 현시만을 원하고 있는 것입니다. 하나님의 품성을 닮지 않은 사람에게 성령을 주시는 것은 교회나 그 당사자에게 있어서 커다란 위험을 초래하게 됩니다.

성령이란 인간 편의 욕심에 따라서 주어지는 장식품이 아닙니다. 우리가 하나님께 무엇을 구할 때에는 하나님의 뜻대로 구해야 하는 것입니다. 하나님께서 우리에게 성령을 주시는 이유는 위에서 살펴 본 것처럼, 우리들을 진리로 인도하시고 하나님의 말씀을 깨닫게 해주시기 위해서 입니다. 또한 죄를 깨닫고 의롭게 살도록 양심을 일깨우시기 위해서입니다. 그리고 나아가서 다른 사람들에게 하나님의 품성과 진리를 대변하는 증인이 되도록 하시기 위하여 성령을 주시는 것입니다(행 1:8 참조).

우리가 성령을 사용하는 것이 아니라 성령께서 우리를 사용하시는 것입니다. 당신께서 원하시는 뜻대로, 그리고 당신께서 원하시는 방법과 시기에 따라서 행하시는 것입니다. 많은 사람은 우리를 향한 성령의 뜻을 알기 위해서 기도하기 보다는 우리가 성령을 사용하여 어떠한 일을 행하기를 간구하고 있는 실정입니다. 그래서 어떤 교인들은 어떠한 능력이나 기적을 행하는 정도에 따라서 성령을 받은 증거나 하나님의 인정을 받은 표로 삼으려고 애를 쓰게 되는 것입니다. 그러한 이해 때문에 방언하지 못하는 사람은 마치 성령을 받지 못한 사람으로 간주되는 일을 종종 보게 됩니다.

그렇다면, 성령을 어떻게 받을 수 있을까요? 사도행전 5장 32절은 다음과 같이 대답하고 있습니다. "우리는 이 일의 증인이요, 하나님이 자기를 순종하는 사람들에게 주신 성령도 그러하니라 하더라." 성경은 하나님의 말씀과 그 뜻을 순종하는 자들에게 성령을 주신다고 말씀하고 있습니다. 예수님께서도 "나의 계명을 가지고 지키는 자라야 나를 사랑하는 자니 나를 사랑하는 자는 내 아버지께 사랑을 받을 것이요, 나도 그를 사랑하여 그에게 나를 나타내리라"(요 14:21)고 말씀하셨고, 같은 장 23절에는 "사람이 나를 사랑하면 내 말을 지키리니 내 아버지께서 저를 사랑하실 것이요 우리가 저에게 와서 거처를 저와 함께 하리라"고 말씀하심으로써, 하나님과 하나님의 영이신 성령의 임재가 순종하는 자들에게 임하신다는 사실을 분명히 하셨습니다. 그러므로 우리는 하나님의 말씀과 그의 계명들을 순종하고 그분의 뜻에 순복하는 것이 성령을 받을 수 있는 방법이라는 사실을 명백하게 이해할 수 있습니다.

3. 성령에 관한 7가지 질문

1. 성령의 역사는 신약시대의 오순절 때부터 시작 되었는가?

성경은 하나님의 창조 사업 시에 성령께서 함께 동참하셨다는 사실을 증거하고 있습니다. "태초에 하나님이 천지를 창조하시니라. 땅이 혼돈하고 공허하며, 흑암이 깊음 위에 있고, 하나님의 신(The Spirit of God, 하나님의 영)은 수면에 운행하시니라"(창 1:1,2).

태초부터 하나님께서는 타락한 인류에 대한 당신의 목적을 성취시키시기 위하여 인간이란 도구들을 통하여 당신의 성령으로 역사하셨습니다. 하나님께서는 모세의 시대인 광야 교회에도 당신의 "선한 신을 주사 저희를 가르치셨다"(느 9:20). 성령을 통하여 갈렙과 여호수아에게 용기와 믿음을 주셨으며, 사도시대에는 처음 시작하는 그리스도 교회에게 힘을 주시기 위하여 성령의 크신 능력을 허락하셨습니다.

중세기의 종교 암흑시대에는 성령께서 수많은 순교자에게 역사하여 종교 개혁의 길을 예비하였으며, 복음을 온 세상에 전하기 위해서 성경을 모든 국가와 민족의 방언으로 번역한 것도 성령의 역사의 결과입니다.

오늘날에도 동일한 성령께서 사람들의 마음을 움직이고, 감동시킴으로써, 그들의 시선을 갈보리로 이끌고 계십니다. 사람들의 마음에 진리를 깨닫게 하시고, 모든 종류의 편견과 불신의 벽을 무너뜨리며, 죄를 범하였을 때에 양심의 가책을 주심으로써, 진정한 회개의 정신을 갖도록 유도하고 계십니다.

2) 성령을 받을 때에 어떤 느낌이나 감정을 갖게 되는가?

성령을 받는 모든 사람의 느낌과 감정이 동일할 수는 없습니다. 어떤 사람들은 성령 받은 증거로써 감정의 극치를 기대하지만, 성경은 오히려 다음과 같이 성령께서 역사하시는 모습을 설명하고 있습니다. "바람이 임의로 불매 네가 그 소리를 들어도 어디서 오며 어디로 가는지 알지 못하나니 성령으로 난 사람은 다 이러하니라"(요 3:8). 우리는 바람을 보지 못하지만 바람이 무엇을 하는지는 알 수 있습니다. 비록 우리가 바람을 보지 못한다고 할지라도, 그것이 우리가 하나님의 자녀가 아니라는 사실에 대한 증거가 될 수는 없습니다.

우리는 하나님의 성령이 마음에 역사할 때에 그것을 볼 수 없지만, 그분의 능력은 조용한 가운데 새로운 생명을 가져다줍니다. 비록 우리가 성령의 역사를 보거나 만지지는 못할지라도, 그분께서 해놓으신 결과를 볼 수는 있습니다. 만일 우리의 마음이 성령의 역사에 의해서 변화된다면, 우리의 생애가 성령의 임재하심을 증거하게 될 것입니다.

성령의 임재는 우리의 느낌이나 감정에 의존하여 확인할 수 있는 것이 아닙니다. 성령의 임재하심은 오직 변화된 생애를 통해서만 분명하게 확증할 수 있습니다. 만일 우리가 온전히 자신을 비우고 마음 속의 우상과 죄를 버린다면, 그리스도의 영께서 우리의 마음 속을 충만하게 채우실 것입니다. 오직 이러한 사람들만이 성령의 선물을 받을 수 있는데, 그들은 자신에게 주어진 성령의 은사에 대해서 자랑치 아니할 것이며, 오직 모든 영광을 하나님께 돌릴 것입니다. "오직 하나님이 성령으로 이것을 우리에게 보이셨으니" "우리가 세상의 영을 받지 아니하고 오직 하나님께로 온 영을 받았으니 이는 우리로 하여금 하나님께서 우리에게 은혜로 주신 것들을 알게 하심이라"(고전 2:10,12).

우리가 하나님의 영을 받았을 때에, 우리는 어떤 황홀하고 자극적인 느낌을 얻기 보다는, 오히려 침착함과 예리한 판단력을 가지고 그리스도의 복음을 전파하는 일에 생애를 바치게 될 것입니다. 예수 그리스도의 정서와 생애를 생각해 보십시오. 그분처럼 성령이 충만하였던 사람이 있습니까? 그분의 생애는 감정적 환희와 흥분으로 차 있는 생애가 아니었습니다. 오히려 희생과 봉사로 점철된 생애였습니다. 그분께서는 죄와 불의를 거절하셨으며, 병자들과 가난한 자들을 구제하고 치료해 주시는 생애를 사셨습니다. 그분께서는 성령이 충만하신 결과로 거룩한 삶을 사셨던 것이지, 자신에게 성령이 임하셨음을 증명하기 위해서 구제와 치료를 베푸신 것이 아니었습니다. 그분께서는 단 한 번도 자기 자신을 위하여 성령의 능력을 사용하지 않으셨으며, 오직 복음을 전파하고 하나님의 뜻을 행하는 일에만 성령의 능력을 구하셨습니다.

그리스도에게 있어서 성령 충만함은 하늘 아버지의 뜻을 조용하면서도 진지하게 행하는 순종의 삶으로 표시되었습니다. 그분의 삶은 사랑과 희생과 극기와 자아부인으로 꼴 지워졌습니다. 마찬가지로 진실한 그리스도인에게 있어서도, 이성적인 분별력과 하나님의 진리가 감정과 느낌을 지배해야 합니다. 진리는 건전한 상식 위에 세워지며, 질서있는 가정생활을 통하여 다른 영혼들에게 가장 강력한 영향력을 발휘할 수 있습니다.

하나님께서 그리스도인들에게 성령의 은사를 허락하시는 가장 중요한 목적은 복음의 효과적이고 신속한 전파입니다. 성령의 은사가 개인의 신앙적 만족감을 얻는 수단으로 사용 되어서는 안 되며, 자신의 구원에 대한 확신을 얻기 위한 수단으로 사용되어서도 안 됩니다. 또한 하나님께서 자신을 인정해 주신다는 마음의 안정감을 얻기 위한 도구로 사용되어서도 안 됩니다. 왜냐하면 하나님께서 성령의 은사를 교회에게 허락하신 이유는 구제와 봉사를 통한 복음의 효과적인 전파를 위해서 주셨기 때문입니다.

끝으로 이 질문과 관련 있는 사도 바울의 권면을 들어보겠습니다. 바울은 고린도전서 14장에서 잘못 사용되고 있는 성령의 은사에 대해서 교훈하면서, 다음과 같이 고린도 교회의 교인들에게 충고하고 있습니다. "모든 것을 덕을 세우기 위해서 하고… 하나님은 어지러움의 하나님이 아니시요… 모든 것을 적당하게 하고 질서대로 하라"(고전 14:26,33,40).

3) 나는 방언의 은사와 병 고치는 은사를 받고 싶은데, 어떻게 해야 하는가?

이와 같은 질문은 그 질문 자체에 문제가 있다는 사실을 이해해야 합니다. 그러므로 이 질문에 대한 답을 찾기에 앞서, 우리는 "같은 한 성령이 그 뜻대로 각 사람에게 나눠주"신다는 중요한 원칙을 잊지 말아야 합니다(고전 12:11). 우리가 받기 원하는 성령의 은사를 스스로 선택하는 것이 아니고, 성령께서 복음의 전파를 위한 당신의 뜻과 섭리에 따라서 각 사람을 도구로서 사용하시는 것입니다. 성령의 은사는 우리가 우리 자신의 필요에 따라서 선택하는 것이 아니라, 성령께서 당신의 필요와 목적에 따라서 준비된 인간에게 주시는 선물이라는 것이 성경이 말하는 진리입니다. 우리가 성령을 부리는 것이 아니고, 성령께서 우리를 부리신다는 사실을 유의해야 합니다.

하나님께서는 거룩한 성도들을 통하여 기적을 행하십니다. 우리는 성령의 기적과 은사를 간구하는 기도를 드릴 수 있습니다. 그러나 기적이나 은사의 필요성과 그것이 행하여지는 장소와 시간과 환경은 전적으로 하나님의 뜻과 계획에 달려 있습니다. 우리 인간은 하나님의 기적이 행사되어야 하는 최적의 시간과 장소와 환경을 알 수 없습니다. 언제, 어떠한 환경에서 하늘 아버지의 기적이 이루어져야 하는지를 정확하게 알 수 없습니다. 우리에게는 하늘이 주시는 능력을 시기적절하게 사용할 수 있는 영적 지혜가 부족하며, 또한 성령의 은사와 기적을 간구하는 우리의 기도가 이기적인 것이 될 수도 있습니다.

그러므로 우리는 하나님의 기적과 성령의 기적적인 은사를 구할 때에 예수님께서 하셨던 기도를 본받아야 합니다. "주님, 당신의 영광을 위하여 성령의 은사를 간구하는 저의 소원을 들어 주시옵소서… 그러나 제 뜻대로 마옵시고, 아버지의 뜻대로 하옵소서… 뜻이 하늘에서 이루어진 것같이 땅에서 이루어지게 하옵소서. 아멘."

4) 나는 기적을 행하였고 경험 하였는데, 그것은 내가 구원받았다는 증거가 아닌가?

어떤 기적이나 은사도 그리스도인의 믿음과 구원을 평가하는 절대적인 증거나 기준으로 사용되어서는 안 됩니다. 기적을 행하였고 경험하였던 사람들 중에서도 결국에는 하나님께 대한 불순종과 반역적인 삶을 산 결과로 인하여 멸망 받았던 예를 성경에서 얼마든지 찾아볼 수 있습니다. 그러나 너무나 많은 경우에 있어서, 우리는 어떤 은사가 누구에게 발견되느냐에 따라서 서로의 영적 상태를 판단하는 잘못을 범하고 있습니다.

한 가지 이상한 것은 어떤 교회에는 방언하는 사람들만 가득하고, 또 다른 어떤 교회에는 병 고치는 은사를 받았다고 주장하는 사람이 많이 있다는 것입니다. 성령의 은사가 마치 유행처럼 교회 안에 그룹으로 존재하기 때문에 방언을 하지 못하고 안수해서 병을 고치지 못하는 사람은 영적 열등감마저 느끼게 되는 것이 오늘날의 교회 형편이 아닙니까? 사도 시대의 고린도 교회에도 이와 같은 문제가 있었는데, 사도바울은 다음과 같은 말로써, 고린도교회의 교인들을 훈계하였습니다. "너희는 그리스도의 몸이요 지체의 각 부분이라. 하나님이 교회 중에 몇을 세우셨으니 … 다 사도겠느냐, 다 선지자겠느냐, … 다 병고치는 은사를 가진 자겠느냐, 다 방언을 말하는 자겠느냐, 다 통역하는 자겠느냐"(고전 12:27-30). 모든 사람이 다 동일한 은사를 가질 수는 없다는 것이 바울의 설명입니다. 우리 몸에는 지체가 있어서 서로 협력하면서 몸을 유지하는 것처럼, 그리스도인들도 각기 다른 은사와 재능을 가지고 그리스도의 몸 된 교회를 위하여 봉사해야 합니다.

또한 사도 바울은 특별히 "방언은 ... 믿지 아니하는 자들을 위하는 표적" 이라고 말하였습니다. 사도 시대에 복음은 교육을 제대로 받지 못했던 무식한 제자들에 의해서 언어가 다른 각 민족들에게 전파되어야 하였는데, 언어의 장벽으로 인하여 그 일이 어렵게 되자, 하나님께서 복음의 신속한 전파를 위해서 방언의 선물을 제자들에게 내려주심으로써, 복음이 모든 민족과 족속에게 전파될 수 있게 섭리하셨습니다.

또한 성령의 은사를 목격하는 믿지 않는 사람들에게 그리스도 신앙에 대한 확신을 심어줄 수 있었습니다. 그러나 오늘날에는 많은 그리스도인에게 있어서, 방언이 믿지 않는 사람들을 위한 전도용이 아니라, 이미 믿음을 받아들인 사람들 사이에서 자기 확신용으로 사용됨으로써, 그 용도가 변경되고 말았습니다.

그렇다면, 우리의 신앙과 믿음을 판단할 수 있는 기준은 무엇입니까? 예수 그리스도께서 정하신 시험 기준을 살펴보겠습니다. 예수님께서는 "그의 열매로 그들을 알리라"고 말씀하셨습니다(마 7:20). 성령의 열매는 "사랑과 희락과 화평과 오래 참음과 자비와 양선과 충성과 온유와 절제"(갈 5:22,23)라고 성경은 기록하고 있습니다. 성령의 열매는 증오가 아니라 사랑이며, 불만과 낙담이 아니라 희락이고, 분냄과 근심과 스스로 지어낸 불화가 아니라 화평이라는 사실을 기억해야 합니다. 성령의 열매를 풍성하게 맺은 자들에게 하늘은 하나님의 뜻과 섭리에 따라서 성령의 은사를 풍성하게 내려주신다는 것이 성경이 말하는 진리입니다.

5) 기적이 모두 성령의 은사인가?

우리는 성령의 은사를 위해서 기도해야 합니다. 왜냐하면 성령의 은사는 오늘날 이 시대에도 나누어지고 있기 때문입니다. 그러나 그리스도인들이 영적 은사를 분석하고 사용할 때에 한 가지 잊어서는 안 될 것이 있습니다. 성경은 마지막 시대에 사탄이 진리에 굳게 닻을 내리지 못한 사람들을 혼동시키기 위해서 성령의 역사를 위조할 것이라고 경고하고 있습니다. 마지막 시대에 나타나는 사탄의 활동은 "모든 능력과 표적과 거짓 기적"(살후 2:9)으로 특징 지워질 것이라고 성경은 말하고 있습니다.

사탄의 활동이 매우 기만적인 이유는 "자기를 그리스도의 사도로 가장하"고 있으며, "사탄도 자기를 광명의 천사로 가장"하기 때문입니다(고후 11:13,14). 그 기만이 너무나 놀라운 것이기 때문에 성경은 "할 수만 있으며 택하신 자들"까지도 미혹하려 한다고 경고하고 있습니다(마 24:24).

이러한 말씀들은 성령 은사를 추구하는 교회나 성직자들을 모두 피해야 한다는 것을 의미하는 말씀인가요? 아닙니다. 이 말씀은 하나님의 말씀으로 모든 교회와 모든 종교적 체험, 그리고 모든 기적을 시험해 보아야 한다는 뜻입니다. 사도 바울이 말했듯이 "범사에 헤아려 좋은 것을 취"하기 위해서 말입니다(살전 5:21). 이 문제에 대해서 우리에게 주는 사도 요한의 또 다른 충고를 들어보십시오. "사랑하는 자들아 영을 다 믿지 말고 오직 영들이 하나님께 속하였나 시험하라. 많은 거짓 선지자가 세상에 나왔음이니라"(요일 4:1).

6) 그렇다면, 성경은 영을 시험하는 판단 기준을 무엇이라고 말씀하고 있는가?

하나님의 말씀은 다음과 같은 다섯 가지 성경 절을 제시하고 있습니다.

1 "마땅히 율법과 증거의 말씀을 좇을지니 그들의 말하는 바가 이 말씀에 맞지 아니하면 그들 안에빛이 없기 때문이라"(사 8:20, KJV).

성령의 참 은사를 받은 사람은 하나님의 율법을 순종하는 삶을 살 것이며, 자신이 믿는 바가 성경의 진리에 일치해야 합니다. 성경의 진리를 올바로 이해하고, "율법과 증거의 말씀"을 순종하는 삶을 사는 그리스도인은 하나님의 영의 지배를 받고 있다고 말할 수 있겠습니다.

2 "선지자는 그 예언자의 말이 응한 후에야 그는 진실로 여호와의 보내신 선지자로 알게 되리라"(렘 28:9).

어떤 사람이 예언하는 은사를 받았으면, 그가 예언하는 바가 정확하게 성취되어야 할 것입니다.

3 "그의 열매로 그들을 알리라"(마 7:20).

어떤 사람이 성령의 은사를 받았다면, 그의 성품은 그리스도의 복음을 전하는 대표자로 설 수 있을 만큼 풍성한 성령의 열매를 맺고 있어야 합니다. 가정에서 부부 싸움을 하고, 자녀들에게 짜증을 내며, 모든 금전 문제에 있어서 엄격한 정직을 유지하지 못하는 그리스도인이 방언을 하고 병 고치는 은사를 행한다면, 우리는 그것을 하늘에서 내려온 은사라고 생각할 수 있을까요? 그러한 사람이 그리스도의 복음을 전할 때, 그를 잘 알고 있는 믿지 않는 가족이나 주변 사람들에게 어떤 감화를 끼칠까요?

아마도 사람들은 그가 가지고 있는 두 가지의 다른 양면을 보면서 하나님의 복음에 대하여 이상한 혼동을 갖게 될 것입니다. 하나님께서 그러한 사람에게 성령의 은사를 내려 주심으로써 복음을 전파하고 증거 하실 것이라고 생각할 수 있습니까? 그러한 사람은 혹시 자신이 다른 영을 받았을 가능성에 대해서 진지하게 생각해 보아야 할 것입니다. 하늘은 위대한 성령의 능력을 받기에 적합하게 준비된 사람들에게만 하늘의 거룩한 선물을 줍니다. 거룩하게 변화된 성품을 소유하지 못한 사람에게 하늘의 위대한 능력을 위탁하였을 때에 복음 전파 사업에 어떠한 혼돈과 위험이 따르게 될지를 생각해 보십시오.

4 "하나님의 영은 이것으로 알지니 곧 예수 그리스도께서 육체로 오신 것을 시인하는 영마다 하나님께 속한 것이요. 예수를 시인하지 아니하는 영마다 하나님께 속한 것이 아니니 이것이 곧 그리스도의 영이니라"(요일 4:2,3).

그리스도께서 이 땅에 우리와 같은 육체로 오셔서 시련과 고통 중에서 승리하셨던 것처럼, 진실한 그리스도인들도 그분의 모본을 따라서 죄와 시험을 승리할 수 있다는 가르침이 영을 분별하는 중요한 기준이 됩니다. 성령의 은사를 체험하는 그리스도인이라면 마땅히 죄와 유혹에 대하여 승리하는 생애를 살아야 하며, 그러한 가르침을 믿고 받아들이는 사람이어야 합니다. 거룩한 생애를 사는 그리스도인에게 거룩한 하늘의 선물이 내려지게 됩니다.

5 "짐승과 그의 우상에게 경배하고 그 이름의 표를 받는 자는 누구든지 밤낮 쉼을 얻지 못하리라 하더라. 성도들의 인내가 여기 있나니 저희는 하나님의 계명과 예수 믿음을 지키는 자니라"(계 14:11,12).

사도 요한 역시 앞에서 이사야가 말했던 영의 구별법에 동의하고 있습니다. 마지막 시대에 짐승의 표를 받지 않고 인내로서 고난을 통과하면서 나오는 진실한 그리스도인들에 관한 계시를 보면서, 사도 요한은 그들의 신분을 "하나님의 계명과 예수 믿음을 지키는 자"들이라고 밝히고 있습니다. 그러므로 마지막 시대에 "하나님의 계명과 예수 믿음을 지키는" 것은 영을 분별하는 분명한 기준이 될 수 있습니다.

그러므로 모든 기적과 은사를 무조건 하나님의 영의 은사라고 보아서는 안 된다는 것이 이 질문에 대해서 성경이 말하는 대답입니다. 성경이 그리스도인들에게 보내는 충고는 모든 기적과 은사를 하나님의 말씀으로 시험하고 판단하여 유익을 얻으라는 것입니다.

7) 현재, 성령의 은사와 기적을 체험하고 있는 사람들이 가장 유의해야 할 것은 무엇인가?

가장 중요한 것은 하나님의 말씀을 깊이 연구하는 것입니다. 왜냐하면 진리 자체는 영원불변하지만, 진리를 이해하는 우리의 지식과 경험은 잘못될 수 있기 때문입니다. 대개의 경우, 사람들은 자신의 잘못된 지식과 경험을 토대로 진리를 검증하려고 합니다. 그러나 우리는 진리를 기준점으로 해서 우리가 가진 지식과 경험을 판단해 보아야 합니다. 즉, 우리의 지식과 경험으로 진리를 판단하는 것이 아니라, 진리로서 우리의 지식과 경험을 시험해야 합니다.

그러나 사탄은 경험을 진리 위에 놓으려고 애씁니다. 우리의 경험은 그것이 올바른 진리의 테두리 안에서만 가치있는 것입니다. 서로 다른 두 사람이 같은 사건을 관찰했을 때, 각기 다른 경험을 이야기하게 되는 것은 바로 이러한 이유 때문입니다. 진리에 대한 우리의 지식과 경험은 우리가 어떤 교단에 속했으며, 어떤 사람에게 성경은 배웠느냐에 따라서 크게 다를 수 있습니다. 그러나 진리는 시간과 공간을 초월하여 항상 동일합니다.

성령의 은사를 체험하고 있다는 사람들 중에 많은 사람이 다음과 같이 자신의 경험을 설명합니다.

A 나는 어떤 놀라운 기적을 경험을 하였습니다.
B 그런데, 나는 나의 경험과 매우 흡사한 경험을 성경에서 발견하였습니다.
C 그러므로 나의 경험은 진리입니다.

이와 같은 3단 논법에 의해서 그들은 자신들의 경험을 성령의 은사로 받아들입니다. 이러한 논리의 전개는 매우 설득력있게 들리지만, 자신의 경험이 초대 교회의 경험과 비슷하다고 해서 자신들의 경험이 진리 안에 있다고 말할 수는 없습니다. 왜냐하면 사탄도 기적을 일으킬 수 있으며, 성령의 역사를 위조할 수 있고, 사람의 감정을 조종할 수 있기 때문입니다.

경험이 최고의 증거라고 믿는 사람들에게 있어서, 하나님의 진리는 아무런 영향력을 발휘하지 못하게 됩니다. 이러한 사람들은 자신이 경험한 "영"에 의해서 진리를 척량하려고 합니다. 바울은 이러한 그리스도인들에게 다음과 같이 경고하고 있습니다.

"저희가 진리의 사랑을 받지 아니하여 구원함을 얻지 못함이니라. 이러므로 하나님이 유혹을 저의 가운데 역사하게 하사 거짓 것을 믿게 하심은 진리를 믿지 아니하고"(살후 2:10,11). 하나님의 진리인 성경 말씀을 깊이 연구하세요. 그것만이 마지막 시대에 펼쳐지는 사탄의 대기만에서 벗어날 수 있는 유일한 길입니다.

아무리 그리스도를 믿고 사랑한다고 공언할지라도, 진리의 말씀에서 벗어나거나 그 말씀에 순종하지 않으면, 그 사람의 영적인 위치는 매우 위험하다고 말할 수 있습니다. 사랑과 진리는 분리될 수 없는 것입니다. 사랑만을 강조하면서 진리를 무시하는 사람은 감정적인 신앙을 갖게 되며, 진리를 주장하면서 사랑을 소홀히 여기는 사람은 율법주의자가 되기 쉽습니다. 그리스도를 사랑하는 사람은 진리를 끝까지 따라가야 하며, 진리를 가지고 있다고 주장하는 사람은 그 마음속에 사랑을 가지고 있어야 합니다.

성경은 사랑과 진리를 함께 가지고 있는 사람에게 성령이 주어진다고 설명하고 있습니다. "너희가 나를 사랑하면, 나의 계명을 지키리라. 내가 아버지께 구하겠으니 그가 또 다른 보혜사(성령)를 너희에게 주사 영원토록 너희와 함께 있게 하시리니 저는 진리의 영이니라"(요 14:15-17). 사도요한은 여기서 하나님을 사랑하는 사람은 그분의 계명(Commendment, 명령)을 순종할 것인데, 하나님께서는 바로 그러한 사람들에게 성령을 주실 것이라고 말하고 있는 것입니다.

그러므로 진리에 대한 순종이야말로 자신의 경험을 시험할 수 있는 최종적인 판단 기준이며, 동시에 성령을 받을 수 있는 가장 확실한 방법이라고 말할 수 있겠습니다. 자신의 경험과 느낌, 그리고 자신이 기존에 가지고 있던 지식이 어떠하든지 간에 하나님의 말씀이 요구하는 바를 단순한 믿음으로 받아들이는 순종의 생애를 사는 것이야말로 그 사람을 지배하는 영을 분별하는 최고의 기준입니다.

기적과 은사는 하나님께서 그리스도인에게 주시는 표적이지만, 마귀도 그것을 매우 흡사하게 모방함으로써 신실한 그리스도인을 미혹시킬 수 있다는 사실을 유의해야 합니다. 마지막으로 예수 그리스도께서 이 질문에 대하여 주시는 매우 명백한 교훈의 말씀에 주의를 기울여 봅시다. "그러므로 그의 열매로 그들을 알리라. 나더러 주여 주여 하는 자마다 천국에 다 들어갈 것이 아니요, 다만 하늘에 계신 내 아버지 뜻대로 행하는 자라야 들어가리라. 그 날에 많은 사람이 나더러 이르되 주여 주여 우리가 주의 이름으로 선지자 노릇하며, 주의 이름으로 귀신을 쫓아내며, 주의 이름으로 많은 권능을 행치 아니하였나이까 하리니, 그 때에 내가 저희에게 밝히 말하되, 내가 너희를 도무지 알지 못하니 불법을 행하는 자들아 내게서 떠나가라 하리라"(마 7:20-23).

아무리 주님을 사랑한다고 말할지라도, 아무리 주님의 이름으로 선지자 노릇을 하였다고 할지라도, 아무리 주의 이름으로 귀신을 많이 내쫓았다고 할지라도, 그리고 아무리 주의 이름으로 기적을 행하였다고 할지라도, 그것이 우리가 그리스도의 영을 소유했으며, 구원받았다는 결정적인 증거가 되지는 못합니다. 그들이 주님의 이름으로 많은 기적과 은사같이 보이는 것들을 행하였지만, 그들은 결국 불법을 행하는 자들이라는 멸망의 선언을 받았습니다. 왜 그럴까요? 이 성경절의 서두에 그들이 구원받지 못하는 이유가 기록되어 있습니다. "아름다운 열매를 맺지 아니하는 나무마다 찍혀 불에 던지우느니라. 그러므로 그의 열매로 그들을 알리라"(마 7:19,20).

그들의 품성과 생애에 아름답고 거룩한 열매가 맺히지 못했던 것이 그들이 불에 던지우게 되는 결정적인 원인이 되었습니다. 그들은 깨끗하지 못한 마음과 불의한 생활 가운데서 성령의 은사를 간구했으며, 그때 마귀는 그들에게 접근하여 자신의 힘과 능력을 줌으로써 그들을 매우 깊은 기만 가운데로 끌어갔던 것입니다.

제2부 십자가에서 오순절까지

이 글은 위대한 성령의 능력과 은사를 갈망하는 그리스도인들을 위해서 쓰였습니다. 성령 받기를 소원하는 그리스도인마다, 제자들이 십자가 이후부터 오순절까지 50일 동안에 겪었던 경험을 이해해야만 합니다. 왜냐하면 그 50일의 기간은 제자들이 성령을 받기 위하여 자신들을 준비시켰던 기간이었기 때문입니다. 성령을 퍼붓듯이 받고 싶습니까? 성령을 받기 위해서 기도하기 전에, 성령을 받기 위해서 준비한 제자들의 경험을 연구하십시오!

그리스도께서 십자가에 못 박혀서 돌아가신 이후, 제자들은 거의 완전한 낙담에 빠져 있었습니다. 제자들의 희망의 태양은 사라졌고, 깊은 밤이 그들의 마음에 자리 잡았습니다. 그들은 다만 "우리는 이 사람이 이스라엘을 구속할 자라고 바랐노라" 하는 말만을 되풀이 할 뿐이었습니다(눅 24:21). 예수님께서는 생전에 여러 번 제자들에게 장차 어떤 일이 일어날 것인지를 말씀해 주셨지만, 제자들은 그분께서 하신 말씀에 대해서 생각하지 못했습니다.

그리스도께서 십자가에 못 박히셨을 때에 제자들은 그리스도께서 부활하시리라는 것을 믿지 아니하였습니다. 그리스도께서는 당신께서 삼일 만에 부활하시리라는 것을 분명하게 말씀하셨지만, 제자들에게 있어서 그 말씀은 너무나 어렵게 들렸습니다. 그들에게 있어서 그분의 말씀은 신비하고 모호한 것으로 들려졌습니다. 그리하여 그들의 신앙은 사탄이 그들 앞에 뿌려 놓은 안개 저편을 꿰뚫어 보지 못하였습니다. 예수님께서는 "진리의 성령이 오시면 그가 너희를 모든 진리 가운데로 인도하시리니", "그가 와서 죄에 대하여 의에 대하여 심판에 대하여 세상을 책망하시라"고 말씀하시면서 성령이 그들에게 임할 것과 그 임하는 목적에 대해서 설명해 주셨습니다(요 16:13,8).

그러나 실망과 슬픔과 낙담에 빠진 제자들은 그리스도의 모든 설명과 약속을 잊어버린 채 다락방에 함께 모여 문을 굳게 닫고 그들이 사랑하던 주님의 죽음이 자신들의 운명이 되지나 않을까 하는 두려움으로 떨고 있었습니다. 부활하신 그리스도께서는 바로 그러한 상태에 있던 제자들에게 나타나셨던 것입니다.

1. 가장 중요한 첫 단계, 진리에 대한 올바른 이해

그리스도께서는 왜 제자들에게 다시 나타나셨을까요? 왜 부활하신 이후 하늘로 곧바로 승천하지 않고 제자들에게 나타나셨을까요? 그리스도께서는 이 세상 전체의 복음 전파 사업을 12명의 제자들 어깨 위에 올려놓으셔야만 하셨습니다. 그래서 그분께서 하늘로 올라가시기 전에 당신의 제자들을 마지막으로 교육시키는 일이 필요했던 것입니다. 그들은 아직 복음 전파 사업을 위해서 준비되어 있지 못했습니다. 그들은 그리스도 교회의 진리에 대해서 아직 어두웠으며, 그분께서 주신 예언에 대해서 제대로 이해하지 못하고 있었습니다. 예수님께서는 그들을 그러한 상태 가운데 남겨두고 떠나실 수가 없으셨습니다.

제자들은 자신들이 전해야 할 복음이 어떤 것인지에 대한 정확한 이해가 없었습니다. 그러한 상태의 제자들에게 어떻게 위대한 성령의 능력과 은사가 주어질 수 있겠습니까! 그리스도께서는 성령의 은사와 능력을 당신의 뜻과 목적에 따라서 사용할 수 있을 만큼 진리를 충분히 이해하고 있으며, 깊은 회개를 통하여 모든 죄를 버렸고, 성품에 거룩한 특성들을 가지고 있는 사람들에게만 성령의 위대한 능력을 맡기실 수 있기 때문입니다. 그분께서는 부활 후 40일 동안 세상에 머물러 계시면서 그들 앞에 놓인 위대한 사역을 위하여 그들을 준비시키고자 하였습니다.

무엇보다도 먼저, 그리스도께서는 제자들이 당신 자신에 관한 진리를 올바로 이해하게 되기를 원하셨습니다. 그리스도께서는 당신의 초림과 유대인이 당신을 거절할 것과 당신의 죽으심에 관하여 구약 성경에 기록해 두신 예언들을 말씀해 주시면서, 그러한 예언들의 모든 세목이 성취된 것을 보여 주셨습니다. 그리스도의 탄생과 죽음과 부활에 대한 예언의 이해는 제자들의 신앙에 강력한 확신과 보증이 되었습니다. "이에 저희 마음을 열어 성경을 깨닫게 하시고 또 이르시되 이같이 그리스도가 고난을 받고 제 삼일에 죽은 자 가운데서 살아날 것과 또 그의 이름으로 죄 사함을 얻게 하는 회개가 예루살렘으로부터 시작하여 모든 족속에게 전파될 것… 너희는 이 모든 일의 증인이라"(눅 24:45-48).

제자들이 그리스도와 함께 보낸 40일 동안, 그들은 전혀 새로운 영적 경험을 얻게 되었습니다. 그리스도에 대하여 구약 성경이 말하는 바를 올바로 이해하였을 때, 그리스도에 대한 그들의 신앙은 더 할 수 없이 굳건하게 되었습니다. 제자들의 신앙은 "나의 의뢰한 자를 내가 안다."(딤후 1:12)고 말할 수 있는 경지에까지 이르게 되었습니다. 제자들은 자신들에게 맡겨진 사업의 성질과 범위를 깨닫기 시작했으며, 세상에 선포하기 위하여 그들에게 위임된 진리의 위대함을 이해하게 되었습니다. 그리스도의 생애와 그분의 죽으심과 부활과 같은 사건들을 천 년 전부터 미리 지적하여 왔던 구약 성경의 예언들, 구속의 오묘한 경륜, 죄를 사하시는 예수님의 능력과 같은 진리들을 매우 분명하고 정확하게 이해하는 일이, 오순절의 성령의 역사를 앞둔 제자들에게 있어서 가장 중요한 문제였습니다.

2. 진리에 일치하는 경험을 소유함

그리스도께서는 승천하시기 전에 당신의 제자들에게 온 세상 사람의 영혼을 맡기셨습니다. 그들은 그리스도께서 세상에 남겨두신 영생을 위한 진리의 전달자들이 되어야 했습니다. 그들은 예수 그리스도의 생애를 통하여 진리를 나누어 주는 사람들이 받게 되는 시련과 희생을 이해하게 되었습니다. 그리스도를 죽이려고 달려들던 사람들에게 나타내었던 그분의 동정과 사랑을 보았습니다. 또한 "이것을 너희에게 이름은 너희로 내 안에서 평안을 누리게 하려 함이라. 세상에서는 너희가 환란을 당하나 담대하라. 내가 세상을 이기었노라."(요 16:33)라는 그리스도의 말씀을 기억해야만 하였습니다. 어떠한 어려움 가운데서도 인내하면서 좌절하지 않았던 그리스도의 모습을 잊지 말아야 하였습니다.

제자들은 그리스도의 이름으로 사업을 전진시켜야 하였습니다. 그러므로 그들이 하는 모든 말과 행동은 죄인들을 구원하는 생명력을 가지고 있어야 하였습니다. 그들의 신앙과 생활은 능력의 근원되시는 그리스도께 집중되어야 하였습니다. 그리스도의 이름은 그들의 표어요, 그들을 구별시키는 표요, 그들의 계획과 행동의 방향을 결정하는 권위가 되어야 하였습니다. 그들은 모든 영혼을 그리스도 교회로 불러들여야 하였습니다.

복음 사업은 희생과 사랑으로 전진되어야 하는데, 거기에는 단순한 믿음이 수반되어야 하였습니다. 허식과 자랑을 적게 하면 할수록 사람들에게 미치는 감화는 크게 된다는 사실을 배워야만 하였습니다. 그들은 그리스도를 전하기에 앞서, 그리스도께서 주시는 구원에 관한 진리를 배워야 했으며, 그리스도의 정신과 마음을 소유해야만 하였습니다. 그들은 다른 사람들에게 순종에 대해서 가르치기 전에 먼저 그들 자신이 순종하는 법을 배워야만 했습니다. 그리스도께서는 이렇게 변화된 제자들에게 비로소 성령의 위대한 능력과 은사를 안심하고 위탁할 수 있으셨습니다.

그리스도께서는 제자들에게 당신의 사업이 쉬우리라고 말씀하지 않으셨습니다. 그들은 그들을 대항하기 위하여 일어서는 거대한 악의 세력과 맞부딪쳐야만 하였습니다. "정사와 권세와 이 어두움의 세상 주관자들과 하늘에 있는 악의 영"(엡 6:12)들과 싸워야만 하였습니다. 그러나 그들은 홀로 싸우도록 버려지지 않을 것이라는 것을 알았습니다. 그리스도의 능력이 그들에게 방패가 될 것이고, 그들은 다만 믿음으로 전진해야 한다는 것을 배웠습니다. 그분의 진리에 순종하고, 그분의 영과 연합하여 일하는 한 실패할 수 없다는 사실을 깨달았습니다. 이제 그리스도께서 가르쳐 주신 진리는 더 이상 이론이 아니라, 그들에게 생활과 신앙의 전부가 되었습니다. 드디어 그들은 진리와 일치하는 삶을 살게 되었습니다.

3. 그리스도의 재림에 대한 신앙을 소유함

그리스도께서 하늘 아버지께로 올라가실 때가 되자, 예수님께서는 제자들을 베다니로 인도하셨습니다. 감람산 위에서 예수님께서는 제자들을 축복하시면서 서서히 하늘로 승천해 올라가셨습니다. "축복하실 때에 저희를 떠나 하늘로 올리우셨다"(눅 24:51). 제자들이 승천해 올라가는 예수님을 보기 위해서 열심히 하늘을 쳐다보고 있는데, 두 천사가 나타나서 다음과 같은 약속의 말씀을 전하였습니다. "흰옷 입은 두 사람이 저희 곁에 서서 가로되 갈릴리 사람들아 어찌하여 서서 하늘을 쳐다보느냐 너희 가운데서 하늘로 올리우신 이 예수는 하늘로 가심을 본 그대로 오시리라"(행 1:10,11).

그리스도의 재림에 대한 약속은 제자들의 마음속에 항상 살아 있어야 하였습니다. "내가 다시 와서 너희를 내게로 영접하"리라고 한 그리스도의 약속은 환란과 시련을 앞둔 제자들에게 있어서 가장 큰 희망이 되었습니다. 제자들은 성령을 받기 전에 그리스도의 재림에 대한 신앙을 굳게 해야만 하였습니다. 그들은 재림을 기다리면서 복음 사업을 촉진시켜야 하였습니다. 그들이 먼저 그리스도의 재림을 믿고 이해해야만, 그들이 앞으로 만나게 될 가난과 시련 속에 있는 영혼들에게 그리스도의 재림에 관한 진리를 설명해 주면서 위로를 줄 수 있지 않겠습니까!

마지막 시대에 사는 그리스도인들에게 있어서, 재림에 관한 진리는 매우 중요한 진리가 됩니다. 왜냐하면 재림이 가까워지면 가까워질수록, 사탄은 재림에 대한 진리를 왜곡시킴으로써 사람들을 기만하기 때문입니다. "주의 임하심과 세상 끝에는 무슨 징조가 있사오리이까? 예수님께서 대답하여 가라사대 너희가 사람의 미혹을 받지 않도록 주의하라"(마 24:3,4). 그리스도의 재림을 사모하지 않으며, 재림에 대한 진리를 믿지 않거나 오해하고 있는 사람들에게 어떻게 마지막 시대에 퍼부어질 놀라운 성령의 능력과 은사가 허락될 수 있겠습니까?

4. 오순절 직전의 경험

제자들은 그리스도의 명령에 순종하여 예루살렘에서 성령의 부어주심을 기다렸습니다. 그들은 "늘 성전에 있어 하나님을 찬송하"였습니다(눅 24:53). 또한, 그들은 하늘에 자신들을 중보하는 한 대표자를 가졌다는 사실을 정확하게 이해하였기 때문에 깊은 경외심을 가지고 머리 숙여 기도할 수 있게 되었습니다. "너희가 무엇이든지 아버지께 구하는 것을 내 이름으로 주시리라. 지금까지는 너희가 내 이름으로 아무것도 구하지 아니하였으나 구하라. 그리하면 받으리니 너희 기쁨이 충만하리라"(요 16:23,24). 그들은 굳센 믿음을 가지고 하늘 아버지께 손을 뻗을 수 있게 되었습니다.

제자들은 약속이 성취되기를 기다리면서 참된 회개로 그들의 마음을 겸비하게 낮추었고, 그들이 과거에 예수님을 괴롭게 하였던 불신을 자복하였습니다. 그들은 구세주의 사업의 목적을 오해하였던 자신들을 스스로 책망하였습니다. 그리스도의 아름다운 자아희생의 생애의 장면들이 그들 앞에 지나갔습니다. 그들은 만일 그들 자신의 생애로 그리스도의 품성의 아름다움을 그대로 증거할 수만 있다면, 너무나 힘들어서 못할 수고가 없으며, 너무나 커서 못할 희생이 없다고 생각하였습니다. 그들은 자신들이 지나간 3년을 예수님과 다시 함께 살 수만 있다면, 얼마나 다르게 행하고 말할 것인가를 생각하였습니다.

만일 그들이 다시 한 번 예수님을 곁에서 모실 기회를 얻는다면, 그들이 주님을 매우 깊이 사랑한다는 사실을 나타내 보이기 위해서 얼마나 열심히 노력할 것인가를 생각해 보았습니다. 구세주의 마음을 아프게 하였던 자신들의 말과 행동을 되돌아보면서, 그들은 깊은 회개 가운데로 들어갔습니다. 자신들의 죄가 용서함을 받았다는 생각은 그들에게 커다란 위로가 되었습니다. 그들은 자신들이 십자가 앞에서 그리스도를 부인하였던 일을 생각하면서, 앞으로는 가능한 한 담대하게 주님을 세상 앞에서 인정함으로써 자신들의 죄를 조금이나마 속죄하리라고 생각하였습니다.

제자들은 세상 사람들에게 복음을 전파하기에 적합한 사람이 되기 위하여, 그리고 죄인들을 그리스도께 인도할 수 있는 사람이 되기 위해서 열심히 기도하였습니다. 모든 불화와 높아지고자 하는 욕망은 사라지게 되었으며, 고상하고 아름다운 그리스도인의 교제를 나눌 수 있게 되었습니다. 이 준비의 날들은 깊이 마음을 살피는 날들이었습니다.

제자들은 자신들이 영적으로 충전되어야 할 필요성을 깊이 느끼면서 영혼 구원 사업을 위한 지칠 줄 모르는 정열을 달라고 주께 부르짖었습니다. 그들이 구하였던 것은 자신만을 위한 축복이 아니었습니다. 그들은 영혼 구원에 대한 부담으로 짓눌렸습니다. 그들의 마음은 세상에서 죽어가는 영혼들에 대한 동정으로 가득 찼습니다. 제자들은 그들 자신을 위해서라기보다는 세상에 있는 영혼들을 위하여 성령을 간구하였습니다. 그들에게 있어서 자신에 대한 애착심은 더 이상 찾아볼 수 없었으며, 오직 그리스도께서 위탁하신 복음 사업에 대한 부담만이 그들의 마음과 영혼을 누르고 있었습니다.

오순절이 되어 제자들은 약속 받은 성령의 선물을 간절한 마음으로 간구하였을 때, 예수님께서는 제자들의 영적 상태에 확신을 가질 수 있으셨습니다. "오순절 날이 이미 이르매 저희가 다 같이 한 곳에 모였더니 홀연히 하늘로부터 급하고 강한 바람 같은 소리가 있어 저희 앉은 온 집안에 가득하"였습니다. 놀라서 어찌할 바를 모르는 제자들은 "사랑은 여기 있"다고 부르짖었습니다. 제자들은 나누어 주신 하늘의 선물을 붙잡았습니다. 그리고 그 일 후에 어떤 일이 있었습니까? 그들은 자신들이 경험한 성령의 역사에 우쭐하여져서 그것을 자랑하거나 광고하였습니까? 아닙니다. 오히려 겸손과 인내와 믿음으로 그리스도의 복음을 전하는 일에 그들의 생애를 불태웠습니다. 성령의 놀라운 일하심을 통하여 제자들은 하루에 수천 명을 회개시키면서 그리스도 교회의 초석을 놓았습니다.

지금 온 하늘은 그리스도의 복음을 대표할만한 사람을 찾고 있습니다. 성령의 은사를 간구하기 전에 성령의 열매가 자신의 성품에 맺히기를 기도하십시오.

오직 성령의 열매는
사랑과 희락과 화평과
오래 참음과 자비와 양선과
충성과 온유와 절제니
이같은 것을 금지할 법이 없느니라

갈라디아서 5:22,23

나더러 주여 주여 하는 자마다 천국에 다 들어갈 것이 아니요
다만 하늘에 계신 내 아버지의 뜻대로 행하는 자라야 들어가리라
그 날에 많은 사람이 나더러 이르되
주여 주여
우리가 주의 이름으로 선지자 노릇 하며
주의 이름으로 귀신을 쫓아내며
주의 이름으로 많은 권능을 행치 아니하였나이까 하리니
그 때에 내가 저희에게 밝히 말하되
내가 너희를 도무지 알지 못하니
불법을 행하는 자들아 내게서 떠나가라 하리라

(마태복음 7:21-23)

성경공부
성령의 역사

2장

현대 기독교회의 기적, 믿을 수 있는 것인가?

기적이 모두 성령의 은사인가요?

제1부 기적과 은사를 구하십니까?

1. 서론

봄방학 때였습니다. 경수는 휴가를 보내기 위해서 집으로 향하고 있었습니다. 그는 집에 가는 일로 매우 기분이 들떠 있었는데, 왜냐하면 카톨릭 신자이신 어머니가 최근에 기독교로 개종하여 기도회에 참석하고 있었기 때문이었습니다. 경수는 드디어 어머니와의 신앙 장벽을 없애고 그리스도인으로서의 친교를 나누게 된 것을 무척 기뻐했습니다. 집 현관에 도착하자, "주님 감사합니다."라는 어머니의 기쁨에 찬 탄성이, 여행에 지친 피로를 씻어 주는 듯했습니다. 그렇게 달콤한 말을 한 번도 들어 본 적이 없었습니다. 그날 밤, 피곤하긴 했지만 어머니와 함께 기도회에 참석하는 기쁨을 포기할 수는 없었습니다.

경수는 어머니와 다른 교우들이 번갈아 가며, 찬송하고 서로 간증을 나누는 것을 넋을 잃고 바라보았습니다. 여러 사람들이 자발적으로 믿음과 순복에 대한 권면을 주고받으며, 죄의 고백과 감정이 넘치는 기도들과 위로 뻗은 팔과 같은 것들은 대체적으로 성서적이었습니다. 그러나 다음 순간 그는 소스라치게 놀랐습니다. 사람들이 방언을 하기 시작하였고, "하나님의 성모 마리아가 이렇게 말씀하셨으니…"하는 통역이 뒤따랐습니다.

경수가 겪은 일은 오늘날 많은 그리스도인이 당면한 문제를 잘 보여줍니다. 그들은 영적 선물의 확실성을 진지하게 믿고 있기 때문에, 방언하고 예언하며 병 고치는 초자연적 현상들이 전혀 거짓일 가능성을 생각조차 하지 못합니다. 물론 그들 역시 하늘에서 왔다고 주장하는 모든 현상들을 다 인정하고 받아들여서는 안 된다는 사실을 알고 있지만, 자신들이 경험하고 있는 것들에 대해서는 그러한 원칙을 적용하지 않습니다. 아주 멋있게 포장된 꾸러미일지라도, 그 속에 선물을 담고 있을 수도 있고, 아무것도 없을 수도 있습니다. 좋게 포장된 것이 다 좋은 선물은 아닙니다. 어떤 경우에는 그 속에 부비트랩(작은 폭탄의 일종)이 들어 있을 수도 있습니다. 영적 은사라고 불리는 감정적 환희의 모습 뒤에 혹시 무엇이 숨어 있는 것은 아닐까요?

이러한 매우 중대한 질문의 답을 찾기 위해서, 우리는 모든 참 선물이나 은사는 "같은 한 성령이 행하사 그 뜻대로 각 사람에게 나눠 주"(고전 12:11)신다는 사실을 꼭 기억해야 합니다. 그리스도인들이 성령을 사용할 수 있는 방법을 선택하는 것이 아니고, 성령께서 복음사업을 위한 당신의 뜻에 따라서 각 사람을 선택하여 사용하시는 것입니다. 성령의 은사는 인간이 자신의 필요에 따라서 선택하는 것이 아니라, 성령께서 당신의 필요와 목적에 따라서 준비된 인간에게 주시는 것이라는 성경적 진리를 잊지 말아야 합니다.

사도 바울은 다음과 같이 진지하게 묻습니다. "다 사도겠느냐, 다 선지자겠느냐, 다 교사겠느냐, 다 능력을 행하는 자겠느냐, 다 병 고치는 은사를 가진 자겠느냐, 다 방언을 말하는 자겠느냐, 다 통역하는 자겠느냐"(고전 12:29,30). 대답은 분명히 "아니오!" 입니다. 따라서 어떤 기적이나 은사도 그리스도인들의 믿음이나 구원을 평가하는 특별한 은혜의 증거나 시험기준으로 사용되어서는 안됩니다. 예수님께서는 "그의 열매로 그들을 알리라."(마 7:20)고 말씀하셨는데, 성령의 열매는 "사랑과 희락과 화평과 오래 참음과 자비와 양선과 충성과 온유와 절제"(갈 5:22,23)입니다. 그러나 얼마나 자주 교회는 물론 개인들도, 무슨 특별한 은사가 어떤 사람들에게서 발견되느냐에 따라서 서로를 판단합니까?

아마도 방언보다 더 교회 안에서 문제를 야기시키는 것은 없을 것입니다. 더구나 영적 선물이 교회에게 주어진 것은 다른 이유들도 있지만 "믿는 것과 아는 일에 하나가 되"(엡 4:13)게 하기 위함임을 생각할 때, 오늘날의 "방언"은 참으로 문제의 요인이 되고 있습니다. 오늘날 일부 그리스도인들은 방언을 하지 않는 사람들의 믿음을 과소평가하고 있으며, 이와 반면에 방언을 하지 않는 대다수의 그리스도인들은 방언하는 사람들을 일방적으로 정죄하는 모습들을 보게 됩니다.

정당한 방언의 은사를 부정하는 것은 분명히 잘못입니다. 예수님께서 승천하시기 전에 "새 방언"이 "믿는 자들"을 "따르"는 표적이 될 것이라는 약속을 주셨으며, 이 은사는 오순절에 초대 교회에 주어졌던 유일하고도 가장 효과적인 선물이었습니다. 성령께서는 제자들이 평생을 애써도 다 할 수 없는 일을 한 순간에 그들을 위해서 행하셨습니다. 그날부터 그들은 각 지역에 다니며 복음을 전할 수 있었고, 그들이 위하여 수고하는 사람들의 언어를 쉽게 말할 수 있었습니다. 이 기적적 선물은 그들이 하늘의 부름을 받은 자들이라는 사실을 세상 사람들에게 말해주는 강력한 증거였습니다.

성경의 어느 곳에도 방언의 선물이 마지막 시대에는 무가치하게 될 것이라는 암시는 없습니다. 오히려 우리는 "모든 은사에 부족함이 없이 우리 주 예수 그리스도의 나타나심을 기다"(고전 1:7)려야 합니다. 모든 영적 은사는 교회가 "그리스도의 장성한 분량이 충만한 데까지"(엡 4:13) 자라나도록 교회 안에서 역사해야 합니다. 그러나 모든 그리스도인이 영적 은사를 분석하고 또 사용할 때, 잊어서는 안 될 것이 하나 있습니다. 성경은 마지막 시대에 사탄이 진리에 굳게 닻을 내리지 않은 사람들을 혼동시키기 위하여 성령의 역사를 위조하고자 할 것임을 분명히 말하고 있습니다. 사탄의 활동은 "모든 능력과 표적과 거짓 기적"(살후 2:9)으로 특징지어질 것입니다. 그때에는 "거짓 사도요 궤휼의 역군"으로서 "자기를 그리스도의 사도로 가장하는 자들"이 있게 될 것인데, "사탄도 자기를 광명한 천사로 가장"(고후 11:13,14)한다고 하였습니다.

이것은 세상에서 흔히 볼 수 있는 마술과 같은 것이 아닙니다. 사탄이 주는 "영적 선물"은 성령의 진짜 영적 선물과 너무 흡사할 것이기 때문에, 예수님께서는 여러 번 반복하여 "너희가 사람의 미혹을 받지 않도록 주의하라."(마 24:4)고 경고하셨습니다. 이는 "거짓 그리스도들과 거짓 선지자들이 일어나 큰 표적과 기사를 보이어 할 수만 있으면 택하신 자들도 미혹하게"(24절)할 것이기 때문입니다. 바로 이것을 염두에 두어야 합니다. 택하신 자들은 보통 사람들이나 적당하게 교회를 다니는 사람들을 말하는 것이 아닙니다. 열성적이고 신실한 그리스도인들이 사탄의 기만책의 첫 표적이 될 것입니다.

어떤 사람들은 오직 사탄만이 직접 위장을 하고 나타나서 "큰 표적과 기사를"행할 것이라고 생각합니다. 그러나 이것은 잘못된 생각입니다. 초자연적 역사들 가운데 많은 것이, 진실한 그리스도인이라고 불리는(그러나 사실은 거짓 사도인) 사람들에 의해 행해질 것입니다. "그날에 많은 사람이 나더러 이르되 주여 주여 우리가 주의 이름으로 선지자 노릇하며 주의 이름으로 귀신을 쫓아내며 주의 이름으로 많은 권능을 행치 아니하였나이까 하리니 그때에 내가 저희에게 밝히 말하되 내가 너희를 도무지 알지 못하니 불법을 행하는 자들아 내게서 떠나가라 하리라"(마 7:22,23).

이 성경 절의 앞뒤 구절들에서 우리는, 이 불행한 영혼들이 주의 뜻을 행치 않았던 사실을 발견하게 됩니다. "많은 권능을 행"했던 기적들이 하나님의 말씀에 대한 순종을 대신할 수는 없습니다. 이 말씀을 통해서, 예수님께서는 기적의 행위들이 그것을 행하는 사람들에게 거짓된 확신을 줄 것을 암시하셨습니다.

어떻게 그리스도인이라고 공언하는 많은 사람이(예수님께서 많다고 하셨음) 잘못 인도되어 마침내 다른 사람들을 속이는 사탄의 대리자 역할을 하게 될까요? 이것은 오늘날 그리스도를 따르는 모든 사람으로 하여금 자신의 영혼을 깊이 살피게 하는 두려운 질문입니다. 이 질문에 답하기 위해서, 우리는 진리와 경험을 비교해 보아야 하며, 이 둘의 관계를 모든 그리스도인은 반드시 이해해야 합니다. 진리와 경험의 관계를 정확하게 이해하지 못하는 그리스도인들은 사탄에게 기만과 미혹의 문을 활짝 열어 놓게 된다는 사실을 깨달아야 합니다.

예수님께서는, "내가 곧 길이요 진리요 생명이"(요 14:6)라고 말씀하셨습니다. 그리스도 안에 있는 모든 진리는 그리스도인을 항상 온전한 경험으로 인도하는데, 그러한 경험이 모두 같은 것은 아닙니다. 이 둘 즉, 하나님의 진리와 사람들의 신앙 경험이 올바른 궤도에서 벗어나게 되면, 이 둘은 상호 파괴적인 결과들을 가져옵니다.

왜 그렇습니까? 언제나 진리 자체는 불변하지만, 진리를 이해하는 우리의 지식과 경험은 잘못될 수 있기 때문입니다. 이런 경우, 사람들은 자신들의 잘못된 지식과 경험을 근거로 해서 진리를 변조하려고 하게 됩니다. 진리는 불변하는 권위를 가지고 있으며 모순되지 않습니다. 따라서 그것은 모든 경험의 판단 기준이 됩니다. 오직 진리만이 경험을 판단하고 평가할 수 있습니다. 우리의 경험을 통해서 진리를 판단하는 것이 아니라, 진리를 통해서 우리의 경험과 지식을 판단해야만 합니다.

인간의 경험은 아무것도 정의하지 못합니다. 사탄은 경험만이 매우 중요한 것이라고 사람들에게 말하지만, 그러나 경험은 올바른 지식의 테두리 안에서만 의미를 가질 수 있습니다. 서로 다른 두 사람이 같은 사건을 관찰하게 되면 각기 매우 다른 방식으로 그것을 경험하는 것은 바로 이런 이유 때문입니다. 더구나 주어진 어떤 경험에 대한 우리의 이해는 그것을 평가할 수 있는 충분한 지식을 가지고 있지 못하면 매우 불완전하며, 설사 가지고 있다 하더라도 우리의 선입관, 개성, 편견 등에 의해서 크게 달라질 수 있습니다. 그러므로 우리는 우리의 경험이나 입장이나 생각을 중요시하지 말아야 하며, 오직 성경에 기록된 진리만을 최고의 판단 기준으로 삼아야 합니다.

성령 은사 운동이 비평받아야 하는 가장 큰 이유는, 진리로 경험을 논하는 것이 아니라 경험을 근거로 진리를 논한다는 것입니다. 성령의 은사를 받았다고 주장하는 사람들의 입장과 과정은 대체로 이렇습니다.

Ⓐ 나는 어떤 놀라운 경험을 하였다.
Ⓑ 나는 나의 경험과 매우 흡사한 경험을 신약의 기록에서 발견하였다.
Ⓒ 그러므로 나의 경험은 진리이다.

이것은 매우 그럴듯한 논리의 전개처럼 보이지만, 그들에게 있어서 문제가 되는 것은, 아무도 경험만 가지고는 그 경험이 가지고 있는 의미를 정확하게 알지 못한다는 것입니다. 그들의 경험이 초대 교회 그리스도인들의 경험과 흡사하다고 해서, 자신들의 경험이 진짜라고 보증할 수 없습니다. 사탄은 성령의 역사도 위조할 수 있으며 인간의 감정을 조종할 수 있는 힘을 가지고 있음을 잊지 마십시오. 그렇기 때문에, "경험"이 전부인 사람들에게는 "진리"가 결국 아무것도 아닌 것이 되고 맙니다. 바울은 "진리의 사랑을 받지 아니한"사람들에 대하여 "이러므로 하나님이 유혹을 저의 가운데 역사 하게 하사 거짓 것을 믿게"(살후 2:10,11)하실 것이라고 말했습니다.

성령 은사를 추구하는 그리스도인들의 깃발 아래 모인 교회들이 많이 있습니다. 예수님께서는 "청함을 받은 자는 많되 택함을 입은 자는 적으니라"(마 22:14)고 말씀하셨으며, 바울도 "허다한 사람"들이 "하나님의 말씀을 혼잡"(고후 2:17)하게 하는 것을 보았습니다. 이것이 성령 은사를 추구하는 모든 교회들을 일괄적으로 다 피해야 한다는 뜻입니까? 천만에요 오히려 우리는 하나님의 말씀으로 모든 교회, 모든 종교적 체험, 모든 영적 현시들을 시험해보아야 한다는 뜻입니다. 바울이 말했던 것처럼 "범사에 헤아려 좋은 것을 취"(살전 5:21)하기 위해서, 우리는 영적 은사를 강조하고 있는 교회들과 그 교회들의 가르침을 성경의 모든 진리와 비교하여 살펴본 후, 만일 그것들이 성경과 일치하면 확실한 안전감을 가지고 받아들이고, 기만당할 것을 두려워할 필요가 없는 것입니다.

반면에 어떤 그룹이 영적 현시와 감정적 체험에 빠져 있는데, 그들이 자신들이 경험한 "영"에 의해서 성경의 진리를 척량하려 한다면 그들을 조심하십시오. 하나님의 말씀은 진리입니다(요 14:16,17, 15:26, 16:13). "모든 성경은 하나님의 감동으로 된 것"(딤후 3:16)입니다. 이사야도 하나님의 백성에게, 하나님의 말씀으로 모든 영을 판단하라고 권면하였습니다. "마땅히 율법과 증거의 말씀을 좇을지니 그들의 말하는 바가 이 말씀에 맞지 아니하면 그들 안에 빛이 없기 때문이라"(사 8:20, KJV). 요한도 또 하나의 시험기준을 첨가하였는데, 그가 제시한 시험 기준은 영이 그리스도의 육체로 오심을 시인하는지를 시험하라는 것입니다(요일 4:1-3). 이사야서에 나왔던 동일한 시험기준이 요한계시록에도 다음과 같이 나와 있음을 유의하시기 바랍니다. "하나님의 계명을 지키며 예수의 증거를 가진 자들"(계 12:17, 14:12).

한 가지 이상한 것은 성령 은사를 추구하는 많은 그리스도인이 하나님의 율법이 십자가에서 폐지되었다고 믿고 있다는 사실입니다. 오늘날 대부분의 교회에서는 사랑이 하나님의 계명의 준수를 대신하는 듯합니다. 그러나 예수님께서는 사랑과 순종을 분리할 수 없는 상태로 결합시키는 것을 조건으로 성령의 약속을 말씀하셨습니다. "너희가 나를 사랑하면 나의 계명을 지키리라. 내가 아버지께 구하겠으니 그가 또 다른 보혜사를 너희에게 주사 영원토록 너희와 함께 있게 하시리니 저는 진리의 영이라"(요 14:15-17) 베드로는 예수님의 말씀을 잘 이해했습니다. 그는 말하기를, 성령은 "하나님이 자기를 순종하는 사람들에게 주"어진다고 말했습니다(행 5:32). 예수님께 가장 사랑받았던 제자 요한은 기록하기를, "저를 아노라 하고 그의 계명을 지키지 아니하는 자는 거짓말 하는 자요 진리가 그 속에 있지 아니하"(요일 2:4)다고 했습니다.

그런데 어떤 이들은 신약 성경에 나오는 계명은 하나님께서 시내 산에서 주신 십계명이 아니라 "서로 사랑하라"(요 13:34)고 주신 예수님의 새 계명을 말하는 것이라고 생각합니다. 예수님의 "서로 사랑하라"는 새 계명은 십계명을 폐지하고 새로운 계명을 세우신 것이 아니라 과거부터 항상 있어온 십계명의 중심 사상을 재 강조한 것이라는 사실을 깨달아야 합니다. "새 계명"은 절대로 십계명을 대신하는 것이 아니며, 십계명을 비춰주는 빛으로서 주어진 것입니다(요일 2:3-8). 더구나 야고보는 십계명 중 하나라도 그릇 범하면 모든 율법을 범하는 것이 된다고 분명히 말했습니다(약 2:10,11). 이것은 십자가 이후, 오순절이 훨씬 지난 후에도 여전히 율법이 유효하고 있었음을 증명하는 것입니다.

왜 하나님께서는 당신의 계명을 지키는 자들에게 성령의 은사를 주고자 하실까요? 그것은 성령의 은사가 개인의 증거에 능력을 주기 때문입니다. 예수님께서 승천하기 전에 제자들에게, "성령이 너희에게 임하시면 너희가 권능을 받고 … 땅 끝까지 이르러 내 증인이 되리라"(행 1:8)고 말씀하셨습니다. 하나님께서 당신의 법인 계명을 불순종하는 죄된 생애를 살고 있는 죄인들에게 권능을 부여하시겠습니까? 결코 그럴 수 없습니다. 하나님께서는 모든 영을 시험하는 것으로서 "하나님의 말씀인 계명"을 제시하고 있다는 사실을 기억하시기 바랍니다. 사탄은 하나님의 기적을 흉내 낼 수 있지만, 하나님의 "계명"을 완전하게 순종할 수는 없습니다. 만일 어떤 사람이 하나님의 계명이나 진리를 고의적으로 불순종하면서 그분의 이름으로 기적을 행하고 있다면, 그것은 사탄의 역사이지 그리스도의 역사가 아니라는 것이 성경이 증거하는 바입니다. 세상에는 그리스도인이라고 자처하고 성령의 능력을 행한다고 주장하면서, 하나님의 율법을 높이고 죄에 대한 회개를 요구하는 성경 말씀들을 공공연히 피하는 사람들이 많이 있습니다.

"사람이 귀를 돌이키고 율법을 듣지 아니하면 그의 기도도 가증"(잠 28:9)하다는 사실을 깨닫게 됩니다. 하나님의 백성들이 그분의 율법을 무시하고 불순종할 때, 하나님께서 성령을 통하여 그들에게 역사하실 수 없다는 사실은 너무도 당연한 것이 아닐까요? 스스로 자신을 속이지 맙시다! 사랑에서 우러나오는 충성과 순종의 열매에 대한 하나님의 요구는 예나 지금이나 다름이 없습니다. 예수님께서 얼마나 더 분명히 말씀하셔야 합니까? "나더러 주여 주여 하는 자마다 천국에 다 들어갈 것이 아니요 다만 하늘에 계신 내 아버지의 뜻대로 행하는 자라야 들어가리라"(마 7:21). 그분의 말씀은 솔로몬을 통해 주신 성령의 권면과 일치하는 것입니다. "말씀을 멸시하는 자는 패망을 이루고 계명을 두려워하는 자는 상을 얻느니라"(잠 13:13). 순종의 역사를 낳는 것은 우리가 아니요, 우리 속에 계신 그리스도이십니다(골 1:27-29). 우리의 생애 속에서 성령의 능력을 받기 원한다면, 우리 자신의 마음과 생활이 먼저 그리스도의 진리와 말씀에 일치되어야 합니다. 그분의 완전하신 성품을 우리의 생활 속에서 반사하는 것보다 더 그분께 영광을 돌리는 방법은 없습니다. 진리의 영께서 말씀하십니다. "(새) 언약이 이것이니 내 법을 저희 생각에 두고 저희 마음에 이것을 기록하리라 나는 저희에게 하나님이 되고 저희는 내 백성이 되리라"(히 8:10).

이러한 성령의 역사가 마음속에서 이루어질 때, 우리는 은사처럼 보이는 무엇을 산출하고자 애쓰는 일은 더 이상 없게 될 것이며, 우리를 보는 이들에게 웃음거리가 되는 일도 없을 것입니다. "거짓 은사를 스스로 자랑하는 자는 누구나 비 없는 구름과 바

람 같으니라"(잠25:14 영어 성경). 하나님께서 우리에게 주신 여러 가지 자원과 재능들을 겸손한 마음으로 부지런히 사용해야 하며, 가장 좋은 은사는 그것이 필요 될 때에 우리에게 주어질 것이라는 확신을 가지고 그리스도인의 생애를 힘차게 살아가는 것이 성경이 권하는 바입니다. 우리가 성령의 침례를 간구하며, 우리의 생활 속에서 그분의 능력이 나타나기를 기도할 때, 우리는 우리 자신의 이해의 편협함으로 인하여 그분의 역사를 제한시켜서는 안 됩니다. 성령의 참 은사를 행사하고 있는 많은 사람이 그런 것을 전혀 계획하거나 의식하지 않은 채 행하고 있습니다. 어떤 은사들은 눈에 띄지 않는 장소에서 문제들을 해결하고 있으며, 또한 복음의 전파를 위하여 언어의 장벽을 뛰어넘기 위해서 초자연적 도움이 필요 되는 상황에서 나타나기도 합니다. 물론 성령의 기적들이 일어납니다. 그러나 사탄이 하는 것처럼 어떠한 복음적 필요나 목적도 없이 아무 곳에서 일어나거나 어떤 유행을 일으키지는 않습니다. 하늘의 능력에 의하여 일어난 기적은, 그것으로 인하여 예수 그리스도께 영광을 돌리게 되며, 모든 진리의 말씀에 일치되어야 합니다.

마지막으로 성령의 기적을 행하는 사람들에게는 반드시 성령의 열매가 맺혀져야 합니다. 그들에게는 사랑, 깊고 영적인 자아 희생적 사랑이 나타날 것입니다. 사실 성령의 모든 은사는 교회 안에 참 열매가 존재할 때에 있게 됩니다. 사랑, 기쁨, 화평, 오래 참음, 친절, 선, 믿음, 온유, 절제 등은 "하나님의 계명을 지키며 예수의 증거를 가진"남은 백성의 특성이 될 것입니다(계 12:17). 우리는 잘못된 기적을 행하는 사람들을 이해할 수 있으며, 그들의 진지함을 인정해줄 수 있습니다. 그러나 진리를 떠난 이러한 형태의 예배는 결국 엉뚱한 결과를 초래한다는 사실을 분명히 지적해야 합니다. 사탄에 의한 거짓 은사들이 교회 안에 들어오면 누가 그것을 식별할 수 있겠습니까?

옛날에 트로이의 주민들은 그 도시의 성문에 놓인 평화의 선물을 매우 기뻐했습니다. 주민들이 그 거대한 목마를, 성벽 안으로 들여가자, 곧 그리스 군인들이 그 목마 속에서 쏟아져 나와서 그 도시를 강제로 점령하고 말았습니다. 트로이 사람들은 전에도 여러 번 선물을 받았었습니다. 그래서 이번에도 겉모습만 보고 이 멋진 새 선물을 큰 축복으로 여기며 받았습니다. 불행히도 그들은 적의 계략을 과소평가함으로써 결국 그 선물 때문에 멸망당했습니다. 트로이 사람들과는 달리 우리는 성경에 기록되어 있는 충분한 경고를 가지고 있습니다. "개구리 같은 세 더러운 영이 용의 입과 짐승의 입과 거짓 선지자의 입에서 나오니 저희는 귀신의 영이라 이적을 행하여 온 천하 임금들에게 가서 하나님 곧 전능하신 이의 큰 날에 전쟁을 위하여 그들을 모으더라"(계 16:13,14).

개구리 같은 영들이 입에서 나온다는 말을 유의하시기 바랍니다. 언어의 혼잡으로 인해서 바벨탑은 멸망하게 되었습니다. 그러나 그것은 오늘날 우리 시대에도 여전히 존재합니다. 이 언어의 혼잡은 하나님의 백성들이 자신들을 높이기 위한 반역 때문에 생기게 된 것입니다(창 11:4-9). 그들의 반역은, 방언이라는 혼잡한 언어와 함께 거짓 교리를 마구 퍼뜨림으로써 오늘날에도 반복되고 있습니다. 그러나 경고의 음성은 오늘날에도 존재합니다. "무너졌도다 무너졌도다 큰 성 바벨론이여, 귀신의 처소와 각종 더러운 영의 모이는 곳과 각종 더럽고 가증한 새의 모이는 곳이 되었도다… 내 백성아 거기서 나와 그의 죄에 참예하지 말고 그의 받을 재앙들을 받지 말라"(계 18:2,4). 오늘날 하나님의 백성들이 이 음성에 주의를 기울일까요? 과연 그들이 이 경고를 받아들일까요?

2. 성령 은사를 추구하는 그리스도인 친구들을 어떻게 대할 것인가?

오늘날 성령 은사를 추구하는 대부분의 교회들은, 무아경 속에서 하는 알 수 없는 방언을 초대 교회가 받았던 성령의 참 은사라고 가르치며, 오늘날의 교회에 그 은사가 있는 것은 정당하다는 증거로서 고린도전서 14장을 이용합니다. 이러한 견해에 대한 논쟁이 수년 동안 교회들 사이에서 존재해 왔습니다.

고린도 교회에 구체적으로 무슨 일들이 있었는지 우리가 세세히 다 알 수는 없지만, 대체적인 문제의 핵심은 분명합니다. 고린도 교회의 갓 태어난 그리스도인들은 그들의 연륜에 비해서 엄청난 영적 은사를 받았습니다. 그러나 그들은 세상을 대항하여 싸우기엔 너무도 약한, 겨우 10여 명의 남녀들이었습니다. 그리하여 하나님께서는 복음을 널리 확산시키기 위해 필요 되는 강력한 의사소통의 무기를 그들에게 허락하셨습니다. 그러나 새로 얻은 언어의 능력을 최대한 이용해 보고 싶은 열정에서, 그 미숙한 그리스도인들은, 그 당시 신비 종교에 빠져 있는 주변의 이교도들에게 어떤 전시 효과를 나타냄으로써 감명을 주고자 노력했습니다.

오늘날 어떤 그리스도인들은 방언을 말하는 방법, 즉 한 번에 하나의 의미 없는 음절을 말하는 방법을 가르칩니다. 배우는 사람이 마침내 자유롭게 자음 모음을 붙여가며 말을 하기 시작하면 그는 "은사"를 받은 것으로 인정됩니다. 이러한 초보자들은 거의 모든 은사 중심의 집회들에 참석할 때마다 만족한 편안함을 느끼게 됩니다. 예배 분위기에 따라 감정이 고조되어서 그 절정에 달하면 자동적으로 사람들은 방언으로 응하게 됩니다.

고린도 교회나 현대 교회들의 상황을 비교해 보면, 영적 선물에 대한 기본적인 개념이 잘못 이해되고 있는 모습을 보게 됩니다. 아마도 바울은 고린도 교회를 사탄에게 잃어버린바 되었다고 선언하고 싶었을 것입니다. 그러나 그는 그렇게 하지 않았습니다. 참을성 있고 친절하게 그리고 분명하게 그들을 지도하고, 그들과 함께 수고한 결과, 그들은 마침내 성숙한 그리스도인들이 되었습니다.

마찬가지로 미숙한 그리스도인을 사랑으로 양육하며 성경의 진리로 양육하는 것이 성숙한 그리스도인들의 책임입니다. 현대의 방언을 모두 사탄의 소행이라고 말하는 것은 옳지 않으며, 그리스도인 복음 활동에 역효과를 가져옵니다. 비록 사탄이, 오늘날 종종 방언이라고 불리는 말들을 마음대로 자극하고 조종할 수 있기는 하지만, 하나님께서는 열심으로 당신을 찾는 자들을 아시며 그들을 안전하게 지켜주실 것입니다. 사도 바울이 고린도 교회에 했듯이, 오늘날에도 인내심을 가지고 영혼들을 찾아내어 꾸준히 도와 줄 그런 사도들이 필요합니다. 미숙한 그리스도인들은 그리스도 안에 있는 어린아이와 같기 때문에, 그리스도께서는 당신을 따르는 자들에게 그들을 잘 돌보아 줄 책임을 지우십니다.

"또 누구든지 나를 믿는 이 소자 중 하나를 실족케 하면 차라리 연자 맷돌을 그 목에 달리우고 바다에 던지움이 나으리라"(막 9:42).

여러분 자신의 생활을 살펴보십시오. 여러분의 생활 속에서 성령의 열매가 맺히고 있습니까? 여러분의 증거 활동은 성령의 능력으로 기름 부은 바 되었습니까? "보라 네 눈 속에 들보가 있는데 어찌하여 형제에게 말하기를 나로 네 눈 속에 있는 티를 빼게 하라 하겠느냐"(마 7:4). 우리 자신의 부족함을 깊이 인식하게 될 때에, 우리는 연약한 자들을 참된 사랑과 깊은 염려로 돌보아 줄 수 있게 됩니다. 성령께서 어떤 영혼을 진리 가운데로 인도하시기 위해서는 성령의 임재하심으로 그 영혼의 마음이 움직여져야 합니다. "아버지께 참으로 예배하는 자들은 영과 진리(영문 번역)로 예배할 때가 오나니 곧 이때라. 아버지께서는 이렇게 자기에게 예배하는 자들을 찾으시느니라 하나님은 영이시니 예배하는 자가 신령과 진리(영문 번역)로 예배할지니라"(요 4:23,24).

3. 당신은 알고 계십니까?

역사를 더듬어 보면, 종교적 예배에 무아경 상태의 언어를 사용했던 것은 그리스도 교회가 설립되기 여러 세기 전에 이교주의에서 유래되었습니다. 무아경의 상태에서 말하는 것은 수세기가 지난 오늘날에도 여전히 존재하며, 힌두교, 불교, 기타 신비종교 등 각 종교단체의 주요 행사가 되고 있습니다. 의미 없는 음절의 반복적 멜로디는 종종 말하는 사람으로 하여금 몽환경이나 최면 직전의 상태로 들어가도록 만들기 때문에 심리적 속임수에 말려들 가능성이 매우 높게 만듭니다. "입과 혀를 지키는 자는 그 영혼을 환란에서 보전하느니라."(잠 21:23)고 말한 현인의 충고가 얼마나 적절한 것입니까?

제2부 기적이 모두 성령의 은사인가요?

1. 서론

성경에 계시된 가장 분명한 마지막 시대의 징조 중의 하나는, 모든 영혼의 운명을 종결지을 최후의 전쟁을 위해서, 사탄의 세력이 가시적으로 출현하는 것입니다. 요한계시록은 이 마지막 투쟁을 아마겟돈 전쟁이라고 하는데, 이 전쟁에서 하나님과 사탄은 마지막 대 쟁투를 벌이게 될 것이며, 지금까지 계속되어 온 선악의 대 쟁투는 결국 여기서 막을 내릴 것입니다.

성경에 의하면, 사탄은 세상 전체를 자기 진영으로 끌어들이는 기만적인 작전을 펼치기 위해서 온갖 교활한 방법을 동원할 것이라고 기록되어 있습니다. 요한은 "마귀가 자기의 때가 얼마 못된 줄을 알므로 크게 분내어 … 내려갔"다고 말했습니다(계 12:12). 6000년 동안이나 준비해온 이 전쟁을 위해서, 원수는 정치적 세력과 종교적 힘을 모두 이용할 것입니다. 머리가 비상한 사탄은 사람들을 구원 받지 못하게 하는 전략을 지금까지 세워왔습니다. 그의 최종적 목표는 사람들로 죄를 짓게 만드는 것인데, 이는 사람들로 하여금 하늘에 가지 못하도록 만드는 것은 오직 죄이기 때문입니다.

성경은 죄를 "불법(법을 범함)"으로 정의하고 있습니다(요일 3:4). 바울은 좀 더 명확히 설명하기를, 죄는 십계명을 범하는 것이라고 하였습니다(롬 7:7). 그렇다면, 마지막 대 쟁투의 초점이 하나님의 도덕률에 순종하느냐 불순종하느냐에 맞추어질 것이라는 사실에는 의심의 여지가 없습니다. 사탄은 하늘 정부와 하나님의 법을 무시하는 존재 입니다. 오래 전부터, 그는 하나님을 불공정한 요구를 하시는 분으로 비난함으로써 하늘의 평화를 깨뜨려 놓았습니다. 그는 하나님을, 도무지 지킬 수 없는 율법에 대한 순종을 요구하시는 부당한 분으로 비난하였던 것입니다. 그 이후로부터, 그는 자신의 비난의 말이 옳다는 것을 입증하기 위해서, 사람들로 하여금 율법을 범하게 하려고 계속해서 노력해 왔습니다. 그리스도를 믿지 않는 사람들은 사탄에게 있어서 별 문젯거리가 되지 않습니다. 문제는 하나님을 믿는다고 말하는 거대한 종교 집단들을 어떻게 자신의 불순종의 계획에 참여시키느냐 하는 것입니다.

이 최후의 기만을 위한 그의 거대한 전략은, 모든 사람으로 하여금 심지어 종교계까지 하늘의 권위를 대적하게 만드는 것입니다. 그러기 위해서는 모든 교파에 속해 있는 그리스도인들이 율법을 범하면서도 아무런 양심의 가책을 느끼지 않도록 만들어야 하며, 하나님의 법을 범하는 상태에 살면서도 여전히 그리스도의 이름을 전파하는 일에 있어서는 열심을 내도록 기만해야 합니다. 사탄의 이러한 계획을 성취하기 위해서, 사탄은 신앙 문제에 있어서 성경을 최종적인 권위로 받아들이던 전통적 견해를 무너뜨리고, 그에 걸맞은 다른 권위를 확립하려고 할 것입니다. 자신의 계략 안에 모든 교회와 모든 신앙과 모든 그리스도인을 다 포함시키기 위해서, 각 교파들이 주장하는 교리나 예언 해석법이나 생활 표준을 초월하여 모든 사람의 시선과 생각을 연합시킬 수 있는 어떤 계략이 고안되어야 합니다. 사탄은 교파 간에 어떤 견해 차이를 가져올 수 있는 전략을 세우지 않을 것입니다. 왜냐하면 그러한 것들은 사탄이 원하는 방향으로의 연합을 가져오는 것이 아니라 각 교파 단위의 분열이나 불일치를 가져올 뿐이기 때문입니다.

사탄이 기독교 전체로 하여금 하나님의 율법에 불순종하도록 유도하는 놀라운 목표를 성공적으로 달성하기 위해서는, 다음의 네 가지 기본적 요구가 충족되어야 할 것입니다.

❶ 그리스도인들이 율법을 범하면서도 안전감을 느낄 수 있어야 하며,
❷ 진리와 오류를 시험하는 시금석으로서의 하나님의 말씀을 불신하게 만들며,
❸ 진리의 말씀 대신에 진짜처럼 보일 뿐 아니라 모든 사람의 관심을 끌 수 있을 만큼 흥미 있는 다른 기준을 제시하며,
❹ 비록 진리라고 할지라도, 모든 그리스도인 간에 불화를 초래하는 교리나 예언 해석, 그리고 그리스도인 표준들을 무시하는 분위기를 조성해야 합니다.

하나님의 말씀(십계명)을 불순종하도록 그리스도인들을 유도하기 위해서는, 이 모든 요소가 사탄의 거대한 책략 속에 잘 짜 넣어져야만 합니다.

2. 기적을 행하는 것이 하나님의 일꾼이라는 증표인가?

자, 이제 마지막 시대에 이런 일들이 어떻게 일어날 것인지에 관한 영감의 기록들을 살펴보십시다. 믿기 어려운 일이지만 대 기만자인 사탄은 자신의 속임수를 통하여서 그의 목적들을 성공적으로 달성하게 될 것입니다. 먼저, 많은 사람이 그리스도인이라는 이름을 가지고 있으면서 하나님의 율법을 불순종할 것에 대해서 경고하신 그리스도의 말씀을 주의해 보십시다.

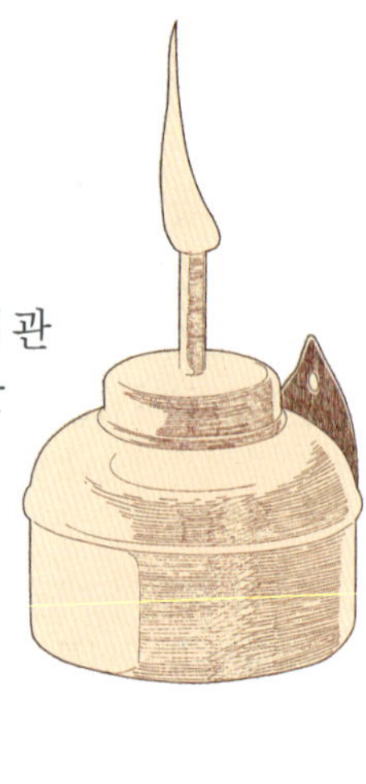

"나더러 주여 주여 하는 자마다 천국에 다 들어갈 것이 아니요 다만 하늘에 계신 내 아버지의 뜻대로 행하는 자라야 들어가리라. 그날에 많은 사람이 나더러 이르되 주여 주여 우리가 주의 이름으로 선지자 노릇하며 주의 이름으로 귀신을 쫓아내며 주의 이름으로 많은 권능을 행치 아니하였나이까 하리니 그때에 내가 저희에게 밝히 말하되 내가 너희를 도무지 알지 못하니 불법을 행하는 자들아(내 아버지의 법을 범하는 자들아) 내게서 떠나가라 하리라"(마 7:21-23).

주님께서 하신 이 경고의 말씀의 의미를 잘 생각해 보십시오. 이 성경 절에 나오는 사람들은 그리스도인들이라고 자처하고 있었으며, 심지어 예언하고 병 고치며 귀신을 쫓아내는 일에 엄청난 능력을 행사하였습니다. 그들은 이러한 기적들을 예수님의 이름으로 행했습니다. 그러나 예수님께서는 그들을 모른다고 말씀하셨습니다. 그러므로 분명한 것은, 그들은 그리스도의 능력을 힘입어 그런 영적 은사들을 행사한 것이 아니었다는 사실입니다. 그렇다면 누가 그들에게 초자연적 능력을 주어서 그런 기적을 행하게 하였습니까? 그러한 능력이 나올 수 있는 근원은 하나님과 사탄 이외에는 없습니다. 예수님께서 그들에게, "불법을 행하는 자들"이라고 말씀하신 것을 보면, 그들이 불법의 창시자 사탄의 능력으로 병을 고치고 예언했던 것이 틀림없습니다.

이 말씀은, 마지막 때에 성령의 은사를 받은 것처럼 보이는 기만적인 기적들이 있을 것임을 우리에게 말해주고 있습니다. 외부적으로는, 그것들은 정말 참된 은사와 똑같이 보일 것이며, 신앙의 열성이 지극한 분위기 가운데서 예수님의 이름으로 행해질 것입니다. 그러면 진짜 은사와 거짓 은사의 차이를 어떻게 분별할 수 있을까요? 예수님께서는 이 점에 대해서 분명하게 말씀하셨습니다. 그들이 "주여, 주여"라고 부르짖는다고 할지라도 하늘에 계신 아버지의 뜻을 행하는 자들이 아님을 알 수 있습니다. 무엇이 하늘 아버지의 뜻입니까?

다윗의 말을 들어 봅시다. "나의 하나님이여 내가 주의 뜻 행하기를 즐기오니 주의 법이 나의 심중에 있나이다"(시 40:8). 자신들이 행한 놀라운 기적들을 근거로 예수님께 구원을 호소한 사람들은, 그들이 하나님의 법을 범하는 생애를 살았기 때문에, 주님으로부터 "사탄의 대리자"라는 책망과 거절을 당하게 되었습니다. 그들은 놀라운 기만 가운데서 기적을 행하던 사람들이었습니다. 그들은 예수님의 이름을 불렀지만, 예수님을 알지 못하던 사람들이었습니다. 그들은 예수님을 사랑한다고 말하였지만, 예수님의 입에서 나온 말씀과 진리에는 순종하기를 거절하였습니다. 그분을 아는 것은 곧 그분의 계명들을 지키는 것이라는 요한의 말씀이 생각납니다.

"우리가 그의 계명을 지키면 이로써 우리가 저를 아는 줄로 알 것이요 저를 아노라 하고 그의 계명을 지키지 아니하는 자는 거짓말 하는 자요 진리가 그 속에 있지 아니하되"(요일 2:3,4). 사실상, 그들은 진심으로 예수님을 사랑하지 않았습니다. 왜냐하면 그분을 사랑하는 것은 곧 그분의 계명들을 지키는 것이기 때문입니다. "하나님을 사랑하는 것은 이것이니 우리가 그의 계명들을 지키는 것이라. 그의 계명들은 무거운 것이 아니로다"(요일 5:3).

3. 오직 순종하는 자만이 성령을 받게 됨

이러한 사실들은, 오직 순종하는 자들만이 성령 충만해질 수 있다는 진리로 우리를 인도합니다. 이것은, 하나님의 법을 어기는 자들의 생애에는 영적 은사가 나타날 수 없다는 뜻입니다. 예수님께서는 다음과 같이 말씀하셨습니다. "너희가 나를 사랑하면 나의 계명을 지키리라. 내가 아버지께 구하겠으니 그가 또 다른 보혜사를 너희에게 주사 영원토록 너희와 함께 있게 하시리니"(요 14:15,16).

이 말씀들의 의미는 분명합니다. 사랑은 순종을 낳고 순종은 성령 충만을 가져다준다는 뜻입니다. 아무도 순종과 성령의 침례 사이의 관계를 간과해서는 안 됩니다. 성령에 관한 가장 기본적인 사실은, 성령은 믿는 자들을 모든 진리 가운데로 인도하시며, 죄를 깨닫게 하신다는 것입니다. "보혜사 곧 아버지께서 내 이름으로 보내실 성령 그가 너희에게 모든 것을 가르치시고 내가 너희에게 말한 모든 것을 생각나게 하시리라"(요 14:26).

다시 예수님께서 말씀하셨습니다. "진리의 성령이 오시면 그가 너희를 모든 진리 가운데로 인도하시리니"(요 16:13). 성령께서 우리를 인도하시는 "모든 진리 또는 모든 것"이란 무엇입니까? 성령께서 첫째로 하시는 사업은 죄를 지적하시는 것입니다.

예수님께서는 요한복음 16장 8절에 성령의 사역을 묘사해 놓으셨습니다. "그가 와서 죄에 대하여 세상을 책망하시리라." 죄가 무엇입니까? "죄는 불법(율법을 범함: 영문성경)이라."(요일 3:4) 어떤 사람도 자신이 율법을 범한 일에 대한 성령의 책망을 받아들이지 않으면서, 성령 충만의 체험을 기대할 수 없습니다. 거짓말, 도둑질, 간음, 안식일을 기억하여 거룩하게 지키지 않는 일 등은 성령 충만한 삶 속에서는 있을 수 없는 죄들입니다. 이러한 죄들을 의도적으로 행하고 있으면서 성령의 역사를 이룰 수는 없

습니다. 고의적인 죄와 성령의 은사는 하나님과 사탄 사이의 거리가 먼 것만큼이나 거리가 먼 것입니다. 사실, 예수님께서는 성령을 거역하면 용서받을 수 없는 죄에 이르게 된다는 두려운 진리를 가르치셨습니다.

"그러므로 내가 너희에게 이르노니 사람의 모든 죄와 훼방은 사하심을 얻되 성령을 훼방하는 것은 사하심을 얻지 못하겠고 또 누구든지 말로 인자를 거역하면 사하심을 얻되 누구든지 말로 성령을 거역하면 이 세상과 오는 세상에도 사하심을 얻지 못하리라"(마 12:31,32). 사람이 저지를 수 있는 가장 치명적인 실수는, 성령께서 하나님의 말씀에 대한 순종으로 우리를 이끌고자 하실 때, 성령의 지도와 책망을 거절하기로 선택하는 것입니다. 누가는 영감의 말씀을 기록하면서 이 원칙을 잘 말했습니다. "우리는 이 일에 증인이요 하나님이 자기를 순종하는 사람들에게 주신 성령도 그러하니라"(행 5:32).

이제 우리는, 기적을 행하였던 자들을 예수님께서, 왜 "불법을 행하는 자들"이라고 배척해 버리셨는지에 대한 이유를 명확히 알 수 있습니다. 그들은 하늘의 능력을 요구하였지만, 하늘 아버지의 뜻과 그분의 율법을 거절하는 삶을 살았으므로, 그들은 성령의 능력을 받지 못했던 것입니다. 바로 그때 사탄이 끼어들어서, 성령께서 행하시는 기적처럼 보이는 기적을 산출해 내는 능력을 그들에게 공급하였던 것입니다. 그리스도인이라고 자처하는 그들은, 그들의 불순종을 책망하시는 성령을 슬프시게 함으로써 결국 결정적 기만에 빠져들게 되었고, 하나님의 거룩한 율법을 범하는 것에 대한 감각을 잃어버렸던 것입니다. 사탄의 영이 그들의 감정을 자극하였고, 이로 인하여 그들은 하나님의 말씀의 권위를 기초로 하는 대신에, 자신들의 감정에 기초하여 계속해서 거짓된 종교적 능력을 행사했습니다.

마태복음 7장 22절에서, 그리스도께서는 마지막 시대에 많은 그리스도인이 자신들의 기적 행사를 성령의 능력이라고 주장하는 현상들이 일어날 것이지만, 사실 그들은 사탄에 의해서 이용되는 사람들이라는 사실을 경고하여 주셨습니다.

4. 오늘날의 놀라운 성취

오늘날 세상에 기적을 행하는 사람들이 있습니까? 그런 사람들이 종교계를 불순종의 거대한 책략으로 몰아넣기 위한 4가지 기본적 조건들을 충족시키고 있나요? 이 질문에 대한 대답을 드리기 전에, 저는 최근에 어떤 사람들을 그룹으로 성경 공부를 가르치는 과정에서 겪었던 경험을 말씀드리고자 합니다. 그 성경 연구반은 6명으로 구성되어 있었습니다. 3명의 사업가와 그 부인들이, 매주 목요일마다 성경의 원칙들을 탐구하기 위해서 모였습니다. 그 공부는 여러 가지 면에서 매우 이례적이었습니다. 우선, 그 세 쌍의 부부는 모두 신실한 그리스도인들처럼 보였습니다. 함께 공부하는 중에 가끔씩 그들은 그리스도 안에서 자신들이 체험한 사랑의 경험들을 주고받았습니다. 그들은 그리스도와의 개인적 관계를 자신들의 감정적 느낌을 근거로 하여 이해하고 있었습니다.

두 번째 이례적인 사실은 진리가 그들 앞에 공개될 때마다 열렬한 태도로 그것들을 받아들이는 것이었습니다. 안식일 문제라든지 죽은 자의 상태, 또는 부정한 음식 등이 설명될 때마다 그들은 진심으로 그것들을 받아들였습니다. 계속해서 그들은 그 문제들의 정확성을 시인하였고, 자신들이 왜 이런 것들을 깨닫지 못했었을까를 의아하게 생각했습니다. 성경 공부의 마지막 날, 저는 그 사람들에게 함께 안식일을 지키기 시작하자고 권했습니다. 놀랍게도 그들 중 아무도 자신들이 그토록 성경을 통하여 확신하였던 진리의 말씀들을 순종하려고 하지 않았습니다. 나를 더욱 당황하게 만든 것은, 그들이 안식일을 지키지 않아도 되는 것에 대한 이유를 설명하였을 때였습니다.

"우리는 성령의 침례를 받았습니다. 그러므로 성령께서는 우리가 할 일들을 우리에게 개인적으로 말씀하시지요. 그런데 그분께서는 우리에게 안식일을 지키라는 말씀을 하시지 않았습니다. 그분이 우리에게 말씀한다면 기꺼이 지킬 것입니다. 우리는 안식일이 성경에 있는 것을 압니다. 그리고 그 말씀을 믿습니다. 그러나, 우리가 안식일을 지키기 전에 성령께서 우리에게 안식일을 지키라고 말씀하셔야 합니다."라고 자신들의 입장을 설명하였습니다. 나는 이미 성령께서 성경 말씀을 통하여 그들에게 말씀하셨으므로, 더 이상 성령의 뜻과 계시를 기다릴 필요가 없으며, 그분께서는 성경과 일치하지 않는 다른 말씀을 하심으로써 성경과 어긋나는 일을 결코 하지 않으실 것이라는 사실을 설명하였지만 허사였습니다.

사도 바울은 에베소서 6장 17절에서, 하나님의 말씀은 "성령의 검"이라고 말하였습니다. 그것은 성경 자체가 죄를 책망하시는 성령의 사역을 담당하는 칼날이라는 뜻입니다. 아무도 성경을 보지 않고서는 진리를 발견할 수 없습니다. 그러나 그 사람들은 자신들의 감정적 느낌을 선호함으로써, 주 예수의 이름으로 성경의 말씀을 배척하였던 것입니다. 사실 그들은 하나님의 말씀보다 더 타당하게 보이는 다른 시험 기준을 선정하고 있었습니다. 그들은 하나님의 율법을 범하는 자신들의 입장을 합리화시키고 미화하는 다른 영의 말을 따르고 있었습니다.

그러나 그들은 예수님의 이름으로 이 모든 것을 하고 있었습니다. 그리스도를 대단히 사랑한다고 자처하면서, 그들은 자신들이 보는 환상이나 계시를, 하나님께서 그들의 생애 속에 특별히 임재하시는 증거로 주장했습니다. 그들은 하나님의 성경 말씀보다 자신들의 경험을 더욱 신뢰하였습니다. 그들은 하나님의 말씀과 예수 그리스도의 십자가를 높여야 된다고 수없이 공언하였지만, 하나님과 예수 그리스도의 진리에 순종하기를 계속해서 거절하였습니다. 제가 무슨 말을 그들에게 할 수 있었을까요? 그들은 제가 그들처럼 황홀한 기쁨이나 평화의 은혜를 받지 못했다고 말하면서 오히려 저를 측은히 여기는 듯 바라보았습니다.

그 순간 저는 이것이 바로 예수님께서 마태복음 7장 21,22절에 하신 말씀과 똑같은 현상임을 느꼈습니다. 그 사람들은 정말 자신들의 능력이 하나님께로부터 온다고 굳게 믿었습니다. 그러나 그들은 하나님의 뜻은 행하지도 않으면서 "주여, 주여"라고 그분의 이름을 부르고 있었습니다. 그들이 가졌다고 주장하는 모든 성령의 은사들은 예수님께서 인정하시는 자들이 갖는 것과 유사한 것들이었습니다. 귀신들을 쫓아냄, 예언, 병 고침, 방언, 기적 등. 예수님께서는 마지막 때에 "많은 사람"이 와서 그런 기적들을 행할 것이라고 말씀하셨습니다. 우리는 그들이 하나님의 모든 진리대로 순종하며, 생애 하는지를 살펴보아야 합니다. 오늘날 예수님의 이름으로 기적을 행하지만, 예수님의 진리인 성경 말씀에 불순종하는 사람들이 많이 있습니다.

오늘날 어느 곳을 가든지 수많은 사람이 교파의 장벽을 초월하는 이런 움직임들에 큰 관심을 나타내고 있습니다. 카톨릭 신자나 개신교 신자나 할 것 없이 모두 이러한 영의 활동에 감동되어 사로잡혀 가고 있습니다. 그들은 정말 성령이 자신들에게 임하여서, 그들이 방언이라는 영의 언어를 말하게 되고, 하나님의 능력이 그들에게 임하여서, 병을 고치고 귀신들을 쫓아내며 예언을 한다고 믿고 있습니다. 그리스도의 경고의 말씀에 비추어, 우리는 참된 은사와 거짓 은사를 어떻게 구별할 수 있을까요? 어떻게 우리는 어떤 기적들은 하나님의 능력에 의해서 일어난 것이 아니라고 말할 수 있을까요?

가짜를 식별할 수 있는 유일한 방법은 하나님의 모든 말씀에 순종하느냐 또는 불순종하느냐에 달려 있습니다. 예수님께서는, 마지막 시대에 거짓 선지자들이 행하는 "큰 표적과 기사"들이 너무도 기만적이기 때문에, "택하신 자"들까지도 그 기적들에 의해서 거의 압도당할 것이라고 경고하셨습니다(마 24:24). 요한은, "귀신의 영"이"이적을 행하여 온 천하 임금들에게 가서… 그들을 모으"는 것을 보았습니다(계 16:14). 이 귀신의 활동들의 영적인 의미를 잘 깨달아야 합니다. 마지막 시대의 거짓 영들은 진리의 사역자임을 자처하면서 그리스도의 이름으로 교회의 옷을 입고 일할 것입니다. 바울은, 실제로 "사탄의 일꾼들도 자기를 의의 일꾼으로 가장하는 것"에 대해서 말했습니다.(고후 11:15) 데살로니가 교인들에게 편지하면서, 그는 "거짓 기적과 불의의 모든 속임으로"라고 묘사했습니다.(살후 2:9,10)

그러므로 우리는, 사탄이 성령의 능력을 너무도 흡사하게 가장하므로, 대부분의 세계와 교회들이 사탄의 기만에 빠지게 될 것이라는 놀라운 결론을 내릴 수밖에 없습니다. 그리고 성경은 오직 사랑으로 하나님의 계명에 순종하는 자들만이 이러한 기만으로부터 보호될 것이라는 예언을 말하고 있습니다. 불행히도 우리는 기괴한 일들과 구경거리가 편만한 세대에 살고 있습니다. 이러한 분위기 때문에 많은 사람이 병을 고쳐준다는 약속, 기적 같은 언어 능력, 방언들, 심령술 등에 매혹됩니다. 그러나 이러한 능력이 하나님께로부터 오는 것인지 또는 사탄에게서 오는 것인지를 깊이 생각해 보는 사람들은 별로 없습니다. 대부분의 사람들은 거짓 기적에 관해서 예언한 영감의 기록들을 주의 깊이 살펴보지 않음으로써 참과 거짓을 구별할 수 없게 됩니다. 예수님의 이름으로 능력을 가지고 설교하며 기도하는 사람들의 진지한 태도와 열성에 감동되어서, 수많은 사람은 그런 것들이 하나님께로부터 오는 것임이 틀림없다고 느낍니다. 그들은 기적들을 성경으로 시험하기보다는, 아무런 저항 없이 감정의 무아경에 빠집니다.

제가 성경을 지도해준 그 사람들과의 대화를 통해서, 저는 사탄이 종교계를 자신의 진영으로 낚아채 가는데 필요 되는 4가지 기본조건들이 그들에게 잘 부합하고 있음을 발견했습니다.

❶ 그들은 하나님의 법을 불순종하면서도 안전함을 느꼈습니다.
❷ 그들은 영을 분별하고 진리와 오류를 판단하는 최종시험 기준으로서 하나님의 말씀을 선택할 것을 거절했습니다.
❸ 그들은 하나님께서 자신들을 인정하신다는 확증을 얻기 위해서 다른 시험 기준(즉, 자신들의 감정)을 정하였습니다. 그들은 또한 하나님의 가납하심의 증거를 기적의 은사에 두었습니다.
❹ 마지막으로 그들은 자신들의 직접 확인한 놀라운 교훈과 예언의 진리들을 그들의 종교적 "경험"보다 덜 중요한 부수적인 것으로 일축해 버렸습니다. 천주교도, 침례교도, 오순절 교도, 장로교도였던 그들 모두가 "영"의 통일성을 유지하기 위해서 성서의 가르침이나 교단의 입장을 기꺼이 포기하였습니다. 그러나 마리아를 숭배하는 사람, 안식일을 지키지 않는 사람, 죽은 자와 대화하는 사람들을 통해서 역사하는 그런 영은 도대체 무슨 영입니까? 분명한 사실은, 그것은 하나님의 영(성령)이 아니라는 것입니다. 성령은 오직 "자기(하나님)를 순종하는 사람들에게" 주어지기 때문입니다(행 5:32).

5. 성령 침례의 목적

성령의 침례에 대한 가장 중대한 진리가 종종 간과되는데, 이 문제는 성령의 침례의 목적과 관련이 있습니다. 많은 사람은 이것을 어떤 개인적 무아경, 감정, 내적인 신령한 행복감 등으로 정의하고 있습니다. 이런 식으로 믿는 사람들은 약속된 성령의 부으심을 받았다고 말할 수 없습니다. 성령 침례를 받은 결과로 그러한 느낌을 개인적으로 가질 수는 있지만, 결코 그러한 느낌이나 감정이 성령 침례를 받는 목적이 될 수는 없습니다. 예수님께서 승천하시기 바로 직전, 그분께서는 당신의 제자들에게 "몇 날이 못되어"(행 1:5) 성령이 임하기까지 예루살렘에 머물러 있으라고 말씀하신 후, 그들에게 또 "오직 성령이 너희에게 임하시면 너희가 권능을 받고 예루살렘과 온 유대와 사마리아와 땅끝까지 이르러 내 증인이 되리라."(행 1:8)고 말씀하셨습니다.

그리스도께서는 이 약속을 통해서, 성령께서 그들에게 복음을 온 세상에 전할 수 있는 능력을 주실 것임을 강조하셨습니다. "증인"이란 자신이 먼저 알고 있는 무엇을 다른 사람에게 말해 주는 사람입니다. 제자들은 메시아를 목격해온 자들이기 때문에 다른 사람들에게 전할 무엇인가를 분명히 가지고 있었습니다. 그러나 그들은 그들이 보고 들은 것을 보존하고 효과적으로 전달하는 일에 있어서 완전한 자격을 갖추지 못했습니다. 성령께서 오셔서 그들을 강력한 증인으로 만드심으로써, 그들의 가르침을 받은 영혼들이 수확될 수 있도록 계획하셨던 것입니다. 성령의 침례가 그들에게 어떤 특별한 느낌이나 황홀함을 줄 것이라는 암시를 예수님의 말씀에서는 찾아볼 수 없습니다. 성령의 침례는 그들 자신의 개인적인 확신을 위해서 주어진 것이 아니요, 그들을 통해 다른 사람들이 구원에 이르는 지도를 받게 하기 위함이었습니다.

제자들은 주님의 말씀에 순종하여, 예루살렘에서 약속된 성령을 기다렸으며 오순절이 되자 드디어 성령이 퍼부어졌습니다. 그들은 어느 집에 함께 모여 있었는데, 거친 바람 소리와 함께 하늘이 열리는 듯하더니 불의 혀가 번쩍이며 그들 각자에게 임했습니다. 그리스도께서 예언하신 대로 약속된 축복이 내렸습니다. 그들이 영혼들에게 접근하여 복음을 효과적으로 전파하기 위해서 하늘의 능력이 그들 위에 임했습니다. 그러나 어떤 식으로 그들이 능력을 부여받았고 또 자격을 얻었습니까? 예루살렘과 유다와 땅 끝까지 모든 사람에게 증거하기 위해서 그들은 무엇을 했습니까?

사도행전 2장 9-11절은, 성령 충만한 제자들이 증거 활동을 시작하기 위해서 집을 나섰을 때, 16개나 되는 다른 나라의 말을 그들이 구사했다고 말합니다. 그다음에 무슨 일이 있었는지 성경을 읽어봅시다. “저희가 다 성령의 충만함을 받고 성령이 말하게 하심을 따라 다른 방언으로 말하기를 시작하니라”(행 2:4). 놀란 청중은 자신들의 귀를 도무지 믿을 수가 없었습니다. “각각 자기의 방언으로 제자들의 말하는 것을 듣고 소동하여 다 놀라 기이히 여겨 이르되 보라 이 말하는 사람이 다 갈릴리 사람이 아니냐 우리가 우리 각 사람의 난 곳 방언(In his own native language)으로 듣게 되는 것이 어찜이뇨”(행 2:6-8).

사도 바울은 참된 방언의 선물이 어떤 것인지를 단순하게 묘사하였습니다. 그것은 무아경의 상태에서 알아들을 수 없는 하늘의 언어를 말하는 것이 아닙니다. 방언은 사람들이 이해할 수 있었던 실제 언어였으며, 여러 종족 사람들이 다 각기 자기들의 모국어로 전파되는 복음을 들음으로써 진리를 깨닫고 이해하였던 것입니다. 초대교회 당시 믿지 않는 이방인들과 접촉할 필요가 있을 때, 이 방언의 은사가 계속 작용했습니까? 그렇습니다. 어떤 경우는 언어의 장벽을 깨기 위해서 그것이 필요 되었고, 또 어떤 경우는 이방인들이 유대인 중심의 그리스도 교회로 개종하는 것을 허락하는 표로서 그것이 주어지기도 했습니다.

사도행전 10장 44-47절에서, 우리는 베드로를 통해 처음으로 이방인들에게 복음의 문이 열리는 것을 보게 됩니다. 베드로가 이방인들에게 말씀을 전하고 있는 동안에 성령이 그들에게 임했을 때, 유대인들은, “이방인들에게도 성령 부어주심을 인하여” 놀랐습니다. 베드로는 이방인들이 “우리와 같이 성령을 받았”기 때문에 아무도 그들에게 침례 주는 것을 금할 수 없다고 말했습니다.

여기서 베드로는 이방인들이 했던 방언을 오순절에 있었던 방언(이해할 수 있는 실제적인 언어)과 동일시하였습니다. 그는 예루살렘의 형제들에게 그 일에 대해서 보고하기를 “성령이 저희에게 임하시기를 처음 우리에게 하신 것과 같이 하”셨다고 말했습니다(행11:15). 이것은 분명히 오순절에 있었던 방언의 경험을 말한 것이었습니다. 사도행전 19장 5-7절의 방언에 대한 또 다른 기록은, 이방 종교의 영향으로 인해서 사도들의 노력이 무산될 위험에 처해 있는 고린도의 12명의 작은 교회(7절)에 성령의 은사가 주어졌던 사실을 증거하기 위해서 기록된 것으로 보입니다. 이때에 주어졌던 방언 은사가 오순절에 나타났었던 방언의 은사와 동일한 종류의 것이었음을 의심해야 할 하등의 이유가 없습니다.

얼마의 시간이 흘러가면서, 고린도 교회에서는 커다란 혼란을 일으킬 정도로 방언의 은사가 오용되기 시작했습니다. 바울은, 고린도교회에 보내는 첫 편지서의 한 장을 이 문제를 시정하기 위해서 써야 할 정도로 염려하였습니다. 영적으로 약한 그리스도인들 사이에 존재하는 많은 문제들이 사도들을 괴롭혔습니다. 고린도는 항상 개심자를 얻기가 힘든 곳이었으며, 새 신자들의 마음속에서 부패한 이교의 영향을 지워버린다는 것이 여간 힘든 것이 아니었습니다. 그곳은 영적으로나 인격적으로 성숙하지 못하였기 때문에, 바울은 종종 그 교회에게 간절한 호소의 편지를 보내곤 했습니다.

이제 마지막으로, 방언 문제가 제기되어 있는 고린도전서 14장을 살펴봅시다. 이 장의 성경 구절들 중의 절반 이상이 말에 대해서 언급하고 있는데, 여기에서 바울은, 언어는 서로 대화를 나누며, 이해시키고, 배움을 주며, 교회의 덕을 세우며, 가르치기 위해서 사용해야 하는 것으로 설명하고 있습니다.

고린도 교회는 언어의 은사를 올바로 쓰고 있지 않았습니다. 여러 번 반복하여 사도 바울은, 방언(타언어)이 야만인과 믿지 않는 자들, 또는 배우지 못한 사람들을 가르치는 일에만 사용되어야 한다고 충고하고 있습니다. 심지어 어떤 이들은 청중들이 사용하지도 않으며, 알아들을 수도 없는 외국어를 말함으로써 큰 혼란을 일으켰습니다.

고린도전서 14장 전체가 말하고자 하는 바는, 다른 방법으로는 의사소통이 불가능한 어떤 사람들과의 대화를 통할 목적을 제외하고는 아무도 방언을 사용하지 말라는 것입니다. 또한 방언을 해석하는 일도 통역을 필요로 하는 사람들을 위해서만 사용되어야 한다는 것입니다. 거의 모든 구절이, 처음 오순절에 있었던 방언의 목적 즉 복음을 증거하는 일과 전달하는 일에 대해서 집중적으로 설명하고 있습니다.

[고린도전서 14장]

4절 “교회의 덕을 세우나니”
5절 “만일 교회의 덕을 세우기 위하여 통역하지 아니하면”
6절 “내가 너희에게 나아가서… 지식(을)… 말하지 아니하면”
7절 “그 음의 분별을 내지 아니하면”
8절 “만일 나팔이 분명치 못한 소리를 내면”
9절 “이와 같이 너희도 혀로서 알아 듣기 쉬운 말을 하지 아니하면”
10절 “세상에 소리의 종류가 이같이 많되 뜻 없는 소리는 없나니”
11절 “내가 그 소리의 뜻을 알지 못하면”
12절 “너희도… 교회의 덕 세우기를 위하여 풍성하기를 구하라”
13절 “통역하기를 기도할지니”
14절 “나의 마음(이해, 영문 번역)은 열매를 맺히지 못하리라”
15절 “마음(이해, 영문 번역)으로 기도하며”
16절 “네가 무슨 말을 하는지 알지 못하고”
17절 “다른 사람은 덕 세움을 받지 못하리라”
19절 “남을 가르치기 위하여”
20절 “지혜에는 아이가 되지 말고”
22절 “방언은...믿지 아니하는 자들을 위하는 표적이나”
23절 “믿지 아니하는 자들이 들어와서 너희를 미쳤다 하지 아니하겠느냐?”
26절 “모든 것을 덕을 세우기 위하여 하라”
27절 “한 사람이 통역할 것이요”
28절 “만일 통역하는 자가 없거든 교회에서는 잠잠하고”
30절 “먼저 하던 자는 잠잠할 지니라”
31절 “모든 사람으로 배우게 하고”
33절 “하나님은 어지러움의 하나님이 아니시요”
34절 “여자는 교회에서 잠잠하라”
35절 “만일 무엇을 배우려거든”
40절 “모든 것을 적당하게 하고 질서대로 하라”

방언이 어떤 무아경 상태에서 말하는 것이라는 근거를 찾기 위해서 이 장을 읽는 사람은 자신들의 생각을 뒷받침해 주는 것처럼 보이는 구절을 두어 개 찾을 수 있을 것입니다. 그러나 그러한 구절들은 14장 전체의 문맥 속에서 연구되어야 할 것이며, 실제적인 외국어를 염두에 두고 연구해야만 이 모든 구절이 조화 있게 이해될 것입니다. 여기서 바울의 주장은 "방언은… 믿지 아니하는 자들을 위하는 표적이"(22절)라는 논점을 기초로 성립된 것입니다. 오순절에 사도들이 방언의 은사를 받았던 것도 언어가 다른 이방인들을 전도하기 위해서 받았던 것임을 잊지 말아야 합니다.

이제 몇 가지 질문들을 생각해 보십시다. 고린도인들은 다른 사람들이 이야기하거나 예배 드리고 있는 중에 큰 소리로 방언함으로써 무질서와 혼란을 일으키지 않았습니까? 그들은 분명히 이해할 수 없는 상태의 말, 다른 사람의 덕을 세우지 못하는 말을 하지 않았습니까? 그들은 특별히 축복을 받아 방언을 말하고 있다는 자부심을 가지고, 자신을 높이는데 그것을 사용하지 않았습니까? 고린도전서 14장을 근거로 할 때, 이 모든 질문에 대한 대답은 "예"입니다. 그렇다면 성령께서는 교회의 혼란을 일으키기 위해서 사람들에게 방언을 말하게 하실까요? 아니오, 성령은 그런 목적으로는 역사하지 않습니다.

그렇다면 우리는 고린도교회의 무지에 대해서 어떤 결론을 내려야 할까요? 그 연약하고 미숙한 교회의 교인들은 오순절에 있었던 방언(각 나라 사람들이 자기 고향의 언어로 알아들었던 실제적인 언어) 이 나타난 것을 보았습니다. 그러나 그들은 방언이 복음사업에 있어서 외국인들을 가르치기 위하여 기적적으로 주어지는 은사임을 잊어버리고, 외국 말이면 무엇이든 하나님의 특별한 축복의 증거라고 생각하기 시작했습니다.

바로 이러한 방언의 오용을 막기 위해서 사도 바울은 고린도전서 14장을 쓰게 되었던 것입니다. 오늘날 많은 사람은 자신들이 외국어를 할 줄 아는 것처럼 교회에서 큰 소리로 말하면서 펄쩍펄쩍 뛰곤 합니다. 그러나 그 자리에 있는 어떤 사람들도 그들의 말을 알아들을 수 없습니다. 이런 것들은 자신들이 만들어낸 것이며, 점잖지 못하고 무질서한 광경들이지요. 심지어 어떤 여자들은 괴성을 지르면서 큰 혼란을 일으키곤 합니다. 바울은 말합니다. "하나님은 어지러움의 하나님이 아니시요 오직 화평의 하나님이시니라… 여자는 교회에서 잠잠하라… 모든 것을 적당하게 하고 질서대로 하라"(고전 14:33,34,40절).

그들이 받은 은사가 성령의 능력에 의한 무아경의 발설이었다면, 바울이 그 여인들에게 잠잠하라고 말했겠습니까? 아마 그렇다면, 바울은 성령에게 잠잠하라고 명한 죄를 범한 것이 되었을 것입니다. 28절에 있는 바울의 명령도 마찬가지입니다. 그는 "만일 통역하는 자가 없거든 교회에서는 잠잠하라"고 했습니다. 만약 말하는 자가 성령의 지도를 받아 하늘의 언어를 말하고 있던 것이라면, 어떻게 그런 명령에 교인들이 순종하겠습니까? 바울은 듣는 자들에게 덕이 되고, 그 의미를 밝히 전달해 줄 수 있는 통역자가 없다면, 방언을 하지 말 것을 권면 했습니다.

오늘날의 방언은 고린도 교회에 있었던 방언보다 좀 더 혼란스럽다는 것을 제외하고는 그 당시의 상황과 아주 흡사합니다. 실제적인 언어를 말하는 대신에 세상의 어떤 언어와도 관련이 없는 시끄러운 소리들이 공중에 가득하게 날립니다. 심지어 누가 그 소리들을 통역해보아도 그 내용 속에 별다른 기별이 없고 의미 없는 것들이기 때문에, 아무도 그것으로 덕을 세우지 못합니다. 그리고 정말 이해할 수 없는 것은, 한국말이나 영어로 말해도 잘 알아들을 수 있는 사람에게, 왜 존재하지도 않는 이상한 언어와 통역을 통해서 기별과 진리를 전하려고 하는지 알 수 없습니다. 그것은 도무지 논리적으로나 상식적으로 또한 성경적으로 납득이 가지 않는 이야기입니다. 방언의 은사가 교회의 덕을 세우기 위한 것일진대, 그 정확성에 대해서 전혀 객관적인 테스트를 하지도 않고, 전적으로 통역자 한 사람의 성실성에만 의존하여 교인들에게 진리를 전달한다는 것은 얼마나 잘못된 것입니까?

그러므로 우리는 이 마지막 시대에 나타나고 있는 방언의 풍조가 성경의 중요한 두 가지 진리의 표준에서 빗나간 것이라는 결론을 내릴 수밖에 없습니다. 그 중의 하나는, 성령의 침례는 하나님의 진리와 계명들을 모두 순종하지 않는 자들에게는 주어질 수 없다는 것이며, 또 하나는 오늘날의 일반적 방언의 횡설수설하는 것은, 믿지 않는 자들을 지도하고 그들의 덕을 세우기 위한 방언 은사의 참 목적과는 전혀 부합되지 않는다는 것입니다. 수백만의 사람들로 하여금 하나님의 율법을 불순종하도록 하기 위해서, 사탄은 사람들의 감정과 느낌을 파고들어서 그들을 깊이 기만하고 있습니다.

말할 수 없이 많은 신실한 그리스도인이, 하나님의 성령과 가납하심이 하나님의 율법을 범하는 사람들에게도 임할 수 있다고 믿도록 유도되고 있습니다. 사탄이 환상 속에서 주는 번쩍번쩍하는 빛이 하나님의 불꽃으로 잘못 인식되고 있습니다. 세상은 진리보다는 기적에 더 높은 가치를 두도록 세뇌 되어가고 있습니다. 그리하여 마지막 시대에 악한 영들이 모든 기독교인과 세상 사람을 완전하게 속일 수 있는 준비가 이루어지고 있습니다. 마지막 시대에는 자신의 믿음과 신앙을 오직 하나님의 말씀과 진리 위에 두는 그리스도인만이 사탄의 기만을 피할 수 있습니다.

다음의 질문들에 대해서 깊이 생각해 보십시오!

❶ 그대는 성령의 은사를 구하기 전에, 성령의 9가지 열매인 사랑, 희락, 화평, 오래 참음, 자비, 양선, 충성, 온유, 절제가 자신의 성품과 생애 속에 충만하게 맺히고 있는가를 생각해 보았는가? 성령의 열매들이 충만하게 맺히지 않은 그리스도인에게 성령의 능력이 주어질 수 있다고 생각하는가?

❷ 그대는 안식일 계명을 포함하여 하나님의 십계명과 진리를 고의적으로 부인하거나 거절하는 사람에게 성령의 능력과 은사가 주어질 수 있다고 생각하는가? 만일 하나님의 말씀을 거절하고 부인하는 사람도 성령의 침례를 받을 수 있다면, 아무나 다 성령의 은사와 능력을 받을 수 있다는 말인가? 성령의 은사와 능력은 그것을 받아서 이기적이거나 무례하게 사용할 만큼 성품이 변화되지 않은 자들에게도 주어진다고 생각하는가?

❸ 방언이 주어지는 목적이 무엇인가? 신앙적인 만족감인가? 아니면 언어가 다른 사람들을 위한 전도인가?

❹ 한국인이 한국 청중들에게 설교하는데, 방언을 사용해야 할 이유가 무엇인가? 한국 사람이 한국말 하는 사람들에게 설교하는데, 통역을 두어야 할 이유가 있는가? 방언을 하는 사람 자신도 무엇을 말하고 있는지 알지 못하며, 듣는 사람들도 이해하지 못하는 묘한 상황이 성경적으로나 이성적으로 또는 상식적으로 납득이 되는가?

❺ 그대는 하나님의 기적을 간구하는 것만큼, 하나님의 진리를 중요한 것으로 생각하는가? 그대는 예수님을 사랑할 뿐만 아니라, 예수님의 진리와 계명을 사랑하고 순종하는가? 그대 자신의 신앙적인 경험이 하나님의 말씀인 성경과 일치하지 않을 경우, 그대는 자신의 경험을 부인할 만큼 성경 말씀의 권위를 인정하는가?

성경공부
성령의 역사
3장

진리의 영과 미혹의 영

천사와 악령을 구별하는 방법

제1부 외계에서 온 두 가지 영들

1) 우주로부터 온 영들은 누구인가?

지금 이 순간에도 외계로부터 영들이 지구를 방문하고 하고 있습니다. 그들은 우리의 친구로서 오는 것일까요? 아니면 적으로서 오는 것일까요? 왜 그들은 우리의 가장 은밀히 간직한 비밀까지라도 다 기록하는 것일까요? 한 가지 분명하게 말할 수 있는 사실은, 그들은 영들이라는 사실입니다. 가장 신뢰할 수 있는 기록인 하나님의 거룩한 성경 말씀은 그들이 영이라는 사실을 정확하게 지적하고 있습니다.

우리가 현대 사회에서 "영"(Spirit)이란 말을 여러 가지 의미로 사용하듯이, "영"은 성경에서도 여러 가지 의미가 포함된 어휘로 사용되고 있습니다. 영어권에 사는 사람들은, 어떤 훌륭한 지도자를 "지도하는 영(Guiding spirit)" 이라고 부르며 알코올이 들어있는 음료수를 "스피릿츠(Spirits: 영들)" 라고 부릅니다. 또한 일반적으로 귀신을 말할 때에 악한 "영"(spirit: 악령) 이란 말로 표현하기도 합니다.

이와 마찬가지로, 성경은 하나님과 성령을 "영"(Spirit)으로 표현하고 있는데, 천사들 역시 "부리는 영(Ministering spirits)" 또는 "영"으로 표현 합니다. "모든 천사들은 부리는 영으로서 구원 얻을 후사들을 위하여 섬기라고 보내심이 아니뇨?"(히 1:14). "너는 내가 내 아버지께 구하여 지금 열두 영 더 되는 천사를 내게 보내시게 할 수 없는 줄로 아느냐?"(마 26:53). 바로 여기에, 이 지구를 방문하는 영들의 정체가 기록되어 있는데, 성경은 그들의 정체를 하나님의 백성을 계속적으로 도와주고 섬기는 천사들이라고 설명하고 있습니다.

2) 천사는 죽은 사람들의 영인가?

어떤 사람들은 말하기를, "사람들이 착하게 살다가 죽으면, 언젠가는 하늘에 가서 천사가 되며, 악하게 살다가 죽으면, 죽어서 악한 귀신이 됩니다."라고 하는데, 이러한 견해는 사실일까요? 만일 그러한 말이 사실이라면, 천사들의 정체는 죽은 사람들의 혼백이라는 말이 됩니다.

이 세상에서 경건하게 살았던 사람들은 죽어서 그 혼백이 천사들로 변하는 것이 사실일까요? 절대로 그럴 수 없습니다. 왜냐하면 이 세상에 죽음이 존재하기 전에 이미 천사가 존재했었기 때문입니다. "이같이 하나님이 사람(아담과 하와)을 쫓아내시고 에덴 동산 동편에 그룹들과 두루 도는 화염검을 두어 생명나무의 길을 지키게 하시니라"(창 3:24). 여기서 "그룹"은 천사들을 의미합니다(시 99:1). 천사의 숫자는 죽은 사람의 숫자가 많아짐에 따라서 증가하는 것이 아닙니다.

3) 천사도 하나님께서 창조하신 피조물인가?

도대체 그들은 어떻게 해서 존재하게 되었을까요? 이 질문에 대한 대답이 골로새서 1장 16,17절에 기록되어 있습니다. "만물이 그에게서 창조되었고 하늘과 땅에서 보이는 것들과 보이지 않는 것들과 혹은 보좌들이나 주관들이나 정사들이나 권세들이나 만물이 다 그로 말미암고 그를 위하여 창조되었고 또한 그가 만물보다 먼저 계시고 만물이 그 안에 함께 섰느니라." 천사들은 하나님에 의해서 창조되었습니다. 이 세상이 창조되기 전, 과거 영원한 세기 전에 그들은 하나님의 능력으로 지음을 받았습니다.

선한 천사와 악한 천사

우리의 주변에는 선한 천사들과 악한 천사들, 즉 두 종류의 천사들이 항상 있다는 사실을 기억해야 합니다. 한쪽은 우리를 도와주거나 보호하는 일을 하는 선한 영이며, 다른 한쪽은 우리를 기만하거나 미혹하는 일들을 하는 악의 영들입니다. 성경에는 악의 영들을 여러 가지 다른 이름 즉, 귀신, 악령, 미혹하는 영 등등으로 표현하고 있지만, 궁극적으로 그러한 것들의 정체는 사탄과 그의 악한 천사들입니다.

선한 천사들 "모든 천사들은 부리는 영으로서 구원 얻을 후사들을 위하여 섬기라고 보내심이 아니뇨?"(히 1:14).

악한 천사들 "마귀의 궤계를 능히 대적하기 위하여 하나님의 전신갑주를 입으라 우리의 씨름은 혈과 육에 대한 것이 아니요, 정사와 권세와 이 어두움의 세상 주관자들과 하늘에 있는 악의 영들에게 대함이라"(엡 6:11,12).

1. 성경이 밝히는 악령들의 지구 활동

1) 사탄과 악한 천사들의 기원

지구가 창조 된지 얼마 되지 않아서, 지구는 다른 세계에서 온 존재들로부터 침입을 받았는데, 그들은 사탄과 그의 종들인 악한 천사들이었습니다. 사도 요한은 요한계시록 12장에서 사탄과 악한 천사들이 하늘에서 반역하여 지상으로 내려온 사실을 다음과 같이 상징적으로 기록하였습니다. "큰 붉은 용이 있어 … 그 꼬리가 하늘 별 삼분의 일을 끌어다가 땅에 던지더라"(계 12:3,4).

사탄과 함께 반역한 삼분의 일의 추종자들은 하늘에서 쫓겨난 후, 지금까지 지구에서 하나님을 대항하여 싸우는 큰 전쟁을 계속하고 있습니다. 계속되는 사도 요한의 설명을 들어 봅시다. "하늘에 전쟁이 있으니 미가엘과 그의 사자들이 용으로 더불어 싸울새 용(사탄)과 그의 사자들(Angels)도 싸우나 이기지 못하여 다시는 하늘에서 저희의 있을 곳을 얻지 못한지라. 큰 용이 내어 쫓기니 옛 뱀 곧 마귀라고도 하고 사탄이라고도 하는 온 천하를 꾀는 자라 땅으로 내어 쫓기니 그의 사자들도 저와 함께 내어 쫓기니"(계 12:7-9).

그러므로 이 지구에는 오직 세 가지 지적인 피조물이 존재하는데, 하나는 하나님 편에서 일하는 선한 천사들이고, 다른 하나는 하늘에서 사탄과 함께 쫓겨난 이후로 줄곧 그와 함께 일하는 악한 천사들이며, 나머지 하나는 인간입니다. 하늘에서 내어 쫓긴 사탄과 악령들의 변함없는 목적은, 모든 그리스도인이 소원하는 하늘 낙원으로의 우주여행을 좌절시키는 것입니다.

2)지구를 덮고 있는 검은 악령의 그림자

우리는 선한 천사들뿐만 아니라, 악한 천사들의 목적과 하고자 하는 일에 대해서도 잘 이해해야 합니다. 하나님의 말씀은 하늘에서 쫓겨난 악령들에 대해서 깜짝 놀랄만한 사실들을 말하고 있습니다.

신약시대에 거라사 지방에서 돼지 떼에 들어간 귀신으로 표현된 악한 영(악한 천사)들이 있었던 것처럼, 오늘날에도 악한 영들은 여전히 그들의 목적을 달성하기 위해서 온 세상을 기만하는 활동을 하고 있습니다. 악한 천사들은 그들의 목적을 달성하기 위한 수단과 매개체로서 죽은 자의 영혼을 불러내는 초혼술, 그리고 점성술이나 강신술 따위의 신비주의를 사용하고 있습니다. 악마를 숭배하는 종교 역시 그들의 활동 가운데 하나입니다.

성경은 모든 사람은 그의 호흡이 끊어지는 순간부터 부활의 순간까지 무덤 속에서 완전한 무의식의 잠을 잔다고 선언하고 있음에도 불구하고, 육체는 죽지만 영혼은 육체로부터 분리되어서 보이지 않는 연기 같은 상태로 계속해서 존재한다는 사탄의 거짓 가르침으로 사람들을 미혹시키고 있습니다.

오늘날 수많은 교회에서 인기리에 가르쳐지고 있는 그러한 거짓 가르침을 받아들인 사람들은, 악의 영(악한 천사)들이 만들어 내는 각종 기적과 초자연적인 현상을 하나님의 기적으로 받아들이게 되어서, 결국에는 사탄의 함정에 깊이 빠지게 됩니다.

죽은 사람과 대화했다고 하는 이야기, 죽었던 성자가 사람의 모습으로 나타났다는 이야기, 마리아상의 눈에서 피눈물이 흘러내렸다는 이야기 등등. 이러한 기적들이 하나님께로부터 나온 것인지, 아니면 사탄의 농간인지를 알아내기 위해서는, 성경이 말하는 죽은 자의 상태에 대한 진리를 분명하게 이해해야만 합니다.

오늘날, 사탄은 죽은 자가 그 혼백을 통하여 현실 세계로 돌아올 수 있다는 거짓을 퍼뜨려 놓는데 성공하였습니다. 그래서 사탄과 그의 악한 천사들이 죽은 가족이나 친지의 모습을 가장하여 사람들 앞에 나타날 때에 대부분의 사람들은 그것을 죽은 사람의 영혼이나 혼이 나타난 것으로 받아들이게 되는 것입니다.

3. 죽은 자의 상태

성경은 죽은 자의 상태에 대해서 다음과 같이 다섯 가지로 설명하고 있습니다.

1) 죽은 자는 일체의 감정과 의식과 계획이 없다:

"무릇 산 자는 죽을 줄을 알되, 죽은 자는 아무 것도 모르며"(전 9:5).
"그 호흡이 끊어지면 흙으로 돌아가서 당일에 그 도모(계획)가 소멸하리로다"(시 146:4).

2) 죽은 자는 일, 지식, 그리고 지혜가 없다:

"네가 장차 들어갈 음부에는 일도 없고 계획도 없고 지식도 없고 지혜도 없음이니라"(전 9:10).

3) 죽은 자는 주님을 기억치 못하고 찬양도 못한다:

"사망 중에서 주를 기억함이 없사오니 음부(무덤)에서 주께 감사할 자가 누구리이까"(시 6:5). "죽은 자가 여호와를 찬양하지 못하나니 적막한 데 내려가는 아무도 못하리로다"(시 115:17).

4) 사람의 죽음은 잠과 같은 것이다:

"가라사대 물러가라 이 소녀가 죽은 것이 아니라 잔다 하시니"(마 9:24).

5) 죽은 자는 부활의 순간까지 잠을 잔다:

"이를 기이히 여기지 말라 무덤 속에 있는 자가 다 그의 음성을 들을 때가 오나니 선한 일을 행한 자는 생명의 부활로, 악한 일을 행한 자는 심판의 부활로 나오리라"(요 5:28,29).

4. 기독교회 안에 깊숙이 들어온 강신술

마귀가 배후에서 조종하는 기적과 신비한 현상이 세상을 깊은 기만 가운데로 몰아가고 있습니다. 심지어 몇몇 커다란 기독교 교단들도 이러한 초자연적인 현상을 진리의 길로서 추천하고 있습니다. 기적과 초자연적인 현상만을 추구하는 거듭나지 못한 교인들의 요구를 만족시키기 위하여, 거짓 목자들은 강신술과 각종 거짓 은사들을 하나님의 거룩한 교회 안으로 끌어들이고 있습니다. 기독교회의 어떤 지도자들은 이것을 하나님께로부터 오는 것으로 설교하고 있습니다. 수많은 그리스도인이 이미 이러한 몇몇 교회 지도자의 말에 의해서 치명적인 영향을 받고 있습니다.

죽은 자의 영혼이 살아 있기 때문에 죽은 자와도 만나서 대화할 수 있으며, 그들의 능력을 이용해서 기적을 행할 수 있다고 가르치는 강신술의 기본 교리는 무엇일까요? 강신술의 근본 사상은, 죽은 자들은 정말로 죽은 것이 아니라 더 높은 지혜와 이해력을 가지고 어떤 다른 세계에서 살고 있다는 것입니다. 또한 강신술은 산 자와 죽은 자 사이에 의사소통이 가능하다는 것을 가르치고 있습니다.

감리교회의 월간지인 투게더(Together)에 실렸던 글을 살펴보도록 합시다. "우리가 죽은 자들을 위해 기도해야 하는가?" 라는 독자의 질문에 대하여 넬 박사(Dr. Nall)는 다음과 같은 대답을 했습니다. "그들이 우리를 위해서 기도하고 있다는 사실을 믿는다면, 우리도 그들을 위해서 기도해야 마땅하지 않겠는가! 죽은 자들을 위해서 하는 기도는, 보이는 것과 보이지 않는 것, 그리고 우리 모두를 하나로 묶어서 영원한 우정의 연합을 이루게 합니다. 죽은 자들을 위한 기도는 하나님과 우리를 연합시킨다." 개신교회에서 영향력 있는 이 목사의 답변 내용은 강신술의 힘이 얼마나 큰 세력으로 성장하고 있는지를 보여 주는 빙산의 일각입니다.

얼마 전, 영국 교회는 한 위원회를 조직하여 강신술을 조사하도록 하였습니다. 2년간의 연구 후에 이 문제에 대한 놀라운 보고서가 나왔는데, 그것은 런던 시와 온 나라를 뒤흔들기에 충분하였습니다. 그 보고서의 주요 내용은 다음과 같습니다.

"우리가 분명히 기억해야 할 것은, 성경에서 죽은 자의 영들과 의사소통을 하는 것들은 강신술에 의한 것이라는 사실입니다. 죽은 자의 상태에 대한 교리를 올바로 이해하고 나면, 세상을 떠난 친구들과 접촉해 온 사람들의 경험을 올바른 시각으로 바라보게 될 것입니다."

오늘날, 강신술이 얼마나 놀라운 세력으로 교회 지도자들의 생각을 사로잡고 있는지 아십니까? 그들이 받아들이고 있는 강신술의 교리가 "하나님의 말씀"에 일치합니까? 성경은 강신술에 대해서 무엇이라고 설명하고 있습니까? 잠시 강신술의 역사에 대해 살펴보겠습니다.

강신술의 근원은 에덴동산에서 시작되었는데, 역사상 첫 번째 영매는 사탄이었습니다. 하나님께서는 범죄 하면 반드시 죽을 것이라고 말씀하셨으나, 사탄은 하와에게 "너희가 결코 죽지 아니하리라"고 말하였습니다. 그러나 하나님의 말씀대로 결국 아담과 하와가 영생하지 못하고 죽자, 사탄은 민첩하게 자신의 거짓을 숨기려고 했습니다.

그날 이후로 사탄은, 죽음은 진짜로 죽는 것이 아니라 실제로는 그 영혼이 영원한 생명을 얻는 것이라고 설득하기 위해서 애를 많이 썼습니다. 사탄이 자신의 거짓을 계속해서 퍼뜨리려고 하였기 때문에, 하나님께서는 그것을 막기 위해서 죽은 자나 지절거리는 영들과 교통하는 것을 엄히 금하셨습니다.

"너희는 신접한 자와 박수를 믿지 말며 그들을 추종하여 스스로 더럽히지 말라. 나는 너희 하나님 여호와라"(레 19:31). "또, 남자나 여자가 신접하거나 박수가 되거든 반드시 죽일지니 곧 돌로 그를 치라. 그 피가 자기에게로 돌아가리라"(레 20:27).

하나님께서 왜 강신술을 그토록 엄격하게 금하셨습니까? 왜 그렇게도 혹독한 처벌이 강신술에 빠진 사람들에게 내려지는 것입니까? 왜냐하면 육체는 죽어도 그 영혼은 계속 살아서 현실 세계와 교통할 수 있다고 믿는 사람들 앞에, 사탄의 악령들이 죽은 자의 혼백으로 위장하여 나타나서, 그들을 완전히 기만할 것이기 때문입니다.

죽은 자는 결코 의식 세계로 돌아올 수 없다는 것이 성경이 말하는 진리라면, 죽었던 사람들이 현세에 나타나는 신비한 현상들을 어떻게 설명해야 합니까? 죽은 자와 대화를 나누었다고 말하는 수많은 간증을 어떻게 받아들여야 할까요? 그것은 죽은 자의 영이 아니라, 사탄과 그의 악령들에 의한 장난이라는 사실이 명백하지 않습니까!

2. 악령들의 기만을 경계하라!

1) 말세의 기만에 대한 반복된 경고

예수께서는 마태복음 24장에서 당신께서 재림하시기 전에 생기는 징조들을 말씀하시면서, 기근과 지진과 전쟁에 대해서는 각각 한 번씩만 언급하신 반면에, 사탄의 대리자들이 펼치는 "미혹과 기만"에 대해서는 6번이나 반복하여 강조하셨습니다(마 24:4,5,11,23,24,26). 사도 바울 또한 "성령이 밝히 말씀하시기를 후일에 어떤 사람들이 믿음에서 떠나 미혹케 하는 영과 귀신의 가르침을 좇으리라."는 말씀으로 마지막 시대에 사는 그리스도인들에게 악령들의 기만에 대하여 경고했습니다(딤전 4:1).

요한 계시록 16장 14절에도 마지막 시대에 펼쳐지는 사탄의 대 기만에 대한 사도 요한의 경고가 다음과 같이 기록되어 있습니다. "저희는 귀신의 영이라 이적을 행하여 온 천하 임금들에게 가서 하나님 곧 전능하신 이의 큰 날에 전쟁을 위하여 그들을 모으더라." 마지막 시대에 사탄은 악한 천사(악령)들이 행하는 각종 기적들을 통하여 온 세상 사람들을 자기에게로 이끌 것이라는 사실을 경고하였습니다.

강신술로부터 자신을 멀리 두십시오. 교회 안과 밖에 일어나는 모든 기적을 "율법과 증거의 말씀"으로 판단해 보십시오(사 8:20). 오늘날, 강신술은 죽은 자의 영혼을 불러내는 모양으로 나타날 뿐만 아니라, 죽은 자의 귀신을 쫓아냄으로써 병을 고칠 수 있다고 미혹하는 병 고치는 은사의 모습으로도 성행되고 있습니다. 사탄은 자신의 종인 악한 천사들로 하여금 심령이 심약한 자들을 압도하여 병들게 한 다음에, 사람들이 환자에게서 죽은 귀신(혼백)을 쫓아내기 위하여 기도를 드리면, 자신이 직접 그 기도에 응답하여 병을 고침으로서, 사람들을 자신에게로 이끌고 있습니다.

2) 사탄이 사용하는 기술

세상의 마지막이 가까운 이때에, 사탄은 그 옛날에 하나님께서 금지시키셨던 영역인 강신술을 부활시키려고 필사적으로 노력하고 있습니다. 그는 "신접한 자, 무당, 마술사" 와 같은 성경이 금지하고 있는 이름들을 강신술, 점성술, 최면술, 초감각적 지각력, 심령 과학과 같은 현대적 용어로 바꾸어 놓았습니다. 또한 때때로 성령 은사나 성령 운동과 같은 종교적 용어들을 사용하여 그리스도인들을 미혹하고 있습니다.

그러므로 사탄은 어떤 사람의 정신적 방벽이 느슨해지거나 완전히 무너진 틈을 노리고 있습니다. 그러나 사탄이라 할지라도 사람의 의지력을 억지로 강요할 수는 없습니다. 사람이 자기 자신을 지배하는 의지력을 스스로 포기할 때에만, 사탄은 그 사람을 점령할 수 있습니다.

많은 경우에 있어서, 사탄은 사람을 통하여 역사합니다. 즉, 자신의 대리자인 어떤 사람을 통하여 다른 사람의 의지력을 조절하려고 접근합니다. 최면술에서는, 사람의 의지력이 명령하는 최면술사에 의해서 지배당하게 되는 것과 마찬가지로, 강신술에서는 사탄의 영을 받아들인 사람이 악한 천사들의 능력을 이용하여 초자연적인 기적을 행사함으로써, 사람들의 마음과 의지를 자신에게 굴복하도록 유혹합니다.

이렇게 해서 일단 사탄에게 굴복당한 마음은 계속해서 사탄의 영을 초청하게 됩니다. 예를 들면, 별들이 사람의 인생과 운명을 결정한다는 믿음을 가진 사람이 점성술사의 말에 마음을 열어 놓는 것처럼, 죽은 자의 영혼이 의식 세계에 나타날 수 있다는 믿음을 가진 사람은 혼을 초청하는 성직자나 강신술사의 말에 마음을 열어 놓게 됩니다.

죽은 자의 상태에 대해서 성경이 무엇이라고 말하고 있는가를 모르고 있거나, 잘못 알고 있는 사람들의 마음을 사탄은 가장 쉽게 점령할 수 있습니다. 사탄은 그러한 사람들 앞에 죽은 자의 혼백으로 위장한 자신의 부하 천사들을 보냄으로써, 그의 목적을 쉽게 달성할 수 있습니다. 그들은 그 혼백이 악령(악한 천사)의 현시인지도 모른 채, 자신이 죽은 자의 영혼을 만났다는 사실에 완전히 압도되어 버리고 맙니다.

사탄은 이렇게 열려진 마음속에 그의 발을 들여 놓고 자신이 원하는 대로 그 사람을 이끌고 갑니다. 이보다 더 무서운 기만이 어디에 있겠습니까? 성경이 반복해서 마지막 시대에 기만과 미혹을 주의하라는 경고를 결코 예사롭게 받아들여서는 안 됩니다.

3) 덫을 피하는 유일한 길

가장 중요한 것은 진리를 깊이 연구하는 일입니다. 왜냐하면 사탄은 진리를 분명하게 이해하고 있으며, 그 진리에 온 마음을 다하여 순종하는 그리스도인들을 결코 미혹할 수 없기 때문입니다. 사탄이 사람들을 미혹하는 방법은 오류와 거짓 교리를 통해서입니다. 그러므로 성경은 영을 분별하는 기준으로써, "율법과 증거의 말씀"을 제시하고 있는 것입니다.

"혹이 너희에게 고하기를 지절거리며 속살거리는 신접한 자와 마술사에게 물으라 하거든 백성이 자기 하나님께 구할 것이 아니냐 산 자를 위하여 죽은 자에게 구하겠느냐 하라 마땅히 율법과 증거의 말씀을 좇을지니 그들의 말하는 바가 이 말씀에 맞지 아니하면 그들 안에 빛이 없기 때문이라"(사 8:19,20, 영문번역).

성경이 진리의 말씀을 영을 분별하는 기준으로 제시하는 이유는, 진리 자체는 영원불변하지만, 진리를 이해하는 우리의 지식과 경험은 잘못될 수 있기 때문입니다. 사탄의 덫에 걸려 있는 대부분의 사람들은 자신들이 보고 들은 악령들의 기적을 토대로 진리를 검증하려고 합니다. 그리하여 결국에는 자신이 경험한 기적들을 하나님의 말씀보다 우위에 두게 됩니다.

그러나 진실한 그리스도인은 언제나, 어떤 경우에나 진리를 기준으로 자신이 체험한 기적을 검증해야 합니다. 자신의 지식과 경험을 토대로 진리를 판단하는 것이 아니라, 진리를 토대로 자신이 경험한 기적이 하늘에서 온 것인지 또는 마귀의 장난인지를 시험해 보아야 합니다.

앞에서 언급했던 것처럼, 사탄은 기적을 일으키고, 성령의 은사를 위조함으로써, 사람들을 마음과 의지를 지배하려고 합니다. 자신이 체험한 경험을 최고의 증거라고 믿는 사람들에게 있어서, 하나님의 성경 말씀에 나타나 있는 진리는 아무런 영향력을 발휘하지 못하게 됩니다. 왜냐하면 이러한 사람들은 자신이 경험한 "영"에 의해서 진리를 판단하기 때문입니다. 바울은 이러한 그리스도인들에게 다음과 같은 경고의 말씀을 기록하였습니다.

"저희가 진리의 사랑을 받지 아니하여 구원함을 얻지 못함이니 이러므로 하나님이 유혹을 저희 가운데 역사하게 하사 거짓 것을 믿게 하심은 진리를 믿지 아니하고"(살후 2:10,11). 그러므로 하나님의 진리를 깊이 연구해야만 합니다. 이것만이 마지막 시대에 사탄이 펼쳐 놓은 덫을 피하는 유일한 길입니다.

하나님의 기적을 경험하였다고 주장하며, 하나님을 사랑한다고 말할지라도, 자신의 믿는 바가 진리에서 벗어나 있거나, 알고 있는 진리의 말씀에 순종하는 정직한 삶을 살지 않는다면, 그 사람의 영적인 위치는 매우 위험한 처지에 있는 것입니다. 자신이 체험한 기적, 자신이 경험한 느낌과 감정, 그리고 기존에 자신이 가지고 있던 지식이 어떠하던지 간에, 하나님의 말씀이 요구하는 바가 분명하게 자신 앞에 나타날 때에 자신을 부인하고 진리에 굴복하는 순종의 생애야말로 그 사람을 지배하는 영이 무엇인가를 분별하는 최고의 기준입니다.

"너희가 나를 사랑하면 나의 계명을 지키리라"(요 14:15). "그러므로 그의 열매로 그들을 알리라. 나더러 주여 주여 하는 자마다 천국에 다 들어갈 것이 아니요, 다만 하늘에 계신 내 아버지 뜻대로 행하는 자라야 들어가리라. 그 날에 많은 사람이 나더러 이르되 주의 이름으로 선지자 노릇하며 주의 이름으로 귀신을 쫓아내며 주의 이름으로 많은 권능을 행치 아니하였나이까 하리니, 그 때에 내가 저희에게 밝히 말하되 내가 도무지 알지 못하니 불법을 행하는 자들아 내게서 떠나가라 하리라"(마 7:20-23).

4) 사탄과 악령들의 최종 목적

왜 악령들은 죽은 자의 모습으로 나타나서 사람들을 기만하며, 온갖 기적을 행할까요? 그들의 목적은 무엇일까요? 요한계시록은 사탄이 놀라운 기적을 통하여 온 세상 사람들을 하나로 묶어서 자신의 편으로 끌어들인 다음에 무엇을 할 것이라는 사실을 다음과 같이 폭로하고 있습니다.

온 세상에 짐승의 표를 강요하기 위한 사전 작업:

"큰 이적을 행하되 심지어 사람들 앞에서 불이 하늘로부터 땅에 내려오게 하고 짐승 앞에서 받은바 이적을 행함으로 땅에 거하는 자들을 미혹하며 땅에 거하는 자들에게 이르기를 칼에 상하였다가 살아난 짐승을 위하여 우상을 만들라 하더라 … 짐승의 우상에게 경배하지 아니하는 자는 몇이든지 다 죽이게 하더라"(계 13:13-15).

짐승은 짐승의 표를 강요하기 전에, 먼저 놀라운 이적을 통하여 온 세상 사람들을 하나로 묶어서 자기편으로 끌어 들인 다음에 짐승의 표를 거절하는 소수의 진실된 그리스도인들을 무참하게 공격할 것입니다.

아마겟돈 전쟁의 준비 작업:

"또 내가 보매 개구리 같은 세 더러운 영이 용의 입과 짐승의 입과 거짓 선지자의 입에서 나오니 저희는 귀신의 영이라 이적을 행하여 온 천하 임금들에게 가서 하나님 곧 전능하신 이의 큰 날에 전쟁을 위하여 그들을 모으더라"(계 16:13,14).

용과 짐승과 거짓 선지자들의 입에서 나오는 거짓 가르침과 마귀의 영들을 통하여 세상 끝에 펼쳐지는 놀라운 이적들을 통하여 온 세상 사람을 하나로 묶어서 사탄의 편으로 끌어 들인 다음에 마지막 시대의 큰 전쟁인 아마겟돈 전쟁을 벌일 것입니다.

여러분은 마지막 시대에 마귀의 영을 받아서 놀라운 이적들을 펼치는 사탄의 대리자들과 싸울 준비가 되어 있습니까? 오직 진리에 대한 올바른 이해와 그 진리에 대해서 순종의 삶을 사는 신실한 자들만이 마지막 시대에 살아남게 될 것입니다. 모든 위선과 거짓 교리와 거짓 신앙을 받아들인 자들은 마귀의 영들이 연출해 내는 놀라운 이적에 미혹되어서, 결국에는 사탄의 대열에 가담하게 될 것입니다.

제2부 천사와 악령을 구별할 수 있나요?

1. 어떤 천사의 충고

하늘의 천사들은 마귀의 악령들이 판을 치는 이 세상에서 사람들이 기만을 당하는 모습을 보면서 매우 안타까울 것입니다. 어쩌면 지금 하늘의 천사들은 사람들이 악령에 의해서 기만당하는 모습을 보면서 다음과 같은 충고를 하지 않겠습니까?

1) 기만의 시작점을 아는가?

오늘날 그리스도를 따른다고 말하는 사람들 중에 많은 사람이 우리 천사들에 대해서 잘못된 견해를 가지고 있습니다. 이러한 모습은 천사들의 마음을 매우 아프게 만들고 있다고 합니다.

사람들이 천사들에 대해서 엉뚱한 오해를 갖게 되는 것은, 대부분의 경우에 있어서 그들이 죽음과 영혼에 대한 잘못된 가르침을 받아들임으로써 시작됩니다. 사람의 몸은 죽지만, 영혼은 불멸한다는 사탄의 가르침은 중세기의 종교암흑시대 동안에 그의 인간 대리자들을 통하여 교회 안에 슬며시 들어왔습니다.

"죽은 자는 아무 것도 모르며"(전 9:5)라는 성경의 분명한 진리에도 불구하고, 어떤 그리스도인들은 천사들을 죽은 자의 영으로 오해하고 있습니다. 인간 세계에 사망이 들어오기 훨씬 이전에 이미 천사들이 존재했음에도 불구하고, 어떤 사람들은 사람이 죽으면 천사가 된다고 믿고 있습니다. 개역성경에 귀신으로 번역된 것은 모두 마귀들(devils, 다이몬)을 그렇게 번역한 것입니다. 죽은 자가 귀신이 된다는 이교사상을 잘못 받아들인 결과입니다. 사람이 죽으면 악한 천사인 마귀가 되는 것이 아니면 마귀와 귀신을 동일시 하는 사상은 이교의 사상인 것입니다.

천사를 죽은 자의 영혼이라고 믿는 사람들은 악령들의 기만에 대해서 문을 활짝 열어놓게 됩니다. 그러한 사람은 사탄의 악령이 죽은 자의 모습으로 자신 앞에 나타날 경우 그 악령을 반갑게 맞이할 수 있는 신학적 바탕을 가지고 있는 것입니다.

2) 마귀의 천사에게 속지 마라!

천사의 정체에 대한 오해는 성직자들이 안수해서 병을 고치거나 귀신을 쫓아내는 일에도 심각한 문제를 일으키고 있습니다. 사탄과 그를 따르는 악한 천사(악의 영)들은 하늘에서 쫓겨난 이후부터 지금까지 굉장한 지식과 경험을 가지고 사람들을 기만하고 있습니다. 그들은 노련한 솜씨를 통하여 사람들의 마음뿐만 아니라 몸을 사로잡기 위해서 애를 씁니다. 그래서 마음과 몸이 악의 영들에게 제압당해 있는 상태를 가리켜서 성경은 '사람이 악귀에게 눌려있다'고 표현하고 있는 것입니다. 사탄과 악한 천사들에 의해 사로 잡혀서 괴로워하는 사람은 단순히 어떤 질병에 걸려서 고통당하는 것과 본질적으로 다르다는 사실을 이해해야 합니다.

물론, 성경에는 귀신(마귀)들린 자들에 대한 이야기가 여러 곳에 나옵니다. 수로보니게 족속의 여인의 딸이 더러운 귀신에 들려서 고생하는 것을 예수님께서 말씀으로 쫓아내셨으며, 그 외에도 "귀신(마귀)들려 눈멀고 벙어리 된 자"(마 12:22), "귀신(더러운 영)이 저를 죽이려고 불과 물에 자주 던진 자"(막 9:17-27), 그리고 안식일에 가버나움 회당을 소란하게 하던 "더러운 귀신(더러운 마귀 영) 들린 사람"(눅 4:33-36)을 예수님께서 고쳐주셨습니다.

신약시대에 예수님께서 귀신(마귀)을 쫓아냄으로써 어떤 질병들을 치료하셨다고 해서 모든 질병을 귀신들린 것으로 오해해서는 안 됩니다. 청결한 위생과 올바른 치료법을 통하여 고칠 질병들을 마귀 들린 것으로 오해하여 귀신을 쫓아내려고 무당이나 목사를 찾아가는 사람들을 볼 때마다, 우리 천사들은 너무나 안타까워서 어쩔 줄을 모릅니다.

일반적으로, 귀신들린 자들은 심한 고통을 느낀다는 사실이 성경에 기록되어 있습니다. 그러나 예외적으로 그렇지 않은 사람들도 있습니다. 성경에는 초자연적인 능력을 얻기 위해서 자진하여 사탄에게 복종하는 사람들의 이야기가 나옵니다. 그들은 귀신과 싸워서 악령을 내쫓기 보다는 귀신을 불러들이고 그들과 사귀는 자들입니다. 예를 들면, 점치는 귀신에 들린 자들로서 마술장이 시몬, 박수 엘루마, 빌립보에서 바울과 실라의 뒤를 따른 여종과 같은 자들입니다.

오늘날에도 자진하여 악령들과 사귀는 사람들이 있습니다. 그들은 사탄과 그의 천사들에 의해서 미혹당하고 있음에도 불구하고, 자신들은 선한 천사나 죽은 가족이나 친구의 혼과 영적인 교제를 나누고 있다고 믿기 때문에, 죽은 자의 혼백을 가장하여 나타난 마귀에게 모든 문제를 상의하게 됩니다.

성경은 마귀나 악령의 정체를 사탄과 악한 천사(Then the devil leaveth him, 이에 마귀는 예수를 떠나고, 마4:11)라고 지적하고 있음에도 불구하고, 어떤 사람들은 마귀(devil, 요13:2)나 악령이 죽은 사람의 혼백이라고 믿고 있습니다. 성경은 죽은 사람은 부활의 그날까지 무덤 속에서 잠을 자는 상태에서 기다린다고 말함에도 불구하고, 그들은 악한 사람이 죽으면 악령이 되고, 선한 사람이 죽으면 선한 천사가 된다고 상상합니다. 그래서 그들은 어떤 사람이 마귀, 즉 악한 천사에 의해서 사로잡혔을 경우에, 악한 천사를 내어 쫓아달라고 기도하는 대신에, 죽은 자의 귀신을 쫓아달라고 기도하게 되는 것입니다.

가끔씩 이러한 그들의 기도가 응답되어서, 기적적인 치유의 은사가 일어나는 것처럼 보이는 경우가 있는데, 이것은 하나님의 기적이 아니라 마귀의 기적인 것입니다. 사탄은 어떤 사람에게 질병을 주었다가, 질병을 낫게 하는 기적을 행함으로써, 사람들의 믿음과 신앙을 자신이 원하는 곳으로 끌고 갑니다. 하나님의 기적은 성경에 기록되어 있는 진리의 말씀과 어긋나는 방법으로 결코 일어나지 않습니다. 그럼에도 불구하고 어떤 사람들은 자신의 기도에 의해서 기적이 일어났다는 사실 때문에, 감정적으로 들떠서 그 기적이 어디에서 왔는지에 대해서는 전혀 생각하려고 하지 않습니다.

대개 이러한 기만에 깊이 빠져 있는 사람들에게서, 우리 천사들은 다음과 같은 세 가지 공통점을 발견하게 됩니다.

❶ 그들은 '영혼은 불멸한다'는 교리를 믿고 있다.

❷ 그들은 죽은 자의 혼을 통하여 영계와 접촉하려고 시도하기 때문에, 기적과 은사에 그들의 모든 관심이 집중되어 있다.

❸ 그들은 자신들이 체험한 기적과 상반되는 내용의 성경 말씀은 결코 인정하려고 하지 않는다.

3) 천사의 충고

진리 안에서 참된 신앙의 길을 걷는 사람은 사탄의 기만에 미혹당하지 않습니다. 거짓과 오류를 진리로 착각하여 고집스럽게 따라가는 사람들을 도와주기란 거의 불가능합니다. 그러므로 진리 안에서 참된 신앙을 유지하는 사람들만이 천사들의 도움을 받아서 구원에 이를 수 있습니다.

참된 신앙 부흥은 참된 회개로부터 시작됩니다. 참된 회개를 통하여 새롭게 거듭난 그리스도인은 자신의 정욕을 좇지 않습니다. 그들은 주님의 발자취를 찾으며, 그 길을 따르기로 결심합니다. 그들은 주님의 깨끗하심과 같이 자신들의 생애와 품성도 깨끗하게 변화되기를 소원합니다.

전에는 미워하던 것을 이제는 사랑하게 되고, 전에 사랑하던 것을 이제는 미워하게 됩니다. 교만하고 자기의 주장만을 내세우던 마음은 완전히 변하여 온유하고 겸손하게 되며, 허영에 들떴던 마음은 착실하고 조심성 있게 됩니다. 경건하지 않던 자가 경건하게 되며, 술주정뱅이가 술을 삼가게 되고, 방탕하던 자가 단정하고 절제하는 사람으로 변화되며, 세상의 부귀 영화에 대한 관심이 사라져 버립니다. 인내와 극기와 희생을 두려워하지 아니하고, 도리어 그리스도를 위하여 비난과 시험을 받는 것을 특권으로 생각하여 즐거워합니다. 그러므로 개혁과 변화가 없는 회개는 참된 회개가 아닌 것입니다.

그러나 요즈음 교회 안에서 이루어지고 있는 신앙 부흥은 너무나 이상한 모습으로 변질되어 가고 있습니다. 많은 성직자들이 그들의 교인들의 호기심을 만족시키기 위해서, 감정적이고 자극적인 방법들을 사용하고 있습니다. 교인들의 이성에 호소하여 진리를 가르치는 대신에, 감정적이고 더욱 자극적인 분위기 속에서 교인들의 마음을 사로잡으려고 노력하고 있습니다.

선지자와 사도들이 세워놓은 진리 위에 교인들의 관심을 집중시키는 대신에, 각종 은사와 기적을 강조함으로써 순간적인 만족과 황홀한 기분을 자아내는 감정적 신앙 위에 세우고 있습니다. 그리하여 성경 말씀에 무지한 양떼들은 하나님의 진리의 말씀에 자아를 굴복하고 인내와 겸손으로서 그리스도의 희생적 사랑을 나누어 주기 위해서 자신의 생애를 헌신하는 대신에, 기적과 신비적인 은사를 통하여 영적인 만족감과 구원에 대한 확신감을 얻으려고 애를 씁니다.

2. 영을 분별하는 그리스도인이 되어야 한다!

1) 성령의 은사는 감정과는 상관없다!

성령을 받았다는 증거는 우리의 감정이나 느낌과는 별개의 것입니다. 어떤 사람들은 성령 받은 증거로써 감정의 극치를 기대하지만, 성경은 오히려 성령의 역사를 다음과 같이 설명하고 있습니다. "바람이 임의로 불매 네가 그 소리를 들어도 어디서 오며 어디로 가는지 알지 못하나니 성령으로 난 사람은 다 이러하니라"(요 3:8).

우리는 바람을 보지 못하지만 바람이 무엇을 하는지는 알 수 있습니다. 비록 우리가 바람을 보지 못한다고 할지라도, 그것이 우리가 하나님의 자녀가 아니라는 사실에 대한 증거가 될 수는 없습니다. 우리는 하나님의 성령이 마음에 역사할 때에 그것을 볼 수 없지만, 그분의 능력은 조용한 가운데 새로운 생명을 가져다줍니다. 비록 우리가 성령의 역사를 보거나 만지지는 못할지라도, 그분께서 해놓으신 결과를 볼 수는 있습니다. 만일 우리의 마음이 성령의 역사에 의해서 변화된다면, 우리의 생애가 성령의 임재하심을 증거하게 될 것입니다.

우리가 하나님의 영을 받았을 때에, 우리는 어떤 황홀하고 자극적인 느낌을 얻기 보다는, 오히려 침착함과 균형 있는 판단력을 가지고 그리스도의 복음을 전파하는 일에 생애를 바치게 될 것입니다. 예수 그리스도의 정서와 생애를 생각해 봅시다. 그분처럼 성령이 충만하였던 사람이 있습니까? 그분의 생애는 감정적 환희와 흥분으로 차있는 생애가 아니었습니다. 오히려 희생과 봉사로 점철된 생애였습니다. 그분께서는 죄와 불의를 거절하셨으며, 병자들과 가난한 자들을 구제하고 치료해 주시는 생애를 사셨습니다.

그분께서는 성령이 충만하신 결과로 거룩한 삶을 사셨던 것이지, 자신에게 성령이 임하셨음을 증명하기 위해서 구제와 치료를 베푸신 것이 아니었습니다. 그분께서는 단 한 번도 자기 자신을 위하여 성령의 능력을 사용하지 않으셨으며, 오직 복음을 전파하고 하나님의 뜻을 행하는 일에만 성령의 능력을 구하셨습니다. 그리스도에게 있어서 성령 충만함은 하늘 아버지의 뜻을 조용하면서도 진지하게 행하는 순종의 삶으로 표시되었다. 그분의 삶은 사랑과 희생과 극기와 자아부인으로 꼴 지워졌습니다.

마찬가지로 진실한 그리스도인에게 있어서도, 이성적인 분별력과 하나님의 진리가 감정과 느낌을 지배해야 합니다. 진리는 건전한 상식 위에 세워지며, 질서 있는 가정생활을 통하여 다른 영혼들에게 가장 강력한 영향력을 발휘할 수 있습니다.

2) 은사를 받기 위해서 무엇을 얼마나 해야 됩니까?

이와 같은 질문은 그 질문 자체에 문제가 있다는 사실을 이해해야 합니다. 그러므로 이 질문에 대한 답을 찾기 앞서, 우리는 "같은 한 성령이 그 뜻대로 각 사람에게 나눠주"신다는 중요한 원칙을 잊지 말아야 합니다(고전 12:11). 성령의 은사는 우리의 선택에 의해서 주어지는 것이 아니라, 성령께서 복음의 전파를 위한 당신의 뜻과 섭리에 따라서 어떤 사람을 도구로서 사용하고자 하실 때에 주어지는 것입니다.

성령의 은사는 우리가 우리 자신의 필요에 따라서 선택하는 것이 아니라, 성령께서 당신의 필요와 목적에 따라서 준비된 사람에게 주시는 선물이라는 것이 성경의 진리입니다. 우리가 성령님을 부리는 것이 아니고, 성령께서 우리를 부리신다는 사실을 유의해야 합니다.

하나님께서는 거룩한 성도들을 통하여 기적을 행하십니다. 우리는 성령의 기적과 은사를 간구하는 기도를 드릴 수 있습니다. 그러나 기적이나 은사의 필요성과 그것이 행하여지는 장소와 시간과 환경은 전적으로 하나님의 뜻과 계획에 달려 있습니다. 우리 인간은 하나님의 기적이 행사되어야 하는 최적의 시간과 장소와 환경을 알 수 없습니다.

그러므로 우리는 하나님의 기적과 성령의 기적적인 은사를 구할 때에 예수께서 하셨던 기도를 본받아야 합니다. "주님, 당신의 영광을 위하여 성령의 은사를 간구하는 저의 소원을 들어 주시옵소서 … 그러나 제 뜻대로 마옵시고, 아버지의 뜻대로 하옵소서 … 뜻이 하늘에서 이루어진 것같이 땅에서 이루어지게 하옵소서. 아멘."

3) 기적은 구원의 증거가 아니다!

어떤 기적이나 은사도 그리스도인의 믿음과 구원을 평가하는 절대적인 증거나 기준으로 사용되어서는 안 됩니다. 기적을 행하였고 경험하였던 사람들 중에서도 결국에는 하나님께 대한 불순종과 반역적인 삶을 산 결과로 인하여 멸망 받았던 예를 성경에서 얼마든지 찾아볼 수 있습니다. 그러나 너무나 많은 경우에 있어서, 우리는 어떤 은사가 누구에게 발견되느냐에 따라서 서로의 영적 상태를 판단하는 잘못을 범하고 있습니다.

그렇다면, 우리의 신앙과 믿음을 판단할 수 있는 기준은 무엇입니까? 예수 그리스도께서 정하신 시험 기준을 살펴봅시다. 예수께서는 "그의 열매로 그들을 알리라"고 말씀하셨습니다(마 7:20). 성령의 열매는 "사랑과 희락과 화평과 오래 참음과 자비와 양선과 충성과 온유와 절제"라고 성경은 기록하고 있습니다(갈 5:22,23).

4) 영을 분별하는 다섯 가지 방법

그리스도인들이 영적 은사를 구할 때에 한 가지 잊어서는 안 될 것이 있습니다. 성경은 마지막 시대에 사탄이 진리에 굳게 닻을 내리지 못한 사람들을 혼동시키기 위해서 성령의 역사를 위조할 것이라고 경고하고 있습니다. 마지막 시대에 나타나는 사탄의 활동은 "모든 능력과 표적과 거짓 기적"으로 특징지어질 것이라고 성경은 말하고 있습니다(살후 2:9).

사탄의 활동이 매우 기만적인 이유는 "자기를 그리스도의 사도로 자칭하"며, "사탄도 자기를 광명의 천사로 가장"하기 때문입니다(고후 11:13,14). 그 기만이 너무나 놀라운 것이기 때문에 성경은 "택하신 자들"까지도 미혹당할 것이라고 경고하고 있습니다(마 24:24).

이러한 말씀들은 성령 은사를 추구하는 교회나 성직자들을 모두 피해야 한다는 것을 의미하는 말씀입니까? 아닙니다. 이 말씀은 하나님의 말씀으로 모든 교회와 모든 종교적 체험, 그리고 모든 기적을 시험해 보아야 한다는 뜻입니다. 바울이 말했듯이 "범사에 헤아려 좋은 것을 취"하기 위해서 말입니다(살전 5:21). 이 문제에 대해서 우리에게 주는 사도 요한의 또 다른 충고를 들어보십시오. "사랑하는 자들아 영을 다 믿지 말고 오직 영들이 하나님께 속하였나 시험하라. 많은 거짓 선지자가 세상에 나왔음이니라"(요일 4:1).

그렇다면, 성경은 영을 시험하는 판단 기준으로서 어떤 것을 제시하고 있는가? 하나님의 말씀은 다음과 같은 다섯 가지 성경 절을 제시하고 있습니다.

1 "마땅히 율법과 증거의 말씀을 좇을지니 그들이 말하는 바가 이 말씀에 맞지 아니하면 그들 안에 빛이 없기 때문이라"(사 8:20, KJV).

성령의 참 은사를 받은 사람은 하나님의 율법을 순종하는 삶을 살 것이며, 자신이 믿는 바가 성경의 진리에 일치해야 합니다. 성경의 진리를 올바로 이해하고, "율법과 증거의 말씀"을 순종하는 삶을 사는 그리스도인은 하나님의 영의 지배를 받고 있다고 말할 수 있겠습니다.

2 "선지자는 그 예언자의 말이 응한 후에야 그는 진실로 여호와의 보내신 선지자로 알게 되리라"(렘 28:9).

어떤 사람이 예언하는 은사를 받았으면, 그 예언하는 바가 정확히 성취되어야 합니다.

3 "그의 열매로 그들을 알리라"(마 7:20).

어떤 사람이 성령의 은사를 받았다면, 그의 성품은 그리스도의 복음을 전하는 대표자로 설 수 있을 만큼 풍성한 성령의 열매를 맺고 있어야 합니다. 가정에서 부부 싸움을 하고, 자녀들에게 짜증을 내며, 모든 금전 문제에 있어서 엄격한 정직을 유지하지 못하는 그리스도인이 방언을 하고 병 고치는 은사를 행한다면, 우리는 그것을 하늘에서 내려온 은사라고 생각할 수 있을까요? 그러한 사람이 그리스도의 복음을 전할 때, 그를 잘 알고 있는 믿지 않는 가족이나 주변 사람들에게 어떤 감화를 끼칠까요? 아마도 사람들은 그가 가지고 있는 두 가지의 다른 양면을 보면서 하나님의 복음에 대하여 이상한 혼돈을 갖게 될 것입니다. 하나님께서 그러한 사람에게 성령의 은사를 내려 주심으로써 복음을 전파하고 증거 하실 것이라고 생각할 수 있습니까? 그러한 사람은 혹시 자신이 다른 영을 받았을 가능성에 대해서 진지하게 생각해 보아야 할 것입니다.

하늘은 위대한 성령의 능력을 받기에 적합하게 준비된 사람들에게만 하늘의 거룩한 선물을 줍니다. 거룩하게 변화된 성품을 소유하지 못한 사람에게 하늘의 위대한 능력을 위탁하였을 때에 복음 전파 사업에 어떠한 혼돈과 위험이 따르게 될지를 생각해 보십시오.

4 "하나님의 영은 이것으로 알지니 곧 예수 그리스도께서 육체로 오신 것을 시인하는 영마다 하나님께 속한 것이요. 예수를 시인하지 아니하는 영마다 하나님께 속한 것이 아니니 이것이 곧 적그리스도의 영이니라"(요일 4:2,3).

그리스도께서 이 땅에 우리와 같은 육체로 오셔서 시련과 고통 중에서 승리하셨던 것처럼, 진실한 그리스도인들도 그분의 모본을 따라서 죄와 시험을 승리할 수 있다는 가르침이 영을 분별하는 중요한 기준이 됩니다. 성령의 은사를 체험하는 그리스도인이라면 마땅히 죄와 유혹에 대하여 승리하는 생애를 살아야 하며, 그러한 가르침을 믿고 받아들이는 사람이어야 합니다. 거룩한 생애를 사는 그리스도인에게 거룩한 하늘의 선물이 내려지게 됩니다.

5 "짐승과 그의 우상에게 경배하고 그 이름의 표를 받는 자는 누구든지 밤낮 쉼을 얻지 못하리라 하더라. 성도들의 인내가 여기 있나니 저희는 하나님의 계명과 예수 믿음을 지키는 자니라"(계 14:11,12).

사도 요한 역시 앞에서 이사야가 말했던 영의 구별법에 동의하고 있습니다. 마지막 시대에 짐승의 표를 받지 않고 인내로서 고난을 통과하면서 나오는 진실한 그리스도인들에 관한 계시를 보면서, 사도 요한은 그들의 신분을 "하나님의 계명과 예수 믿음을 지키는 자"들이라고 밝히고 있습니다. 그러므로 마지막 시대에 "하나님의 계명과 예수 믿음을 지키는" 것은 영을 분별하는 분명한 기준이 될 수 있습니다.

5) 은사 경험자들이 가장 유의해야 할 점

가장 중요한 것은 하나님의 말씀을 깊이 연구하는 것입니다. 왜냐하면 진리 자체는 영원불변하지만, 진리를 이해하는 우리의 지식과 경험은 잘못될 수 있기 때문입니다. 대개의 경우, 사람들은 자신의 잘못된 지식과 경험을 토대로 진리를 검증하려고 합니다. 그러나 우리는 진리를 기준점으로 해서 우리가 가진 지식과 경험을 판단해 보아야 합니다. 즉, 우리의 지식과 경험으로 진리를 판단하는 것이 아니라, 진리로서 우리의 지식과 경험을 시험해야 합니다. 그러나 사탄은 경험을 진리 위에 놓으려고 애씁니다. 우리의 경험은 그것이 올바른 진리의 테두리 안에 있을 때에만 가치 있는 것입니다.

성령의 은사를 체험하고 있다는 많은 사람들 중에 다음과 같이 자신의 경험을 말합니다.

Ⓐ 나는 어떤 놀라운 기적을 경험을 하였습니다.
Ⓑ 그런데 나는 나의 경험과 매우 흡사한 경험을 성경에서 발견하였습니다.
Ⓒ 그러므로 나의 경험은 진리입니다.

이와 같은 3단 논법에 의해서 그들은 자신들의 경험을 성령의 은사로 받아들입니다. 이러한 논리의 전개는 매우 설득력 있게 들리지만, 자신의 경험이 초대 교회의 경험과 비슷하다고 해서 자신들의 경험이 진리 안에 있다고 말할 수는 없습니다. 왜냐하면 사탄도 기적을 일으킬 수 있으며, 성령의 역사를 위조할 수 있고, 사람의 감정을 조종할 수 있기 때문입니다.

경험이 최고의 증거라고 믿는 사람들에게 있어서, 하나님의 진리는 아무런 영향력을 발휘하지 못하게 됩니다. 이러한 사람들은 자신이 경험한 "영"에 의해서 진리를 척량하려고 합니다. 바울은 이러한 그리스도인들에게 다음과 같이 경고하고 있습니다. "저희가 진리의 사랑을 받지 아니하여 구원함을 얻지 못함이니라. 이러므로 하나님이 유혹을 저의 가운데 역사하게 하사 거짓 것을 믿게 하심은 진리를 믿지 아니하고"(살후 2:10,11). 하나님의 진리인 성경 말씀을 깊이 연구하십시오. 그것만이 마지막 시대에 펼쳐지는 사탄의 대 기만에서 벗어날 수 있는 유일한 길입니다.

"너희가 나를 사랑하면, 나의 계명을 지키리라. 내가 아버지께 구하겠으니 그가 또 다른 보혜사(성령)를 너희에게 주사 영원토록 너희와 함께 하시리니 저는 진리의 영이니라"(요 14:15-17).

사도 요한은 여기서 하나님을 사랑하는 사람은 그분의 계명(Commandment, 명령)을 순종할 것인데, 하나님께서는 바로 그러한 사람들에게 성령을 주실 것이라고 말하고 있는 것입니다. 그러므로 진리에 대한 순종이야말로 자신의 경험을 시험할 수 있는 최종적인 판단 기준이며, 동시에 성령을 받을 수 있는 가장 확실한 방법이라고 말할 수 있겠습니다.

3. 말세에 나타나는 모든 기적을 하나님의 말씀으로 시험하라.

우리는 예수님께서 성경 마태복음 24장 24절에서 "거짓 그리스도들과 거짓 선지자들이 일어나 큰 표적과 기사를 보이어 할 수만 있으면 택하신 자들도 미혹케 하리라"고 말씀하신 사실을 주목해 보아야 합니다. 하나님께서는 마지막 시대에 있을 사탄의 기만과 미혹이 너무나 무서운 것이어서 성경의 진리와 아주 흡사하게 제시되기 때문에 심지어는 하나님을 진실하게 믿고 성경을 잘 알고 있는 택하신 자들까지도 미혹될 가능성이 있다고 우리를 경고하고 계신 것을 꼭 기억하여야 합니다.

성경은 오히려 마지막 시대에 나타나는 초자연적 현상적인 일들인 이적과 표적이 주로 마귀가 사람들을 미혹하기 위하여 역사하는 일들일 것이라는 사실을 설명하여 주고 있습니다. 요한일서 4장 1,6절은 다음과 같이 경고하고 있습니다. "사랑하는 자들아 영을 다 믿지 말고 오직 영들이 하나님께 속하였나 시험하라 많은 거짓 선지자가 세상에 나왔음이니라 … 우리는 하나님께 속하였으니 하나님을 아는 자는 우리의 말을 듣고 하나님께 속하지 아니한 자는 우리의 말을 듣지 아니하나니 진리의 영과 미혹의 영을 이로서 아느니라."

다시 말해서 영들을 시험하는 유일한 기준은 가시적인 초자연적인 현상이 아니라, 하나님의 말씀 성경의 가르침이라는 것입니다. 또한 고린도 후서 11장 14절에서 "이것이 이상한 일이 아니라 사탄도 자기를 광명의 천사로 가장하나니"라고 말씀하심으로 사탄도 아름다운 천사 같은 모습으로 나타나 눈부신 이적이나 초자연적인 현상을 일으킬 것이라고 우리를 깨우치고 있는 것을 볼 수 있습니다.

그래서 사도 바울은 예수께서 이 땅에 두 번째 오시기 전에 일어 날 일에 대하여 데살로니가 후서 2장 9-12절에서 다음과 같이 언급하였습니다. "악한 자의 임함은 사탄의 역사를 따라 모든 능력과 표적과 거짓 기적과 불의의 모든 속임으로 멸망하는 자들에게 임하리니 이는 저희가 진리의 사랑을 받지 아니하여 구원함을 얻지 못함이니라. 이러므로 하나님이 유혹을 저희 가운데 역사하게 하사 거짓 것을 믿게 하심은 진리를 믿지 않고 불의를 좋아하는 모든 자로 심판을 받게 하려 하심이니라."

이 말씀 가운데서도 한 가지 확실한 사실은 하나님의 말씀인 진리의 말씀을 따라 살고 이해하지 아니하면 마귀의 미혹에 빠진다는 사실과, 진리와 마귀의 기만을 구별하는 유일한 시금석이 바로 하나님의 말씀인 성경이라는 것입니다. 성경의 진리를 사모하여 알려고 하지 않고 가시적인 기적의 현상을 좋아하는 자들에게 마귀는 항상 속임수의 덫을 놓아 넘어지게 한다는 말입니다.

4. 사무엘 선지자와 성모 마리아의 비교

성경 사무엘상에서 우리는 이스라엘 왕 사울이 하나님의 명령을 불순종하는 생애를 계속하여 영적으로 완전히 어두워지게 된 사실과 드디어 사무엘 선지자가 더 이상 그와 만나기를 거부하였고 하나님께로 부터 버림받게 된 역사를 발견하게 됩니다.

그런 후 사무엘 선지자가 죽게 되자 사울 왕은 더욱 더 곤궁에 빠지게 됩니다. 그런데 사무엘상 28장을 보면 블레셋 군대와 전쟁을 벌이게 된 사울왕은 급한 나머지 하나님의 선지자를 만날 수 없게 되자, 엔돌에 있는 신접한 무당에게 찾아가 장래에 대하여 물어 보는 일을 하게 됩니다. 그러자 엔돌에 있는 그 무당이 죽은 사무엘을 불러 올렸다고 성경은 기록하고 있습니다.

땅으로부터 올라온 사무엘이 진짜 사무엘이었을까요? 성경은 죽은 영혼이 무덤 속에서 잠자고 있다고 분명하게 가르치고 있지 않습니까? 만일 사무엘이 죽어서 돌아올 수 있다고 가정한다해도 왜 그가 땅에서부터 올라오겠습니까? 혹 그렇다면 하늘에서 내려와야 하지 않습니까…. 그러므로 우리는 이 무당의 역사가 마귀의 역사였으며 사탄이 사무엘을 가장하여 사울 왕에게 나타났었다는 사실을 쉽게 알 수 있게 되는 것입니다.

신명기 18장 9-14절과 레위기 20장 6,27절에서 신접한 자나 혼을 초청해 오는 초혼자나 무당들을 돌로 쳐 죽이라고 말씀하신 하나님께서 신접한 무당을 통하여 사울 왕에게 말씀하셨을까요? 도무지 있을 수가 없는 일입니다. 시편 146장 4절은 사람이 죽으면 흙으로 돌아가 그 당일에 모든 하는 일이 소멸한다고 말씀하고 있으며, 전도서 9장 5절도 죽은 자는 아무 것도 모른다고 가르치고 있고, 욥기서 7장 9,10절은 "구름이 사라져 없어짐 같이 음부로 내려가는 자는 다시 올라오지 못할 것이오니 그는 다시 자기 집으로 돌아가지 못하겠고 자기 처소도 다시 그를 알지 못하리라"고 말씀하고 있지 않습니까!

이와 마찬가지로 죽은 마리아가 나타나 계시를 준다고 하는 사실은 하나님의 말씀과 맞지 않는 일인 것입니다. 에녹이나 엘리야는 살아서 승천하여 하늘에 올라갔다고 성경은 가르치고 있습니다. 또한 모세는 부활하여 하나님께서 그를 하늘로 데리고 가셨습니다. 그렇기에 엘리야와 모세가 변화산상에 나타나 예수님과 대화하는 장면을 제자들이 목격하였다고 성경은 말씀하고 있는 것입니다.

그러나 성경 어디에도 예수의 모친 마리아가 부활하였다든지 승천하였다는 말씀을 전혀 찾아 볼 수가 없습니다. 그러므로 현재 세계 도처에 나타나고 있는 마리아의 출현들과 계시들이 전혀 하나님의 역사일 수가 없다는 결론을 내릴 수 있습니다. 마귀는 먼저 성경적이 아닌 잘못된 가르침을 먼저 교회에 소개한 다음에 오류를 믿는 사람들에게 초자연적인 현상이나, 천사의 모양, 또는 성모 마리아나 혹은 다른 영들의 모습들로 나타나 사람들을 미혹하고 기만하고 있는 것입니다. 그러므로 우리가 하나님의 성경 말씀의 진리 위에 기초를 든든하게 세우고 서 있어야지만 이 마지막 시대에 범람하는 사탄의 기만술과 미혹들에 속아 넘어가지 않을 수가 있습니다.

성경공부
성령의 역사
4장

기독교회에 들어온 뉴에이지

뉴에이지 운동의 방향과 그 정체

제1부 윌 베른씨의 간증 "나는 이렇게 뉴에이지에 입문하였다!"

1. 빗나간 그리스도인 신앙

나는 영국 소도시에 있는 크리스천 가정에서 태어나서 성장하였습니다. 나의 아버지는 작은 교회의 목사였지만, 나는 성경 진리에 대해서 깊이 이해하지 못한 상태로 성장하면서 성경 말씀에 대한 회의와 냉담함이 마음을 채우게 되었습니다. 또한, 중 고등학교 시절, 학교 선생님들이나 친구들이 내가 믿는 종교를 우습게 여기고, 농담거리로 조롱하는 말들을 들으면서 그리스도인으로서의 나의 생애를 부담스럽게 생각하게 되었습니다.

이러한 좌절과 스트레스는 청소년기의 나에게 매우 견디기 어려운 짐이 되었습니다. 16세가 되던 어느 날 아침, 나는 학교 강당에서 심한 공포감 속에서 호흡이 곤란해지고 가슴이 조여 드는 것과 같은 고통을 느끼게 되었습니다. 그 이후로 나는 딴사람이 되기 시작하였습니다. 의사는 안정제를 주면서 쉴 것을 권했지만, 내 병의 근원을 대답해 주지 못했기 때문에 나는 실망하였습니다. 나는 내 병을 치료하기 위해서는 인간의 심리에 대한 이해가 필요하다고 생각하였습니다. 이러한 와중에 나는 대학에 입학하게 되었고, 대학 친구들과 몰려다니면서 술과 록 음악에 몰두하게 되었습니다. 비록 나의 몸은 일주일에 한 번씩 교회에 갔지만, 실제적인 면에 있어서 나와 그리스도와의 관계는 완전히 끝나 있었습니다. 대학을 졸업한 나는 좋은 직업과 풍부한 경제적 여유 속에서 인생의 쾌락을 즐겼고, 결국에는 일주일에 한 번 나가던 교회도 더 이상 나가지 않기로 결심하였습니다.

2. 시작은 정신 심리학에서부터

나는 모든 종교로에서 잠시 해방되고 싶었습니다. 차라리 종교가 없는 생활이 형식적인 종교 생활보다 낫다고 생각했던 것입니다. "오늘은 먹고 마시자, 내일이면 죽으리"라는 것이 내 삶의 목적이 되었습니다. 그러나 여전히 나의 삶은 진정한 행복과 보람이 없었습니다. 그리스도 종교가 나를 얽매는 멍에인 줄 알았지만, 종교를 버리고 난 후에도 진정한 평화는 맛볼 수 없었습니다. 불안과 우울함은 점점 더 깊어 갔으며, 십대에 느꼈던 공포와 긴장이 다시 나를 엄습해 왔습니다. 평화와 행복을 얻으려고 나는 또다시 정신 심리학에 대한 책들을 읽어보기로 결정하였습니다. 그러다가 도서관에서 작은 책이 나의 관심을 끌었습니다.

그 책은 정신치료사인 피터 브라이디가 기록한 "긴장 질환"이라는 책인데, 그 책에서 그는 질병의 원인과 치료법에 대하여 논하면서 뉴에이지 사상을 전체적으로 다루고 있었습니다. 몸과 마음과 정신은 서로 연관된 것이므로, 몸을 치료하기 위해서는 마음을 먼저 치료해야 한다는 개념을 소개하면서, "전체적인 균형, 전체적인 건강"이라는 표현을 사용하고 있었습니다. 그는 "에너지, 균형, 전체"라는 말을 강조하면서 뉴에이지의 치료 개념을 설명하였습니다. 나는 그가 제시하는 이러한 개념을 매우 좋은 개념이라고 생각하였습니다. 그 책의 끝 부분에서 그는 일반 의학에서 거의 취급하지 않는 침술 요법, 요가 요법, 명상 요법, 영매 수술, 환생, 그리고 수정 점과 같은 신비로운 치료법을 소개하였습니다. 나는 그 책에서 뉴에이지 운동(새시대 운동)이라는 말을 처음 알게 되었습니다. 나는 처음에 그것이 무슨 뜻인지를 알지 못했으며, 그러한 신비적인 마술과 같은 것에는 마음을 빼앗기지 않은 채 건강의 회복에 필요한 정보만을 취하기로 결심하였습니다.

3. 건강 요법을 통한 뉴에이지 입문

긴장 질환이라는 책의 끝에서 나는 "뉴에이지 건강 협회"라는 단체가 런던에 있다는 사실을 알게 되었습니다. 이 건강법에 대하여 좀 더 자세한 정보를 얻기 위하여 그 단체의 창시자를 만나보기로 하였습니다. 그 단체의 지도자인 마르커스 맥코스런드 대령은 매우 친절하고 사려가 깊은 사람이었습니다. 그는 미국에서 영국으로 도입된 새로운 심리학에 대해서 말해 주었습니다. 그가 특히 관심이 있는 방면은 정신적인 치료를 통해서 육체의 암을 치료하는 것이었습니다. 그는 나의 심리적 우울증의 원인을 설명하면서 다음과 같이 말했습니다. "내가 확신하는 바는 당신은 지금 당신이 전생에서 얻은 것을 되풀이 하고 있는 것에 불과합니다." 나는 깜짝 놀라면서, "아니, 전생이 있다는 말입니까?" 그는 대답하였습니다. "그렇고말고요. 나는 전생이 있다는 사실을 확신합니다. 사실, 우리는 모두 여러번 환생하고 있는 것입니다." 나는 어리둥절하였습니다. 환생의 개념에 대해서 전에 들은 적은 있지만, 이처럼 확신있게 말하는 것을 들어

본 적이 없었습니다. 나는 그가 이 방면에 대해서 전문가였기 때문에 그의 말을 부인할 수 없었습니다. 그의 집을 떠날 때에 나는 전생에 대하여 많은 흥미를 갖게 되었습니다. 전생에 대한 연구는 현세를 성공적으로 이끌어 갈 수 있는 열쇠가 될 수 있다는 가능성을 엿보게 되었고, 이때부터 나는 뉴에이지 운동에 서서히 말려 들어가게 되었습니다.

그때 이후부터 나는 뉴에이지에 관한 수많은 책을 독파하였으며, 뉴에이지 운동에 깊이 참여한 사람들의 신비적 경험을 동경하게 되었습니다. 뉴에이지 운동가들은 나처럼 심한 질병으로 고통 당하는 사람들에게 새로운 건강요법을 소개해준다고 말하면서, 그들의 사상과 철학을 환자들에게 주입시킵니다. 환자들은 현세에서의 건강과 성공을 약속해 주는 듯한 뉴에이지의 개념과 신비적인 기적에 깊이 몰입하게 됩니다.

4. 심리학에서 신비주의로

심리적 공포와 영혼의 불안 속에서 고통 당하고 있던 나는 뉴에이지를 통하여 심령의 내적 평화를 얻고자 하였습니다. 그리고 뉴에이지 철학이 약속하는 잠재능력의 계발을 통하여 인생을 성공적으로 살고자 하였습니다. 나는 여러 가지 모임과 세미나에 참가하는 동안, 뉴에이지에 관한 진보된 정보를 얻기 위해서는 미국의 로스앤젤레스로 이사 가야만 한다는 결론에 도달하게 되었습니다. 로스앤젤레스에서 나는 뉴에이지 사상을 전하는 잡지를 구독하면서, 점점 더 깊숙이 뉴에이지의 중심 사상으로 끌려 들어가게 되었습니다. 전생에 관한 흥미와 더불어 나의 운명에 대하여 통찰력 있는 충고를 해줄 수 있는 특별한 영력을 가진 사람과 만나서 이야기 하고 싶었습니다. 나의 심령 깊숙이 꿰뚫어 보면서 지혜와 지식을 나누어 줄 수 있는 사람과 만나고 싶었습니다. 내 영혼을 괴롭히는 고통의 이유와 원인에 대하여 설명해 줄 수 있는 특별한 사람과 상담하고 싶었습니다.

그러던 어느 날 나는 뉴에이지 잡지에 실린 광고에서 심령집회가 있다는 소식을 접하게 되었습니다. 그 모임의 이름은 "빛이 비치는 길"이었는데, 그곳에서는 초자연적인 능력을 체험하는 곳이었습니다. 나는 영매에 관한 문제에 있어서는, 기만과 사기가 많이 난무하고 있다는 사실을 알고 있었기 때문에, 그 모임의 진실성 여부를 잘 관찰해 보려고 하였습니다. 나는 싸구려 점쟁이와 만나기를 원한 것이 아니라, 특별한 능력을 가진 사람을 만나기 원했기 때문입니다. 정해진 날짜가 되자, 나는 산타모니카의 깊은 골짜기로 차를 몰았습니다. 그 심령집회 장소는 티벳 사람들이 사용하는 동양식 차임벨의 소리로 인하여 신비감이 깃들어 있었습니다. 실내에 들어서자, 은은한 향내가 흘렀으며, 매우 거룩한 곳이라는 느낌을 받았습니다. 어떤 중년 부인이 미소로 나를 맞이하였고, 나는 그녀에게 "안녕하십니까? 나는 이곳의 지도자를 만나고 싶어서 왔습니다."라고 말했습니다. 그녀는 말하기를 "내가 이곳의 지도자입니다. 나의 이름은 뮤리얼입니다. 무엇을 도와 드릴까요?"라고 말하면서, 나를 작은 탁자가 있는 방으로 안내하였습니다. 그녀가 앉은 의자 뒤에 걸려 있는 페퍼 대학교의 석사학위증과 개인 상담 및 가정상담사 자격증을 보면서, 그녀에 대한 학문적 신뢰감이 생겼습니다.

나는 뮤리얼에게 단도직입적으로 물어보았습니다. "나는 심오한 영매와 상담을 하고자 합니다. 그런데 이곳은 종교단체입니까?" 뮤리얼은 대답했습니다. "아니요, 우리는 종교인이 아니라, 영적인 사람입니다. 무엇을 도와 드릴까요?" 나는 나의 궁금한 점들을 이렇게 말했습니다. "나는 내 삶의 방향을 알고 싶으며 내가 어디로 가고 있는지를 알고 싶습니다." 그녀는 곧 한 벌의 트럼프를 꺼냈는데, 나는 그것이 점치는 카드임을 알았습니다. 나는 "뮤리얼, 나는 우주계에서 직접 오는 영매의 음성을 듣기 원합니다. 그런 카드 점 따위는 원치 않습니다." 뮤리얼은 대답했습니다. "나는 하늘의 영기를 열어서 아카쉬 기록을 열람하기 위하여 단지 카드를 사용할 뿐입니다. 하늘에는 영원히 보관되는 기록이 있습니다. 그것은 우주의 거대한 컴퓨터와 같은 것입니다. 나는 단지 카드를 사용해서 마스터들과 교통하려는 것일 뿐입니다. 그러나 만일 당신이 카드를 원치 않는다면, 그것을 사용하지 않을 수도 있습니다." 뮤리얼은 곧 눈을 감더니 깊은 명상의 세계로 들어갔습니다.

그녀는 온 마음을 기울여 자신의 내적 세계에서 들려오는 어떤 음성을 들으려고 정신을 집중하였습니다. 얼마 후, 그녀는 눈을 감은 채 자신이 한 번도 만나본 적이 없는 나의 부모들과 형제들의 모습과 그들의 개성들을 묘사하기 시작하였습니다. 뿐만 아니라 영국에 있는 나의 친구들의 모습과 관계를 상세하게 말했습니다. 그녀는 대백과사전을 읽어 내려가듯 신비스런 정보들을 말했습니다. 나는 나만이 알고 있는 어떤 사건들에 대해서 물어보았지만, 그녀는 그러한 사건들의 경위와 원인을 소상하게 말해 주었습니다. 나는 이마에서 땀방울이 떨어지는 것을 느낄 수 있었습니다. 나는 그녀의 영지 능력에 굴복할 수밖에 없었습니다.

뮤리얼의 영매 독경은 약 한 시간쯤 계속되었습니다. 명상을 통한 영매 독경을 끝맺으면서, 뮤리얼은 예쁜 팜플릿을 건네주면서 내주 수요일에 있는 저녁 집회에 참석하라고 권했습니다. 나는 명상을 통하여 우주의 거대한 컴퓨터인 "아카쉬 기록"을 자유롭게 열람하는 뮤리얼의 능력에 매료되었습니다. 또한, 그녀가 말한 환생과 전생에 대하여 많은 흥미를 가지게 되었습니다. 만일 나도 뮤리얼처럼 그러한 능력을 얻을 수만 있다면, 인생의 본질에 대한 수많은 질문에 대한 답을 찾을 수 있을 것이라고 생각하였습니다. "왜 어떤 사람은 비참한 질병과 가난 속에서 태어나고, 어떤 사람은 건강과 행복 속에서 일생을 살다가 가는가?" 이러한 불공평에 대한 해답이 뉴에이지 속에 감추어져 있다고 믿게 되었습니다.

사람은 여러 번의 환생을 통하여 그때마다 새로운 운명을 가지고 살게 되므로, 결국에는 모든 사람이 골고루 행복과 고통을 맛보는 가운데 환생을 거듭하게 되는 것이라는 뮤리얼의 설명에서 인생의 불공평함에 대한 대답을 찾았다고 생각하였습니다. 나는 뉴에이지의 명상을 통하여 신비한 능력을 얻게 되기를 원했으며, 그것을 통하여 나 자신의 생애를 변화시키고, 인간의 이상적 운명을 이룩하게 되기를 소원하게 되었습니다. 나는 영매의 마력에 깊이 빠져들게 되었습니다.

5. 명상 속에 숨겨진 치명적인 기만

나는 뮤리얼이 교통하는 마스터(Master)가 누구인지 알고 싶었습니다. 그 마스터와 교통함으로써 나도 뮤리얼처럼 영매의 능력을 소유하기를 원했습니다. 그래서 매주 수요일마다 저녁집회에 참석하기로 하였습니다. 수요일 저녁 집회에는 12명 가량이 모였는데, 25세부터 50세에 이르기까지 다양한 연령층이 참석했으며, 전문직에 종사하는 사람, 사무직, 노무자, 가정주부 등으로 구성되었습니다.

첫 강의에서 뮤리얼은 "사랑과 빛과 환희의 황금 시기인 수 병자 별자리 시대 즉, 뉴에이지 시대가 다가오고 있습니다. 새로운 천년기는 새시대 운동가들의 시대가 될 것입니다. 아니 사실은, 이미 그 시대가 도래하였다고 말하는 것이 정확한 표현일 것입니다. 그러므로 우리는 우주로부터 오는 힘을 받아서 인류의 평화에 기여해야 합니다."라는 말로 강의를 시작하였습니다. 그리고 뉴에이지의 핵심 이론 중의 하나인 명상 기법을 다음과 같이 설명하였습니다. "일반적으로 사람에게는 낮은 자아와 높은 자아가 있습니다. 낮은 자아는 살아남기 위해서 열심히 일하거나 쾌락에 열중하기를 원합니다. 고독을 메우기 위해서 친구를 찾게 만들고, 결혼하여 가정을 꾸미려고 생각합니다. 그러나 뉴에이지는 이러한 낮은 수준에서 벗어나 더 높은 차원으로 여러분을 인도해 줄 수 있습니다.

하나님은 낮은 자아가 아니라 높은 자아(고등 자아, Higher self)를 통하여 우리와 교통하십니다. 그러므로 우리가 더욱 높은 자아를 계발하지 않으면, 우리는 하나님을 만날 수도 없고 우주의 의식 세계와 연결될 수 없습니다. 보통 인간의 지능보다 훨씬 더 높은 이 우주 세계의 의식과 접촉하기 위해서 여러분은 낮은 자아와 고등 자아 사이에 다리를 놓아야 합니다. 바로 이러한 이유 때문에 뉴에이지는 그것을 대표하는 표로서 아치형 무지개를 사용하고 있습니다. 낮은 자아로부터 고등 자아로 올라가는 이 아치를 받기 위해서 여러분은 날마다 명상을 실천해야만 합니다.

"우주에 있는 지적 존재들은 어떤 힘을 지구로 보내고 있는데, 그 힘은 매우 민감하고 강력한 것입니다. 그것이 인간의 영성을 자극하고 챠크라스를 통하여 우리 신체의 기능에 영향을 줍니다." 여기서 나는 "챠크라스"에 대하여 질문하였습니다. 뮤리얼은 곧이어서 "챠크라스"에 대하여 설명해 주었습니다. "챠크라스는 신체 신경의 중심입니다. 다섯 개의 신경 센터가 척추에 자리 잡고 있으며, 여섯 번째 챠크라스는 우리의 앞이마 쪽에 자리를 잡고 있습니다. 이 여섯 번째의 챠크라스는 매우 중요한 것인데, 뉴에이지 지망생들은 이것을 통하여 우주의 힘을 받게 됩니다. 우주의 힘이 명상을 통하여 여섯 번째 챠크라스를 통하여 들어올 때마다 민감한 변화가 인간의 생리와 세포에서 일어나고, 그때마다 여섯 번째 챠크라스는 더욱더 큰 능력을 소유하게 됩니다. 그리하여 반복되는 명상을 통하여 우리는 전에 일찍이 경험하지 못한 새로운 기능과 능력을 발휘할 수 있게 되는 것입니다."

나는 정신 없이 그녀의 강의에 몰두하였습니다. 동양의 수도승들이 그토록 어려운 고행을 해가면서 명상에 매달렸던 이유를 이제야 깨닫게 되었습니다. 그들은 명상을 통하여 우주로부터 오는 힘을 받고자 했던 것입니다.

뮤리얼의 차원 높은 강의는 계속되었습니다. "그러므로 우리는 자신을 완전히 비우고 온몸과 마음을 하나님께 바침으로써 낮은 자아를 초월해야만 합니다. 자신의 목적이 우주에 계시는 하나님을 찾는 열망으로 채워지고 자신의 뜻이 하나님의 뜻에 완전히 복종될 필요가 있습니다." 여기서 나는 "어떻게 우리가 하나님의 뜻을 알 수 있습니까?"라는 질문을 뮤리얼에게 던졌습니다. 뮤리얼은 대답하였습니다. "우리는 사람에게 말씀하시는 하나님의 음성을 들을 수 있어야만 합니다. 그런데 하나님의 음성은 사람의 귀로 들을 수 있는 음성이 아닙니다. 하나님은 마스터들을 통하여 고등 자아에게 말씀하십니다. 마스터는 우리의 낮은 자아가 원하지 않는 일을 시킬 수도 있습니다. 옛 개성, 이기적인 자아는 하나님의 뜻에 저항하기 때문입니다. 그러므로 우리는 우리의 고등 자아에게 말씀하시는 하나님의 뜻을 신뢰하는 마음으로 우리의 뜻을 버려야 합니다."

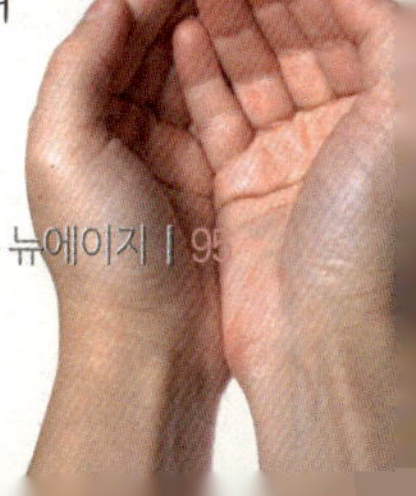

뮤리얼의 이러한 강의는 기독교회의 배경을 가진 나에게 매우 그럴듯하게 들렸습니다. 기독교회에서는 육체의 소욕과 양심에 들리는 성령의 음성 사이에서의 갈등이, 새시대 운동에서는 낮은 자아와 마스터를 통하여 고등 자아에 들려지는 하나님의 뜻 사이의 갈등으로 표현되고 있음을 보게 되었습니다. 그러나 그때 나는 이 둘 사이에 너무나 엄청난 차이가 있다는 사실을 몰랐습니다. 성경에서 말하는 그리스도인의 명상은 하나님의 말씀인 성경 말씀으로 마음을 채우고 그것을 음미함으로써, 그 속에서 하나님의 뜻을 발견하는 것임에 반하여, 뉴에이지의 명상은 마음을 완전히 비운 다음, 그 비워진 마음에서 들려오는 마스터의 음성을 듣는 것입니다. 사탄은 인간의 비워진 마음에 들어가서 자신이 원하는 메시지를 마음대로 말해줍니다. 이때 사람은 자신의 마음속에서 들려오는 음성을 전적으로 하나님의 음성으로 받아들이게 됩니다. 그래서 그 음성이, 성경이 말하는 진리와 어긋나는 것일지라도 아무런 의심 없이 그것을 하나님의 뜻으로 받아들이게 됩니다.

기적을 추구하며 감정적 신앙을 가진 어떤 기독교인들이 기도와 명상 중에, 그리고 꿈을 꿀 때에 보거나 들은 모든 것을 성경 말씀으로 검증하는 일 없이 무조건 하나님의 계시나 뜻으로 받아들이는 것처럼, 뉴에이지인들도 마스터가 고등 자아에게 속삭이는 모든 말을 무조건 하나님의 말씀으로 받아들입니다. 그 결과, 뉴에이지의 명상에 깊이 빠져 있는 사람은 사탄의 음성을 아무런 망설임도 없이 하나님의 음성으로 받아들이게 되는 놀라운 기만 가운데 빠지게 됩니다. 나는 뉴에이지에서 배운 명상을 통하여 비워진 내 마음을 완전히 사탄의 손에 내어주는 치명적인 실수를 범하게 되었습니다.

6. 힌두교에서 도입한 뉴에이지 명상

뮤리얼은 명상의 방법에 대해서 구체적으로 설명하였습니다. "허리를 똑바로 세우고 앉은 다음에 하나님 앞에서 힘을 풀고 평안한 마음을 가지세요." 나는 내가 어떤 사교에 빠진 것이 아닌가 해서 불안했지만, 내가 아직 이런 분위기에 익숙하지 않아서 그렇겠지 라고 자위하였습니다. 상황이 의심스러워지면 언제든지 오지 않으면 된다고 생각했습니다. 뮤리얼의 설명은 계속되었습니다. "태양에서 오는 황금 광선을 상상하세요. 그것이 당신에게 비친다고 상상하세요. 천천히 숨을 깊이 들이키면서, 빛의 소나기처럼 당신의 머리 위에 폭포처럼 쏟아지는 빛을 그려보세요. 이 광선의 빛이 마음의 챠크라스의 꽃잎 세 개를 열어 줄 것입니다." 이러한 명상 기법은 힌두교도들의 명상에서 도입된 것입니다. 힌두교도들은 이 마음의 꽃잎을 연꽃으로 표현합니다. 뮤리얼은 하늘에서 내려오는 빛을 포착하기 위하여 숨 쉬는 법을 단계적으로 가르쳐 주었습니다.

뮤리얼은 말했습니다. "긴장을 푸세요. 여러분의 마음에 어떤 것이 떠오를 때 그것을 말해 보세요. 명상 중에 여러분의 마음에 어떤 음성이 들려지면, 그것을 여러분의 고등 자아에 주는 하나님의 기별로 받아들이세요. 자, 이제는 래리 씨부터 말해 보세요." 나는 여러 사람 앞에서 무안을 당할까 봐 겁이 났습니다. 그러나 뮤리얼은 조용히 주문을 외우면서 각 사람의 명상 상태를 체크하기 시작하였습니다. 뮤리얼은 래리 씨에 대해서 이렇게 말했습니다. "래리가 황금빛에 싸여 있는 것을 내가 봅니다. 왜냐하면, 나는 그녀의 고등 자아와 연결되었기 때문입니다. 우리의 사랑하는 마스터 예수의 능력에 의지하여 요청하노니 래리를 통하여 우리에게 당신의 기별을 전해 주소서." 곧이어서 래리 씨는 입을 벌려서 마스터가 전하는 기별을 우리에게 대변해 주기 시작하였습니다. 한 사람씩 돌아가다가 마침내 내 순서가 되자, 갑자기 나의 앞이마 내부에서 밝은 빛이 켜지는 것을 느낄 수 있었습니다.

나는 처음에는 누군가 방의 불을 켰다고 착각했습니다. 그래서 눈을 살짝 떠보았더니 방은 어두운 그대로였습니다. 나는 다시 눈을 감고 그 밝은 빛을 마음의 눈으로 보기 시작했습니다. 나의 긴장은 풀리고 평안한 기분이 전신을 유쾌하게 만들었습니다. 이 신비로운 현상이야말로 우주의 힘이 나에게 임하고 있다는 증거라 생각했습니다. 그때 내 마음속에 분명한 한 음성이 들렸는데, 그것은 "서로 사랑하라"는 것이었습니다. 그래서 나는 입을 벌려서 그 음성이 말하는 것을 반복하였습니다. 이렇게 해서 모든 회원이 한 사람씩 마스터의 메시지를 대변하였고, "음~"을 세 번 제창하고 주문을 외우는 것으로 저녁 집회를 끝마쳤습니다.

제2부 윌 베른씨의 간증
"나는 이렇게 뉴에이지에 속았다!"

1. 뉴에이지 하에서 하나로 연합될 수 있는 이유

어느 수요일 저녁 집회 때, 뮤리얼은 자신과 교통하는 마스터를 우리에게 소개해 주었습니다. 뉴에이지는 유일신이 아니라 여러 가지 신을 믿는데, 이것 역시 힌두교의 사상에서 유래된 것이라고 말할 수 있습니다. 하나님이 계시지만, 그 밑에 여러 신 즉, 마스터들이 존재해서 인간들과 교통한다는 것입니다. 뮤리얼과 교통하는 마스터의 이름은 졸콜이었습니다. 그날 뮤리얼은 명상에 들어가더니 잠시 후에 졸콜의 메시지를 우리 모두에게 대변해 주었습니다. "사랑이 우주에서 가장 위대한 힘이라는 사실을 잊지 말라. 오늘 나의 기별을 듣는 너희의 마음속에 나의 친구인 마스터 예수의 가르침을 간직하라. 그가 2천 년 전에 이 땅을 거닐었을 때에 그가 가르쳤던 것처럼 원수까지도 사랑해야 한다는 가르침을 기억하라. 뉴에이지의 힘이 온 세상에 내려지고 있으므로 모든 인류는 형제애를 가지고 사랑을 실천하라."

뮤리얼의 마스터인 졸콜은 예수 그리스도를 마스터 중의 하나로서 소개하였습니다. 바로 이러한 이유 때문에 뉴에이지 사상아래에서는 어떤 종교도 받아들여질 수 있는 것입니다. 불교의 윤회, 힌두교의 명상 및 환생, 기독교회의 마스터 예수, 그리고 온갖 기적과 계시를 통하여 주어지는 마스터의 메시지를 통하여 모든 종교는 하나로 묶여질 수 있는 것입니다. 뉴에이지는 모든 종교가 결국 하나이며, 모든 종교에서 믿는 신도 결국에는 동일한 마스터들이라고 가르칩니다. 예수 그리스도도 마스터 중의 하나이며, 마호멧도 마스터 중의 하나이고, 힌두교에서 믿는 신도 마스터 중의 하나라는 사상입니다. 이러한 사상 속에서 미국 인디언들의 토속 신앙과 기독교회가 하나로 연합될 수 있다는 결론을 내리는 것이 뉴에이지인들의 사상입니다. 고등 자아를 통해서 들려오는 마스터의 요구에 굴복하는 생애를 여러 번 되풀이 하는 환생을 하면 인간도 마스터가 될 수 있다는 가능성을 제시하는 것이 뉴에이지의 매력 중의 하나입니다. 바로 이러한 이유 때문에 뉴에이지인들은 "당신도 신이 될 수 있다"고 가르칩니다.

2. 날 사로잡은 명상의 능력

그날, 우리는 명상을 통하여 주어진 마스터의 기별을 서로 말해 주는 시간을 가졌습니다. 뮤리얼은 다음과 같이 우리를 인도하였습니다. "오늘은 세 명씩 나누어서 명상에 들어가겠습니다. 여러분의 고등 자아를 통해 오는 영적 기별을 서로에게 전해 주십시요." 회원들은 뮤리얼의 지시대로 3인조씩으로 나누어졌습니다. 나는 두 여인과 같은 조에 속하게 되었습니다. 그 중 한 여인의 이름은 로지인데, 20대 중반의 아름다운 숙녀였습니다. 우리 셋은 카펫트에 앉은 다음, 로지로부터 시작하여 나에 관한 기별을 전해 주기로 했습니다. 우리는 모두 눈을 감고 명상에 몰입하기 시작했습니다. 다른 여인이 말했습니다. "나는 로지가 황금빛 속에 들어섰음을 본다. 마스터 예수의 빛이 로지의 고등 자아에 비추어지고 있다. 로지는 이제 윌 베론에게 지혜의 기별을 전해 줄 수 있다."

그 여인의 말이 끝난 후 조금 있다가 로지가 나에 대한 기별을 전해 주기 시작했습니다. "당신은 요새 어떤 여자를 생각하고 있다. 그녀가 과거에 당신의 생애에 많은 영향을 주었는데, 그녀의 이름은 제니이다." 나는 거의 기절할 뻔하였습니다. 제니는 내가 영국에 있을 때 알았던 여인이었기 때문입니다. 로지는 말을 계속해서 이어나갔습니다. "그녀는 긴 검은 머리칼을 가졌다. 그녀와의 관계는 로맨스가 아니라 우정적인 것이었지만, 그녀가 당신에게 미치는 영향은 매우 강한 것이었다." 나는 완전히 기가 질리고 말았습니다. 나는 과거 3년 동안 제니와 연락이 끊어진 상태였습니다. 나는 그녀를 내 생애에서 큰 영향을 미친 사람으로 생각하고 있었습니다. 그녀는 뉴에이지의 신봉자였고, 나에게 점성술을 가르쳐 주었습니다. 나는 로지가 무슨 기별을 더 전해줄 지에 대해서 기대했습니다. "당신은 그녀를 다시는 만나지 않게 될 것이다"라는 말로서 기별을 마쳤습니다. 그 모임이 끝난 후, 나는 고등 자아를 통해서 우주 영역에 속해 있는 어떤 신비도 캐어낼 수가 있다는 확신을 할 수 있게 되었습니다. 명상할 때에 머릿속에 환한 불이 들어오는 현상과 로지가 나에게 들려준 기별 전수는 나로 하여금 뉴에이지를 더욱더 깊이 받아들이게 하였습니다.

3. 고등 자아의 노예 생활

나는 내가 사랑하던 여자 친구인 캐디에게 슬픈 이별의 소식을 전할 수밖에 없었습니다. 왜냐하면, 어제 저녁 시간에 가진 명상에서 나의 고등 자아는 내가 캐디와 이별해야 한다고 말했기 때문입니다. 나는 깊은 고민 가운데 빠졌습니다. 그러나 그녀에게 절교하자고 말하기로 결심했습니다. 그녀는 눈물을 흘리면서 이유를 물었지만, 나는 "그것이 운명이다."라는 말 밖에 할 수 없었습니다. 하루는 갑자기 내 차의 엔진이 망가졌습니다. 나는 엔진 피스톤이 손상되었음을 알고, 피스톤을 교환하려고 했지만, 나의 고등 자아는 내게 새 차를 사라고 말했습니다. 아침 명상 시간에 고등 자아인 내적 음성은 내게 이렇게 말했습니다. "너는 낡은 차를 고치느라고 많은 시간을 허비하지 말고, 새 승용차를 사야만 한다. 그래야 너는 시간을 명상과 뉴에이지 서적에 바칠 수 있다. 너는 너 자신의 생각을 버려야만 한다." 나는 나 자신의 어리석은 생각을 버리지 않고서는, 고등 자아인 내적 음성에 굴복할 수 없음을 깨달았습니다. 그리고 고등 자아의 음성에 굴복하지 않으면, 내 생애에서 어떤 변화도 기대할 수 없다는 결론에 도달하게 되었습니다.

며칠 후 명상 시간에 고등 자아는 내게 심지어 어떤 차를 사야 한다는 것까지도 지적해 주었습니다. "플리머스 챔프를 사라. 마스터는 네가 챔프를 갖기를 원하고 있다." 그러나 나는 오래전부터 갖고 싶었던 씨로코를 사고자 하였습니다. 그러나 고등 자아는 내가 자동차 딜러의 세일즈 맨과 이야기 하는 동안에도 내게 "왜 순종하지 않는가? 우리가 너에게 이미 챔프를 사라고 지시하지 않았는가? 너는 왜 쓸데없는 시간을 소모하고 있니? 플리머스 챔프를 사라." 나는 놀랐습니다. 나는 내적 음성의 집요함에 놀랐습니다. 그 음성에 굴복할 때까지 나는 평안을 누릴 수 없었습니다. 몇 달 동안 꾸준히 명상을 실천한 결과, 나는 조용한 내적 음성을 더욱더 분명하게 들을 수 있었습니다.

이때 이후부터 내가 하나님의 참 진리를 발견하고 진정한 그리스도인으로 개종할 때까지, 나는 이사 가는 장소와 시기, 뉴에이지 기관에 헌금하는 날짜와 금액, 그리고 심지어는 직장을 옮기는 일에까지 나의 고등 자아가 지시하는 요구대로 움직이는 삶을 살아야만 했는데, 어떤 때는 고등 자아에서 들리는 말이 부도덕하고 잘못된 것일지라도 그것을 하나님의 음성으로 받아들여야만 하였습니다. 때때로 무서울 정도로 집요하게 들려오는 마스터의 뜻을 거절하고 순종하지 않을 경우, 나는 심한 불안감과 우울증으로 시달리기도 하였습니다. 이러한 경우 불안과 우울증에서 벗어나기 위하여 억지로 고등 자아를 통하여 들려오는 마스터의 요구에 굴복해야만 하였습니다. 고등 자아의 부당한 요구를 거절할 때마다 "너는 내 제자로서 좁은 길을 걸어야 한다. 너 자신을 부인하라."는 말로 나를 설득하였습니다. 내 생활은 과다한 헌금과 무리한 생활 계획으로 인하여 엉망이 되었고, 이것은 내게 견디기 어려운 물질적, 정신적 부담을 가져다 주었습니다. 이런 고통 속에서도 나는 내가 체험하는 초자연적 경험에 이끌려 뉴에이지의 기만에서 벗어날 수 없었습니다.

4. 내 앞에 나타난 마스터

만일 당신이 방에 혼자 있는데, 갑자기 찬란한 황금빛의 빛나는 어떤 존재가 당신 앞에 나타나는 장면을 상상해 본 적이 있습니까? 1981년 10월 30일 아침, 명상을 하려고 앉았습니다. 힌두교나 불교에서 하는 식으로 나는 척추를 곧바로 세우고 가부좌를 틀었지만, 어렸을 때에 다친 허리의 아픔 때문에 명상을 길게 할 수 없었습니다. 그러나 "명상의 과정을 거치지 않고서는 영계와 교통할 수 없다"는 뉴에이지의 가르침 때문에, 나는 명상을 지속하려고 애를 썼습니다. 허리 통증은 심해만 갔으며, 더 이상 앉아있기가 고통스러웠습니다.

그런데 갑자기 내가 이전에 한 번도 경험하지 못했던 어떤 물리적 힘이 내게 작용하기 시작했습니다. 마치 나의 온몸 세포 전체에 찬란한 광선이 스며드는 것처럼 느껴졌으며, 나의 뇌는 일천 와트짜리 전등을 켜놓은 것처럼 환한 빛으로 충전되었습니다. 나의 척추와 허리는 전혀 체중을 느끼지 못했으며, 따라서 어떤 고통도 느끼지 않게 되었습니다. 모든 불안은 사라졌고, 어떤 강한 힘이 나의 온 몸을 떠받쳐 주는 듯하였습니다. 나는 체중을 잃고 공중에 떠있는 듯한 느낌을 받았습니다. 나의 마음과 이성은 정상이었으며, 논리적 사고를 할 수 있었습니다.

이러한 분위기 속에서 내 앞에 찬란히 빛나는 사람이 나타났는데, 그는 너무나 아름다운 남자의 모습을 하고 있었습니다. 나의 고등 자아는 이분은 마스터 졸콜이라는 사실을 알려 주었습니다. 졸콜에게서 나오는 빛이 너무나 찬란하였기 때문에 나는 주변에 있는 다른 사물들을 볼 수 없었습니다. 그는 나를 보면서 "안녕하십니까?"라고 말을 건네왔습니다. 그의 입술은 전혀 움직이지 않았지만, 정신적 감응을 통하여 그의 의사가 분명하게 내게 전달되었습니다. 나도 대답했습니다. "안녕하십니까? 나는 나의 영적 투쟁을 위하여 분투하고 있습니다." 나 역시 입술이나 목청을 사용하지 않고, 나의 고등 자아를 통하여 그에게 말하였습니다. 졸콜은 머리를 끄덕이면서 "나도 알고 있습니다." 라고 대답했습니다. 잠시 동안 침묵이 흐른 후에 그는 사라졌습니다. 나의 온몸은 매우 지쳤으며 나른해졌습니다.

그날 아침의 경험을 통하여, 나는 엘리스 베일리의 저서에 기록되어 있는 대로 "명상의 연구에 헌신한 지망생들은 그 노력의 대가를 받게 될 것이다."라는 의미가 무엇인지를 깨닫게 되었는데, 그것은 고등 자아를 통해서 들려오는 마스터의 요구에 신실하게 순종하는 뉴에이지인들은 마침내 마스터의 제자로 부름을 받는다는 것입니다. 나는 나의 마스터 졸콜을 통하여 하나님을 섬길 수 있다는 사실을 특권으로 생각하였습니다.

며칠 전 명상 시간에 나는 자신을 마스터에게 완전히 헌신하는 의미로, 모든 성행위를 금하고 평생을 독신으로 살면서 마스터의 제자의 길을 걷겠다고 서약하였는데, 그것에 대한 보상으로 마스터 졸콜이 내게 자신의 모습을 친히 드러낸 것입니다.

다음 수요일 저녁 집회에서 뮤리얼은 명상 중에 졸콜에게 받은 기별을 내게 전해 주었습니다. "너는 졸콜의 제자가 되었다. 그는 명상을 통하여 너에게 지시를 내리며 잠자는 동안에 너의 마음속에 생각을 심어준다. 전생에 너는 티벳에 있는 졸콜의 사원에서 수도하는 수도승이었다. 네가 이 세상에 환생하기 전에 영계에서 너는 졸콜을 만났다. 거기서 협약이 이루어졌는데, 너는 그의 제자가 되는 특별한 목적을 띠고 환생하기로 동의하였다. 너는 이제부터 엄격한 훈련을 거쳐서 뉴에이지의 특별한 사명을 완수하는 일에 졸콜의 제자가 되기로 서약했다."

마스터 졸콜의 제자가 된 후, 나는 엘리스 베일리의 책을 더욱 깊이 연구하다가, 매우 놀라운 구절을 발견하게 되었습니다. "뉴에이지의 최종 목적은 모든 마스터를 다스리는 마스터이신 그리스도께서 육체로 출현하시는 그의 재림을 위하여 세상을 준비시키는 것이다. 모든 마스터의 의무는 이 재림 사건이 이루어질 수 있도록 사람들의 마음을 준비시키는 것이다. 그러므로 인간의 의무는 그리스도가 이 땅에 출현할 때, 그분을 영접하여 그의 가르침과 권면에 순종하는 것이다."

뉴에이지는 성경에 기록된 대로 말세에 적 그리스도가 이 땅에 출현할 것이라는 예언을 성취하기 위하여 세워진 사탄의 전위부대임이 틀림없습니다. 그런데 한 가지 놀라운 사실은, "천주교회의 교황과 뉴에이지 운동의 세계적 지도자이며 티벳의 고승인 달라이라마는 서로 존경하는 사이이다.", "교황은 회교 지도층인 이란 대통령을 만나서 서로의 종교에 공통점이 있다는 성명문을 발표했다." 그리고 "교황은 진화론에도 영감이 있다고 진술하였다."라는 기사들이 신문에 공공연히 실리고 있다는 사실입니다.

5. 광대한 뉴에이지의 영역과 그 기만

나는 신비주의에 관한 책들에 심취하였습니다. 특히, 뮤리얼이 소개해준 엘리스 베일리가 저작한 "천사의 마법"이란 책은 매우 흥미로운 책이었습니다. 그 책의 서문에는 그 책의 저자는 마스터 졸콜이며, 엘리스 베일리는 졸콜의 기별을 대변한 것에 불과하다고 하였습니다. 뉴에이지인들의 탐독서인 엘리스 베일리의 책에서, 마스터 졸콜은 약 350년 전에 티벳에서 출생한 자로서 한 때 티벳 사원의 수도원장이었는데, 명상과 엄격한 수도를 통하여 하늘 영계의 도움을 얻어 불멸의 몸으로 변화되어서 다시는 환생할 필요가 없게 되었다고 기록되어 있습니다.

뉴에이지는 기독교에 동양 종교인 힌두교와 불교, 그리고 심지어는 아메리칸 인디언 토속종교를 가미해서 만들어진 복합 종교입니다. 뉴에이지 사상은 질병의 원인으로부터 시작해서 정신병, 귀신들림, 지능의 계발, 문화, 경제 분야, 그리고 음악에 이르기까지 거의 모든 분야에 그 영향을 미치고 있습니다. 수많은 사람이 뉴에이지 성향의 책들을 읽으면서 자신의 사상과 생애를 꼴 지워가고 있습니다. 나 자신 역시 그러한 책들의 영향을 받아서 마스터들을 위대한 성자로 존경하게 되었으며, 그들과 같은 생애를 살기 위하여 온 생애를 헌신하기로 결심하였습니다. 뉴에이지는 그것을 받아들이는 사람들에게 치료의 능력과 초자연적인 능력을 통하여 성공하는 방법 등을 통하여 현세에서의 행복을 약속해 주는 달콤한 교리를 가지고 있습니다.

6. 뉴에이지 크리스천으로 개종

어느 날 마스터는 명상 중에 내가 철저한 그리스도인이 되어야 한다는 메시지를 주었습니다. 나는 너무나 깜짝 놀라서, 여러 번 그 사실을 확인했지만 내가 기독교인이 되어야 한다는 고등 자아의 음성은 바뀌지 않았습니다. 그는 나에게 기독교인으로서의 사명을 주었는데, 그것은 기독교회에 들어가서 "크리스천 명상 그룹"을 활성화 시키라는 것이었습니다. 마스터는 나에게 모든 구체적인 성서적 가르침을 무시한 상태에서 사랑과 연합을 강조하며, 명상을 통하여 하나님께로부터 직접적인 메시지를 받아야 한다는 가르침을 기독교인들에게 나누어 주라고 하였습니다. 나처럼 뉴에이지의 사상을 가지고 기독교회에 다니는 기독교인을 뉴에이지 크리스천이라고 부릅니다. 나는 기독교인으로서 교회에 나갔으며, 그들과 함께 성경을 공부하였습니다. 물론, 성경 말씀을 뉴에이지 사상에 근거하여 해석하였지만, 어찌되었든지 간에 나는 다른 사람들이 보기에는 거듭난 기독교인으로서 헌신적으로 일하였습니다.

담임 목사에게 명상의 유익함에 대해서 이야기하자, 그는 나에게 명상 그룹을 지도해 보라고 권유하였습니다. 내가 기독교회에 들어와 보니 거기에는 이미 뉴에이지에 물든 목사들과 지도자들이 많이 있었습니다. 그들은 성경에 나타난 하나님의 진리를 정확하게 이해하려고 애쓰기보다는 성령 운동이라는 이름으로 초자연적인 기적을 강조하면서 영계와의 접촉을 시도하는 교회들이 많이 있었습니다. 성경 말씀에 대한 지식이 부족하고 그 가르침을 중요시 하지 않는 사람들에게 뉴에이지의 사상을 주입하기란 매우 쉬운 일이었습니다.

뉴에이지 기독교인으로 개종한 지 얼마 되지 않아서, 나는 또 하나의 놀라운 경험을 하게 되었습니다. 어느 날 저녁 명상 시간에 방안이 갑자기 보라색으로 채워지더니 온몸에 환희가 넘쳤습니다. 매우 특별한 경험이었습니다. 그러더니 너무나 분명한 모습으로 마스터가 나타났는데, 그 마스터는 그때까지 나를 인도해왔던 마스터보다 훨씬 더 영광스러운 모습을 하고 있었습니다. 나는 "당신은 누구입니까?"라고 물었는데, 그는 "나는 예수 그리스도이다. 너는 이제부터 나의 가르침을 직접 받게 될 것이다" 하였습니다. 나는 너무나 놀랐지만, 기독교인으로 개종하였기 때문에 나의 마스터가 예수 그리스도로 바뀌게 된 것이라고 이해하게 되었습니다. 잘못된 사상을 받아들인 나는 완전한 기만 속에서 악의 영들이 이끄는 대로 끌려다닐 수밖에 없었습니다. 진리에 대한 지식이 없었던 나는 악령들의 기만을 분간할 수도 없었으며, 저항할 수도 없었습니다.

뉴에이지의 사상 중에서 가장 기만적인 것은 성경에 대한 왜곡된 가르침입니다. 뉴에이지는 거의 모든 종교를 판단하고 분석할 뿐만 아니라, 선악간의 대쟁투를 다음과 같이 설명하고 있습니다. "악의 세력이란 무엇인가? 인간의 상상에 의해서 꾸며낸 악마나 적 그리스도, 불의한 자란 실제로 존재하지 않는다. 가장 높으신 자와 대적하는 악의 세력은 존재하지 않는다. 다만, 고통 가운데 신음하면서 죄를 짓는 인간만이 있을 뿐이다." 그러므로 이러한 뉴에이지 사상을 받아들인 사람들은 이 세상에 존재하는 사탄의 세력과 그들의 기만에 대하여 완전히 마음 문을 열어 놓게 되는 것입니다.

나는 마스터가 나의 고등 자아에 속삭이는 음성대로 복종하는 삶을 살았습니다. 그 대가로 현세에서 건강과 행복을 누릴 뿐만 아니라, 윤회와 환생을 통하여 마침내는 불사의 몸을 받게 될 것을 기대하면서 말입니다. 과거의 나처럼, 지금도 수많은 뉴에이지인이 명상 중에 마스터들(사탄의 천사들)이 말해주는 대로 결정하는 삶을 살아가고 있습니다. 그들은 고등 자아를 통해서 마귀(악마)의 영과 접할 문을 열어 놓은 채 살아가고 있는 것입니다. 나 역시 이 영계의 세력이 사도 바울이 경고했던 그 세력인지 모른 채 12년이라는 긴 세월을 뉴에이지에 바쳤던 것입니다. "우리의 씨름은 혈과 육에 대한 것이 아니요 정사와 권세와 이 어두움의 세상 주관자들과 하늘에 있는 악의 영들에게 대함이라"(엡 6:12).

뉴에이지에서 기적적으로 구출된 지금, 내가 깨달은 것은 마스터들과 뉴에이지를 주도하는 신들은 악한 천사들이며, 그들의 대장은 루시퍼 즉 사탄이라는 사실입니다. 나는 사도 바울이 남긴 다음과 같은 경고를 누구보다도 실감할 수 있습니다. "이것이 이상한 일이 아니라 사탄도 자기를 광명의 천사로 가장하나니"(고후 11:14).

제3부 새시대 운동의 정체와 그 방향

1. 뉴에이지를 중심으로 모이고 있는 세계 종교

이 글은 "새시대 운동"에 대하여 다루고 있는 데에는 그 이유가 있습니다. 한국어로 "새 시대 운동"으로 번역된 "뉴에이지 운동"은 에덴동산에 살던 인류의 시조를 기만하기 위하여 사탄이 처음으로 들여왔던 범신론 사상에 새로운 옷을 입힌 것에 불과한 것입니다. 사탄은 아담과 하와가 선악과를 먹으면 그들도 하나님이 될 수 있다고 말했으며, 하나님의 명령을 어겨도, 다시 말해서 죄를 지어도 죽지 않는다고 유혹하였습니다. 그런데 이러한 사탄의 속삭임이 뉴에이지라는 이름으로 다시 교묘한 가면을 쓰고 기독교 안에 깊숙이 스며들어 오고 있으며, 또한 21세기에 들어서면서 온 세상의 모든 종교를 하나로 묶으려고 하는 범세계적인 종교 연합운동의 중심 사상으로 자리 잡고 있습니다. 로마 천주교회의 교황이 개신교회와의 연합은 물론이요, 불교, 이슬람교, 심지어는 인디언들의 토속 신앙의 지도자들과 만나서 회의하면서 세계적인 종교 연합을 꾀하고 있으며, 모든 종교는 그 중심에서 실은 같은 신을 섬기고 있다는 식의 뉴에이지 사상을 말하고 있는 것은 결코 우연한 일이 아닙니다.

뉴에이지 운동의 사상은 범신론 사상입니다. 다시 말하자면, 유일하시고 절대적인 하나님을 부인하며 또한 그 절대적인 하나님께서 세우신 법칙과 절대 진리를 인정하지 않으며, 그 대신에 신의 기운이 이 우주 만상 어느 곳에나 퍼져 있다고 생각하는 사상으로서, 결국에는 인간도 계속 향상하며 발전하면 하나님과 같이 될 수 있다는 사상을 하고 있습니다. 그래서 아메리칸 인디언의 종교가 뉴에이지 사상과 일맥상통하는 이유가 바로 여기에 있습니다. 하나님이 이 세상의 모든 만물 가운데 스며있다는 것이 그들의 가르침입니다. 만물을 창조하신 하나님보다 만물 자체를 신격화합니다. 그래서 지구의 환경을 보호하자는 운동은 좋은 의미에서 해석되지마는 아메리칸 인디언들이나 뉴에이지 운동의 사상을 가지고 있는 사람들에게 필수적인 주장이 되는 이유가 여기에 있는 것입니다. 그들에게는 죄에 대한 정확한 규정이 없습니다. 또한, 심판의 개념도 없습니다. 그러나 이 뉴에이지 운동에도 기도가 있고 명상이 있습니다. 그들은 사랑과 연합을 무척 강조하고 있습니다.

그러나 진정한 성경적인 사랑은 진리 안에서의 사랑을 말하는 것이며 하나님의 말씀 안에서의 연합을 말하는 것이지, 무원칙적이고 감정적인 사랑과 연합을 말하는 것이 아닙니다. 그리스도인들은 반드시 하나님의 말씀과 진리 안에서의 사랑과 연합을 이루어 나가야 하며 진리를 제쳐 놓고 인간적인 제도나 감정을 가지고 연합할 수가 없는 것입니다. 그러므로 진리를 제쳐 놓고 연합을 강조하고 있는 종교 연합 운동이 세계적으로 일어날 때, 진리를 위하여 온 생애를 바치는 진짜 그리스도인들은 핍박의 대상이 되는 것입니다. 오늘날 교회 안에서 성경의 진리는 제쳐 놓고, 서로의 다른 점들을 간과하면서 서로 사랑하고 연합하여야 한다는 사상이 괄목할 정도로 인기를 끌고 있습니다.

우리는 하나님의 말씀인 진리를 중심으로 연합해야 합니다. 그리스도인의 연합은 하나님 안에서의 연합이지 인간적인 야합이 아니기 때문입니다. 갱들도 연합할 수 있고, 마피아도 연합할 수 있습니다. 그러나 그들 속에 진리가 없으므로 무가치할 뿐 아니라, 오히려 해를 끼치는 연합된 무리가 되는 것입니다. 진리가 빠진 연합이 진정한 연합이 될 수 없는 것처럼, 진리가 빠진 사랑도 진정한 사랑이 될 수 없습니다. 마귀와 악한 천사들도 하나님을 대항하여 연합하고 있지 않습니까?

몇 해 전에 천주교회 지도자들과 개신교회 지도자들이 만나서 서로의 신학적이며 교리적인 차이들은 무시하고, 또한 서로의 양들을 빼앗아 가는 전도를 금지하며, 오직 사랑으로 연합하자는 ECT 문서에 공동 사인한 것은 진정한 연합이 아니라 진리에 대한 타협입니다. 개신교회와 천주교회의 구원에 대한 사상은 하늘과 땅처럼 거리가 멉니다. 미사와 고해성사만 해도 그렇지 않습니까? 마틴 루터나, 츠빙글리, 허쓰, 요한 웨슬리 같은 개혁자들이 부활하여 이러한 모습들을 보게 된다면 얼마나 놀라며 기절하겠습니까?

2. 기독교회 안으로 들어온 뉴에이지

뉴에이지 사상은 요즈음에 기독교의 옷을 입고 살며시 교회 안으로 스며들고 있습니다. 그러므로 절대적인 성경 진리를 강조하지 않고 사랑과 연합을 강조하는 사상들을 우리는 매우 조심해야만 합니다. 원래 뉴에이지 사상은 진화론과 환생(Reincarnation), 점성학, 초월 명상 등등을 포함하는 이교 사상이지만, 요즈음은, 새시대 운동이 가면을 쓰고 기독교회에 들어와 그들의 가르침이 기독교회식으로 탈바꿈되어 가르쳐지고 있습니다. 실제에 있어서, 성령을 받았다고 하면서 자신은 하나님의 음성을 듣는다고 주장할 뿐만 아니라, 신비한 계시들을 보고 초자연적인 현상들을 경험한다고 말하는 사람 중 대부분은 자기도 모르는 사이에 뉴에이지 운동의 기만적인 영향권 하에 있다고 말할 수 있습니다. 그러한 특별한 경험을 하고 있는 그리스도인들을 하나님의 말씀으로 시험해 보십시오. 많은 경우에 그들은 성경 진리들을 확실하게 모르고 있으며, 또한 죄와 심판, 그리고 의의 표준 등에 대하여 막연한 이해를 하고 있거나 아니면 엉뚱한 견해들을 가지고 있습니다. 그러한 사람들에게 어떻게 성령께서 그렇게 특별하게 역사 하실 수가 있을까요?

지금 우리가 사는 이 시대는 세상의 종말의 시간으로서 마귀가 인류를 기만하기 위하여 온갖 술수를 다하고 있는 위기의 시대입니다. 우리가 이러한 속임으로부터 보호받기 위한 유일한 갑옷은 하나님의 말씀인 성경을 확실하게 이해하는 것입니다.

3. 뉴에이지에 대한 성경의 경고

하나님의 말씀인 성경은 다음과 같이 우리를 경고하고 있습니다. "악한 자의 임함은 사탄의 역사를 따라 모든 능력과 표적과 거짓 기적과 불의의 모든 속임으로 멸망하는 자들에게 임하리니 이는 저희가 진리의 사랑을 받지 아니하여 구원함을 얻지 못 함이니라 이러므로 하나님이 유혹을 저희 가운데 역사하게 하사 거짓 것을 믿게 하심은 진리를 믿지 않고 불의를 좋아하는 모든 자로 심판을 받게 하려 하심이니라"(살후 2:9-12). 또한, 사도 바울은 디모데에게 이렇게 말씀하였습니다. "그러나 성령이 밝히 말씀하시기를 후일에 어떤 사람들이 믿음에서 떠나 미혹케 하는 영과 귀신의 가르침을 좇으리라 하셨으니"(딤전 4:1). 사도 요한도 이렇게 우리를 경고하고 있습니다. "우리는 하나님께 속하였으니 하나님을 아는 자는 우리의 말을 듣고 하나님께 속하지 아니한 자는 우리의 말을 듣지 아니하나니 진리의 영과 미혹의 영을 이로써 아느니라"(요일 4:6). 다시 말해서 성경의 가르침대로 하지 않는 모든 것은 잘못된 영의 역사라고 말씀하고 있는 것입니다. 오직 성경만이 모든 진리와 가르침의 표준입니다.

갈라디아서 1장 8, 9절은 이렇게 말씀하고 있습니다. "그러나 우리가 혹 하늘로부터 온 천사라도 우리가 너희에게 전한 복음 외에 다른 복음을 전하면 저주를 받을 지어다 우리가 전에 말하였거니와 내가 지금 다시 말하노니 만일 누구든지 너희의 받은 것 외에 다른 복음을 전하면 저주를 받을지어다." 성경에서 가르치는 복음 이외의 다른 복음인 자유주의적 복음, 세속적인 복음 즉, 죄를 버리고 성화되지 않아도 무조건 믿기만 하면 구원받는다는 통속적인 가르침들이 난무하고 있는데, 이러한 가르침들도 기독교회 안에 들어온 뉴에이지 사상과 보조를 맞추는 가르침입니다.

4. 요한계시록이 말하는 교황권과 뉴에이지

요한계시록 17장 13절은 놀라운 말씀을 예언해 주고 있습니다. "저희가 한 뜻을 가지고 자기의 능력과 권세를 짐승에게 주더라." 계시록 17장은 바벨론의 정체를 폭로해 주는 장으로서, 이 세상의 나라들과 종교들이 한 뜻을 가지고 짐승 곧 교황권에 능력과 권세를 주게 될 것이라는 사실을 예언해 주고 있습니다. 그러므로 교황권은 지금 온 세상의 모든 종교를 끌어안기 위하여 기독교회의 종교 연합운동은 물론이요, 모든 이교도까지도 연합하려고 하는 범 세계 종교 연합 운동을 펼치고 있는 것입니다. 이러한 작전에 뉴에이지 사상이 중심적인 역할을 하고 있는 것입니다. 마치 모든 사람을 새로운 술로 마취시켜 진리와 오류를 분간하지 못하도록 두뇌의 힘을 마비시키는 것처럼 말입니다. 그래서 요한계시록 17장 2-4절은 바벨론의 특징을 온 세상 사람을 잘못된 가르침으로 취하게 하는 단체로 묘사하고 있습니다. "땅의 임금들도 그로 더불어 음행하였고 땅에 거하는 자들도 그 음행의 포도주에 취하였다 하고 곧 성령으로 나를 데리고 광야로 가니라 내가 보니 여자가 붉은 빛 짐승을 탔는데 그 짐승의 몸에 참람된 이름들이 가득하고 일곱 머리와 열 뿔이 있으며 그 여자는 자주 빛과 붉은 빛 옷을 입고 금과 보석과 진주로 꾸미고 손에 금잔을 가졌는데 가증한 물건과 그의 음행의 더러운 것들이 가득하더라."

5. 세계적인 통합의 움직임

이제 곧 온 세계는 하나의 시스템으로 연합되려고 하고 있습니다. 경제적으로 세계는 이제 하나가 아닌가요! 또한, 통신과 교통 그리고 문화적인 교류에서도 하나가 되고 있지 않습니까! 종교 연합 운동을 보십시오! 세계 무역 협정을 보십시오! 세계를 단일 정부로 만들겠다는 세계 부호들의 계략은 여러 세기 전부터 역사해 왔다는 사실을 식자들은 다 알고 있는 사실입니다. 세상 각 처에서 일어나는 재난들은 이들에게 세계를 제압하기 위하여 새로운 법을 만들 수 있는 절호의 기회를 주게 될 것입니다. 왜냐하면, 위기의 때에는 민심이 지도자들의 독재를 허용하게 되기 때문입니다. 이 세상은 엄청난 환란을 눈앞에 두고 있습니다. 누가 과연 깨어 기도하는 자들이 될까요!

6. 범람하는 신비주의가 초래한 결과들

과학이라는 미명하에 신비주의가 급속하게 대중화되고 있습니다. 20세기에 들어 와서 유난히 점성술, 손금 보는 일들, 다른 영계와 접촉하는 심령술, 귀신과 대화한다는 강신술, 그리고 외계인과 만났다는 UFO 현상들이 점점 더 범람하고 있기 때문에 이제는 이러한 초자연적 현상들이 일반인들에게도 당연한 것으로 받아들여지고 있습니다. 헐리우드에서 만들어지는 영화 중에서 신비주의에 속한 유령, 우주 전쟁, 그리고 외계인과 UFO에 대한 영화들이 쏟아져 나오고 있을 뿐만 아니라 또한 가장 큰 인기를 끌고 있는 사실은 예사로운 일이 아닙니다.

스타워즈를 만든 영화감독 죠지 루카스는 환생과 윤회를 가르치는 뉴에이지 사상에 깊이 심취해 있는 인물이라는 것을 아는 이들은 다 알고 있습니다. 이제는 범람하는 신비주의 영화를 통하여 어린아이들까지 무의식적으로 뉴에이지 사상을 받아 드리고 있는 것입니다. 이것도 모르고 교회 청년회에서는 청소년들을 데리고 단체로 이러한 영화들을 관람하기 위하여 몰려가고 있지 않습니까! 지금 이 세상은 하나님과 진리와 참된 성도들을 대항하여 싸우는 마지막 아마겟돈 전쟁을 위하여 질주해 가고 있습니다.

누가 과연 이 사실들을 정확하게 파악하여 사람을 깨울 것인가요? 정말로 안타까운 일이 아닐 수가 없습니다. 미국 고등학교에서 친구들을 총으로 난사하여 죽이는 일들이 자주 일어나고 있습니다. 이것은 요즈음 유행하는 폭력 비디오 게임들이 그 원인이라는 분석 결과가 나오고 있습니다. 사탄의 오류들이 담겨 있는 영화들을 본 자녀의 영혼에 남겨질 깊은 상처를 어떻게 치료해야 할까요? 하나님의 인을, 품성이 담겨 있는 이마에 받아야 할 청소년들이 과연 앞으로 어떠한 무리에 속하게 될까요?

최면술은 악한 일이요, 뉴에이지 사상의 분파입니다. 그런데 요즈음 최면술을 시범하여 보이는 프로들이 텔레비전의 화면에 자주 나타나 사람을 웃기거나 놀라게 하는 것을 볼 수 있습니다. 또한, 고등학교들을 돌아다니면서 학생들을 즐기게 하고 있는 실정입니다. 최면술은 인간의 잠재의식에다 메시지를 전달하여 판단 기능과 의지력을 무산시키는데 사용하는 심리술입니다. 이것은 하나님의 진리와는 전혀 어긋나는 사탄의 수법입니다. 한번 최면에 걸렸던 사람은 그 다음 기회에 최면이 올 때에 무방비 상태로 최면에 쉽게 빠지고 맙니다. 얼마나 무서운 일입니까! 그런데 이러한 일들이 이제는 하나의 오락처럼 시행되고 있지 않습니까! 그리스도인들은 잠에서 깨어나 교회 안에 있는 위험들을 볼 수 있어야 합니다.

7. 거짓 성령 운동과 뉴에이지

오늘날 교회 안에서 이루어지고 있는 신유의 역사를 자세히 살펴보십시오. 거짓 성령을 주도하는 사람은 성경의 진리를 가르쳐서 올바로 하나님을 섬기도록 이끌기보다는 사람의 감정에 호소하고, 또한 그들의 이기적인 욕구에 호소하여 병을 치료받고 하나님께 복을 받는 일에 그 중점을 두고 강조하고 있지 않습니까!

남가주 지역에서 Bible Answer Man으로 잘 알려진 라디오 토크 쇼 사회자 Hank Hanegraff 씨는 Benny Hinn 목사를 포함하여 이러한 거짓 성령운동에 대하여 적나라하게 폭로하고 있습니다. 그의 저서인 "거짓 부흥운동"(Counterfeit Revival)은 우리에게 놀라운 사실들을 말해 주고 있습니다. 또한, 현재 미국 남자 기독교인들을 중심으로 벌어지고 있는 Promise Keepers (프라머스 키퍼즈, 약속 이행 운동) 운동은 굉장한 인기를 얻고 있는데, 타임지는 이 운동을 미국 기독교 교회사에서 가장 성공적이며 가장 많은 사람을 운집시킨 운동이라고 평가하였습니다. 그런데 이 프라머스 키퍼즈 운동에서 가장 강조하는 가르침이 바로 성경의 가르침이나 교리들의 차이들은 집어던져 버리고 사랑으로 연합하자는 것입니다.

이 운동을 시작한 사람은 전 콜로라도 주립대학 풋볼 코치였던 Bill McCartney인데 그는 천주교인 중에서 특히 개신교회에 파고들어 반종교개혁사업을 추진함으로써 개신교회를 다시 구교회인 천주교회로 이끌어 오는 일에 헌신하겠다고 서약한 사람 중 하나입니다.

이 프라머스 키퍼즈 운동에 대하여 여러 보수적인 개신교 목사들이 그 위험성을 알아차리고 경고하는 일에 나서기도 하였습니다. 그 대표적인 사람이 텍사스 휴스톤에 있는 침례교회의 유명한 성직자인 Phil Arms 목사입니다. 그는 이 운동의 바탕은 뉴에이지 사상이라는 사실을 지적하면서, 프라머스 키퍼즈 운동을 마치 군인들을 거대한 목마 속에 감추어 두었다가 적군을 함락시킨 트로이의 목마(Trojan Horse)로 비유하였으며, 개신교회의 성경 중심 사상을 무너뜨리려는 사탄의 기만이라고 경고하고 있습니다. 성경은 우리를 바벨론에서 나오라고 호소하고 있습니다. 바벨의 뜻은 혼잡하다는 뜻입니다. 진리와 오류가 섞여 있다는 뜻입니다. 우리는 이러한 혼잡한 가르침들에서 나와야 구원받을 수 있습니다. 이러한 사실을 그리스도인들이 과연 얼마나 알고 있을까요!

8. 역사 이래로 계속되어 온 뉴에이지

에덴동산에서 사탄이 시작한 뉴에이지 사상은 아담과 하와의 자손들로 하여금 하나님의 진리를 떠나 타락시킴으로써 노아 홍수를 불러왔으며, 홍수 후에도 니므롯과 그의 아내 세미라무스를 통하여 바벨탑을 쌓고 바벨론의 이교 종교 사상을 구축하였습니다. 바벨탑이 무너지고 민족들이 흩어진 후에는 여러 가지 이교 사상으로 나누어져 각 나라에 퍼져 나가게 된 것입니다.

그렇게 퍼져 나간 이교들이 바로 페르시아의 불을 숭배하는 조로아스터교가 되었고, 거기에서 파생되어 나간 종교들이 회회교와 불교가 된 것입니다. 애굽으로 건너간 뉴에이지 사상은 오시리스 종교를 이루었고 아랍으로 건너가서는 알라 신을 섬기는 이슬람의 종교가 되었고, 헬라로 가서는 그리스의 신화들을 낳았으며 로마의 박카스신과 디오니시우스 신화를 낳았습니다.

또한, 페니기아 지방으로 가서 생성된 종교가 바로 성경에서 많이 언급되고 있는 바알 신의 이교 신앙인 것입니다. 이러한 이교의 사상들은 다 범신론적인 사상에 그 기초를 두고 있는 것을 볼 수 있습니다. 한 가지 놀라운 사실은 옛날 고대 바벨론에 있었던 태양신을 숭배하는 이교의 상징이었던 길고 높게 올라간 뾰족한 탑인 오벨리스크가 애굽의 신전들에도 세워져 있는 것을 볼 수 있는데, 그와 똑같은 형태의 오벨리스크가 바로 바티칸의 성 베드로 광장 중앙에 세워져 있다는 사실입니다. 그뿐만 아니라 그와 꼭 같은 오벨리스크가 어떻게 미국 워싱턴 DC의 중심에 높은 탑으로 세워져 있느냐 하는 것은 결코 우연의 일치로만 생각할 수 없는 일입니다.

9. 사탄의 출현을 준비시키는 뉴에이지

뉴에이지 사상은 이 세상 모든 가르침과 모든 제도 속에 깊이 자리하고 있습니다. 그것은 사탄에게서 출발한 것이며, 중심 사상은 하나님 없이 세상을 하나로 묶으려고 하는 것입니다. 뉴에이지 사상은, 현재의 인류보다 더 나은 어떤 외계의 인물이 와서 지구를 위기에서 구출하여 준다는 사상을 내포하고 있습니다. 이것은 놀라운 기만이요 이 세상 역사의 마지막을 위하여 준비하고 있는 사탄의 최후의 강신술입니다.

이 지구가 경제적인 파탄을 맞이하고 천연재해로 곳곳에서 신음 소리를 내며 테러리스트들의 횡포가 심해지고 범죄가 급증하며 도시들이 혼란하게 되고 폭동들이 생겨나며, 중동지방의 문제가 더 심화되어 갈 때에 마귀는 인류를 위기에서 구출하기 위한 구세주처럼 이 세상에 갑자기 나타나게 될 것입니다. 그가 외계인의 모습을 하고 올 것인지 아니면 빛나는 천사와 같은 모습으로 나타날 것인지 모르지만, 한 가지 분명한 것은 뉴에이지의 가르침을 통하여 기독교인들이나 이교도인들이나 무신론자들 모두가 다 하나로 연합하여 그를 재림하신 예수님이나 아니면 석가모니, 혹은 모하멧, 아니면 새로운 뉴에이지의 메시아라고 크게 열광하며 환영할 수 있는 모습으로 나타나게 될 것입니다. 마귀는 오래전부터 이 지구에서 실제적인 자기의 정부를 세우려고 노력해 오고 있는 것입니다.

그러나 우리는 염려할 필요가 없습니다. 왜냐하면, 여전히 하나님께서 이 지구의 역사를 주관하고 계시기 때문입니다. 데살로니가후서 2장 8절은 다음과 같이 말씀하고 있습니다. "그때에 불법한 자가 나타나리니 주 예수님께서 그 입의 기운으로 저를 죽이시고 강림하여 나타나심으로 폐하시리라." 이 세상 역사는 예수 그리스도의 재강림으로 끝마쳐지게 될 것입니다. 하나님께서는 졸지 않으시는 분이십니다. 우리를 사랑하사 당신의 독생자 예수 그리스도를 이 땅에 보내실 정도로 사랑하시는 분이십니다. 그분께서는 한결같은 사랑으로 우리를 돌보고 계십니다. 그러므로 우리의 유일한 안전은 그분의 말씀인 성경 말씀을 연구하며 그분의 말씀을 순종하고 주님의 약속 안에 거하는 것입니다. 진리와 오류를 구분하는 유일한 길은 성경, 성경밖에는 없습니다. 그래서 개신교회의 종교개혁의 모토가 Sola Scriptura! "성경만으로"였던 것입니다.

로마서 13장 11-14절에서 사도 바울은 이렇게 호소하고 있습니다. "또한 너희가 이 시기를 알거니와 자다가 깰 때가 벌써 되었으니 이는 이제 우리의 구원이 처음 믿을 때보다 가까웠음이니라. 밤이 깊고 낮이 가까웠으니 그러므로 우리가 어두움의 일을 벗고 빛의 갑옷을 입자. 낮에와 같이 단정히 행하고 방탕과 술 취하지 말며 음란과 호색하지 말며 쟁투와 시기하지 말고 오직 주 예수 그리스도로 옷 입고 정욕을 위하여 육신의 일을 도모하지 말라."

뉴에이지 사상은 현대 사회에 깊이 뿌리를 내리고 있습니다. 천사들의 출현에 대한 갑작스러운 관심들, 마리아의 출현들, 외계인들이나 영들의 세계에 대한 깊은 호기심들, 기독교 안에서 일어나고 있는 자유주의 사상들, 온 마음과 생애를 진리에 굴복하는 경험이 없이도 쉽게 믿기만 하면 구원 얻을 수 있다고 말하는 거짓 가르침들, 성경의 진리는 배제하고 사랑과 연합만 강조하는 가르침들, 심지어는 예배 형식에 도입되는 세속적인 음악들, 최면술들 등등, 이 세상은 혼란에 빠져 있습니다. 이제는 정말 하나님의 말씀으로 전신갑주를 입고 살아야 할 시기입니다. 예수님께서 속히 임하실 것입니다. 하나님의 참되신 성령의 인도하심을 받아 마지막 때를 안전하게 통과하도록 간절하게 기도하여야겠습니다. 유일한 무기인 성경을 손에 들고서…

10. 강신술에 걸려들기 쉬운 6가지 유형의 사람들

보이는 세계와 보이지 않는 세계가 공존하고 있다는 사실을 잊지 말아야 합니다. 보이는 세계는 인간 세계이고, 보이지 않는 세계는 하나님의 천사들과 사탄의 악령들의 세계입니다. 어떤 사람은 천사와 악령은 죽은 사람의 혼백이라고 말하지만, 성경은 "저(사람)를 천사보다 조금 못하게 하시고"라고 기록함으로써, 천사와 인간은 처음 창조될 때부터 완전히 다른 부류라는 사실을 분명히 하고 있습니다(시 8:5).

사탄과 그의 악령들도 처음에는 하늘에서 봉사하는 천사들이었으나, 하나님께 대적하는 반역을 꾀함으로써 선과 악의 대쟁투는 시작되었습니다. 그러나 사탄과 그를 추종하는 천사들은 하늘로부터 쫓겨나서 지구로 내려오게 되었는데, 에덴동산에서 사탄은 아담과 하와가 받아들일 만한 아름다운 모습으로 나타나서 인류의 시조를 범죄케 하는데 성공하였습니다. 이것이 강신술의 시초이며 죄가 들어오게 된 경위입니다. 그 이후부터 지구는 사탄과 악령들의 활동 무대가 되었습니다.

사탄과 악령들은 이 마지막 시대에도 사람이 받아들일 만한 아름다운 천사나 사람의 모습으로 출현하는 강신술을 사용하고 있습니다. 그렇다면, 어떤 사람이 강신술에 걸려들기 쉬울까요? 다음과 같은 6가지 유형의 사람은 사탄과 그의 악령들이 강신술을 사용해서 나타날 때, 도무지 그 미혹에 저항할 수 없습니다.

1) 경건의 모습은 있으나 경건의 능력이 없는 사람들

사탄은 겉으로 경건한 척하지만, 진리를 연구하지 않고 이기적이며 세속적인 마음을 가진 자들을 쉽게 공략할 수 있습니다. 다른 사람으로부터는 경건한 그리스도인이라는 평가를 받지만, 실제로는 탐욕과 세속에 젖어 있는 그리스도인들은 사탄의 오른팔과 같은 조수로서 교회 안에서 효과적으로 일할 수 있는 사탄의 일꾼들입니다. 하나님의 진짜 종들이 부흥과 개혁을 위하여 일할 때, 이들은 사탄의 인도함을 따라서 하나님의 종들을 핍박합니다. 이런 사람에게 악령들은 광명한 천사의 모습으로 나타나서 그들이 의의 길을 가고 있는 것으로 착각하게 합니다.

2) 오류를 받아들이는 사람들

사탄은 사람들을 함정에 빠뜨리기 위하여 여러 가지 오류를 교회 안으로 가지고 들여옵니다. 각 사람의 느낌과 감정을 만족하게 해 주는 온갖 이단설을 가지고 사람을 미혹합니다. 비록 한 가지 이단설을 거절하였다고 할지라도, 자기 마음에 맞는 다른 이단설을 받아들이게 됩니다. 특히, 사람이 어떻게 믿든지 그것은 구원과 아무런 상관이 없다는 식의 가르침은 사탄이 가장 좋아하는 가르침입니다. 진리가 심령에 심어지면, 그 사람의 마음과 생애가 순결하게 변화될 것을 사탄은 알기 때문에 거짓 복음과 거짓 교리들을 교회 안에 퍼트리기 위하여 애쓰고 있습니다. 사탄은 오류에 물들어 있는 사람들에게 기적과 능력을 주어서 무엇을 어떻게 믿든지 간에 하나님의 인정하심을 받을 수 있는 것처럼 나타내려고 최고의 노력을 기울이고 있습니다.

3) 고의로 진리를 거절하는 사람들

단순하고도 단도직입적인 성경의 진리를 의도적으로 받아들이지 않는 사람은 언제나 자신의 양심의 부르짖음을 잠잠케 하기에 적당한 교리를 찾게 됩니다. 그리하여 극기와 인내를 요구하지 않는 자유주의적인 "쉬운 복음"을 받아들이게 됩니다. 기도하는 마음으로 진리를 깊이 연구하지 않는 사람마다 악령들의 미혹에 빠질 수 있는 위험이 큽니다. 진리 위에 올바로 서 있는 사람에게서 사탄은 미혹할 수 있는 구멍을 발견할 수 없습니다.

4) 성경 말씀을 의심하는 사람들

하나님께서는 우리가 믿을 수 있을 만큼 충분한 증거들을 주셨지만, 불신의 구실을 찾아내기 원하면 얼마든지 불신의 증거들을 찾아낼 수 있습니다. 성경 말씀의 요구에 순종하기를 좋아하지 않는 사람은 결국 성경의 권위를 의심하는 자들로 변질됩니다. 그들은 성경에서 의심할 만한 것들을 찾아낸 다음, 그것을 자신의 불순종과 나태함에 대한 구실로 삼습니다. 진리를 따라가는 데 있어서 마땅히 자신이 바쳐야 할 희생과 헌신을 소홀히 여기고, 도리어 성경을 비판함으로써 불신과 회의주의로 빠져들어 가게 됩니다. 이러한 사람들에게 사탄은 나타나서 그들의 견해와 판단을 격려해 줌으로써, 그들을 더 깊은 기만 가운데로 끌어갑니다. 하나님의 말씀에 복종하기를 좋아하지 않는 사람은 성경 가운데 있는 중요한 빛을 이해할 수 없습니다.

5. 죽은 자도 의식을 가지고 있다는 믿음을 가진 사람들

사람이 죽으면, 몸은 죽지만 그 혼백은 살아서 이 세상 어딘가를 떠돌아다니다가 살아 있는 가족과 친지들을 돕기 위하여 때때로 나타난다고 믿는 사람들 앞에 사탄과 그의 악령들은 죽은 자의 모습으로 나타나서 온갖 미혹을 합니다. 이 사상을 근거로 사탄은 서낭당 귀신과 삼신할머니와 같은 미신을 만들어 내었습니다. 성경은 사람은 죽으면, 의인과 악인이 모두 완전한 무의식의 상태로 잠자고 있다가 예수님께서 재림 하실 때에 부활하여 각자가 행한 바에 따라서 영생을 얻거나 악인은 나중에 유황불의 심판을 받게 된다는 사실을 말씀하고 있습니다.

6) 감정적인 신앙을 가진 사람들

교회가 세속화됨에 따라서 많은 사람이 거듭나지 못한 자신의 마음을 만족하게 해 주는 감정적 교리를 선호하고 있습니다. 일반적으로 거듭나지 못한 사람은 감정적 신앙을 하고 있기 때문에 엄숙하고 중요한 성경의 가르침에 대하여 관심이 없으며 무지합니다. 사랑을 하나님의 속성이라고 믿지만, 그 사랑을 한낱 감상적인 감정으로 이해하며, 선과 악에 대한 분명한 구분을 모르고, 하나님의 의와 죄의 결과에 대한 이해가 부족하며, 하나님의 율법은 어떠한 경우에도 영원불변하다는 진리에 대하여 잘못된 견해를 가지고 있는 사람들은 사탄의 접근에 대하여 마음 문을 열어 놓은 기독교인들입니다.

자신의 악한 습관과 알고 있는 죄를 그대로 붙잡고 있는 사람은 더 큰 사탄의 미혹을 불러들이게 됩니다. 이러한 사람은 하나님과 천사들의 보호를 스스로 거절하는 삶을 살기 때문에, 악령들의 공격에 대하여 아무런 방비를 세울 수 없습니다. 사탄은 이런 사람들에게 능력과 권능을 주어서 자신의 효과적인 대리인으로 만든다. 진리보다 기적을 추구하는 사람들에게 사탄은 기적을 통하여 접근합니다.

성경공부
성령의 역사
5장

방언에 대한 진실과 오해

기독 교회가 말하는 방언과 성경이 말하는 방언의 차이

"성경이 말하는 방언"이란...

은사는 여러 가지나 성령은 같고
직임은 여러 가지나 주는 같으며 또 역사는 여러 가지나
모든 것을 모든 사람 가운데서 역사하시는 하나님은 같으니
각 사람에게 성령의 나타남을 주심은 유익하게 하려 하심이라
어떤 이에게는 성령으로 말미암아 지혜의 말씀을,
어떤 이에게는 같은 성령을 따라 지식의 말씀을,
다른 이에게는 같은 성령으로 믿음을,
어떤 이에게는 한 성령으로 병 고치는 은사를,
어떤 이에게는 능력 행함을, 어떤 이에게는 예언함을,
어떤 이에게는 영들 분별함을, 다른 이에게는 각종 방언 말함을,
어떤 이에게는 방언들 통역함을 주시나니
이 모든 일은 같은 한 성령이 행하사
그 뜻대로 각 사람에게 나눠 주시느니라
몸은 하나인데 많은 지체가 있고 몸의 지체가 많으나
한 몸임과 같이 그리스도도 그러하니라
고전 12:4-12

제1부 방언에 대한 성경의 가르침

1. 트로이 목마

트로이의 목마에 관한 이야기는 많은 사람에게 잘 알려진 전설입니다. 그리스 군대는 트로이라는 도시 국가를 10년이나 포위하였지만, 항복을 받아내는데 실패하였습니다. 그래서 한 꾀를 생각해 내었습니다. 그리스 군대는 배를 타고 후퇴하는 체하면서 속이 비어 있는 큰 목마를 전쟁의 기념비처럼 해변에 남겨두었습니다. 그런데 이 목마 안에는 군인들이 숨어 있었습니다. 트로이 안에서 활동하던 시논이라는 그리스의 스파이는 그 목마를 도시 안으로 가져옴으로 트로이가 침범당할 수 없는 신비의 도시라는 것을 보여주라고 사람들을 꾀었습니다. 트로이 사람들은 그 꾐에 넘어가 그 목마를 도시 안으로 끌고 들여왔고, 그날 밤에 시논은 목마의 문을 열어 군인들을 내어 보냈습니다. 곧바로 그들은 트로이의 수비대를 죽이고 성문을 열었고, 후퇴하는 척하며 성문 곁에 숨어 있던 그리스 군대는 트로이로 진입하여 성을 함락시켰습니다.

적에게서 오는 선물은 아주 치명적인 결과를 가져올 수 있습니다. 암흑의 세력은 열기만 하면 곧바로 터져 버리는, 화려한 리본으로 포장된 폭탄으로 많은 사람을 죽이는데 성공하고 있습니다. 오늘날 사탄은 "성령의 은사"라고 불리는 목마를 이용하여 교회 안으로 들어가서 하나님의 교회를 멸망시키려고 합니다.

나중에 목사가 된 탐은 청년 시절에 기독교인이 된 지 얼마 후, 어머니를 방문하기 위하여 로스앤젤레스의 팜 스프링스에서부터 히치하이크(지나가는 차에 편승하며 가는 도보 여행)를 하려고 하였습니다. 차를 얻어 타기 위하여 손을 흔들면서 한참 걸어가고 있을 때, 친절하게도 어떤 오순절파 교회 교인인 스티브가 차를 세워서 그를 태워 주었습니다. 차를 타고 오는 동안 탐은 자기가 어떻게 기독교인이 되었는가에 대한 이야기를 흥미 있게 들려주었습니다. 탐의 말이 다 끝나자 차를 태워준 사람인 스티브가 탐에게 "그러면 당신은 성령을 받았습니까?"라고 물었습니다.

이러한 질문을 처음 받아보는 것이었기 때문에 탐은 "글쎄요, 제 생각에는… 저는 확실히 하나님의 영을 내 생활을 통하여 느낄 수 있습니다. 저는 마약을 끊었고, 도둑질, 거짓말, 욕하기… 등, 습관적인 나의 죄와 문제점들을 극복할 수 있었으니까요."라고 대답하였습니다.

"아니요, 그런 것들 말고…" 스티브는 조금 답답한 듯이 "당신은 성령의 침례를 받았습니까? 당신은 방언을 하나요?"라고 물었습니다. 스티브는 탐이 어떻게 죄악의 사슬을 끊고 승리를 거두게 되었는가에 대한 이야기보다는, 어떠한 황홀한 극치의 경험을 하고 있는지에 더 많은 관심을 나타내었습니다. 스티브는 탐이 기독교인으로서 반드시 소유해야 할 가장 중요한 경험을 하지 못하고 있다고 말했습니다. 그 이후부터 탐은 스티브의 표현대로 "그리스도인에게 있어서 가장 중요한 것이지만, 아직 경험하지 못하고 있던 방언"에 대하여 깊이 연구하기 시작하였습니다.

탐이 기독교인으로서 처음 출석하기 시작하였던 교회들은 모두 오순절파 보통 Glossolalia라고 부르는 방언의 무아경을 믿는 교회들이었습니다. 물론 그러한 교회의 교인들이라고 해서 다 같은 방법으로 하는 방언을 믿는 것은 아니었습니다. 그들 가운데에도 방언에 대하여 다른 의견을 가지는 교인들이 많이 있었습니다. 그들 가운데서 탐은 많은 하나님의 참된 자녀를 만나볼 수 있었으며, 성령께서 실생활 속에서 이루어 놓으시는 거듭남의 경험을 인정하는 교인들도 많이 있었습니다. 그러나 대부분의 사람은 죄와 개인적인 문제점들을 극복하는 성화의 경험에 대한 관심보다는, 얼마나 자주 방언을 하고, 얼마나 깊은 무아경의 환상을 경험하는지에 더 많은 관심이 있었습니다. 예배 시간만 되면 교회는 서로 다른 방언의 소리로 꽉 찼으며, 방언을 하지 못하는 사람들은 자신들의 부족함을 자책하는 분위기가 깊이 깔려 있었습니다. 탐은 이러한 현상을 보면서 성경이 말하는 방언이 무엇인지 깊이 연구하기 시작하였습니다.

더 나아가서 요즈음에는 방언이 모든 교파에 다 퍼지게 되자, 교회 예배 시에나 특히 새벽기도회 시간에도 여러 가지의 방언의 소리가 교회를 채우게 되었고 어떤 이들은 너무 시끄러워서 기도할 수가 없다는 불평의 소리를 말하는 것을 볼 수가 있습니다.

2. 초교파적으로 나타나고 있는 방언

현대 기독교에 나타나고 있는 가장 중요한 현상 중 하나가 바로 방언을 말하는 것입니다. 방언은 거의 모든 기독교에 퍼지고 있으며, 기독교뿐만 아니라 힌두교, 아프리카 토착 종교, 불교, 천주교… 등 거의 모든 종교계 안에서도 행해지고 있습니다. 비록 그들이 하는 방언의 방법은 다를지라도 자신들이 믿는 신의 능력에 압도되어 자기 자신도 알 수 없는 초인간적인 말을 중얼거린다는 공통성이 있습니다.

모든 종파와 교단을 초월하여 나타나는 이러한 현상은, 만약 현재 기독교회에서 급속하게 퍼져 나가고 있는 방언이 하나님께로부터 오지 않은 것이라면, 이것은 누군가가 거짓으로 조작하는 속임수일 가능성이 있음을 말하여 줍니다. 은사는 반드시 "진리"라는 통로를 통해서만 내려지는 것입니다. 왜냐하면 진리나 오류에 상관없이, 또는 누가 어떤 종교를 믿는지에 상관없이 방언의 은사가 내려질 수 있다면, 방언의 은사를 통하여 전파되어야 할 복음도 그 진실성을 잃어버리기 때문입니다.

방언을 자기 스스로 만들어서 가짜로 방언 하는 사람들이 있는 것도 사실이지만, 방언은 방언을 하는 사람들이 스스로 만들어 내는 것은 아닙니다. 물론, 어떤 사람들은 다른 교인들이 방언하는 것을 보면서, 자기도 질 수 없다는 생각으로 받지도 않은 방언을 스스로 만들어서 이상한 말을 중얼거리며 자신도 방언의 은사를 받은 것처럼 다른 사람들에게 나타내려고 하는 사람들도 있는 것이 사실입니다. 그러나 대부분의 사람은 실제로 무엇인가를 받아서 초인간적인 힘에 의하여 방언을 하고 있습니다. 그들이 기도할 때에 어떠한 힘이 그들을 제압하게 되고 그들이 생각하지도 않고 알지도 못하는 이상한 말을 하게 됩니다. 이러한 상태 하에서, 그들의 마음은 평화를 느끼게 되고, 쉬지 않고 기도할 수 있는 이상한 힘이 자신에게 전달되는 것을 느끼게 됩니다.

그런데 성경은 "성령을 소멸치 말며 예언을 멸시치 말고 범사에 헤아려 좋은 것을 취하고 악은 모양이라도 버리라"고 말씀하십니다(살전 5:19-22). 거의 모든 기독교 안에 퍼지는 방언, 만약 이것이 하나님께로부터 왔다면 우리는 이것을 감사히 받아들이고, 열심히 구하여야 합니다. 그러나 만약 이것이 하나님께로부터 오지 않았다면 우리는 성경을 통하여 진실을 증명해야 될 필요가 있는 것입니다.

3. 방언의 은사가 오늘날에도 꼭 필요한 이유

방언(타 언어)은 오늘날에도 꼭 필요한 은사입니다. 성경은 성령의 은사 중 하나로서 방언을 소개하고 있습니다. "은사는 여러 가지나 성령은 같고 직임은 여러 가지나 주는 같으며 또 역사는 여러 가지나 모든 것을 모든 사람 가운데서 역사 하시는 하나님은 같으니…. 다른 이에게는 각종 방언 말함을, 어떤 이에게는 방언들 통역함을 주시나니 이 모든 일은 같은 한 성령이 행하사 그 뜻대로 각 사람에게 나눠 주시느니라"(고전 12:4-6,10,11).

방언에 대하여 첫 번째로 말씀한 분은 바로 예수 그리스도이십니다. "너희는 온 천하에 다니며 만민에게 복음을 전파하라 믿고 침례를 받는 사람은 구원을 얻을 것이요 믿지 않는 사람은 정죄를 받으리라. 믿는 자들에게는 이런 표적이 따르리니 곧 저희가 내 이름으로 귀신을 쫓아내며 새 방언을 말하며 뱀을 집으며 무슨 독을 마실지라도 해를 받지 아니하며 병든 사람에게 손을 얹은즉 나으리라"(막 16:15-18). 예수님께서는 온 세상에 다니면서 복음을 전파할 것을 명령하시면서, 믿는 자들에게는 방언의 은사가 나타날 것이라고 말씀하셨습니다. 이 말씀에서, 예수님께서는 복음 전파와 방언의 은사는 병 고치는 은사와 함께 서로 밀접한 관계가 있음을 말씀하고 계신 것입니다.

오늘날에도 복음의 전파가 필요 되므로, 방언의 은사가 복음을 전파하는 그리스도인들에게 내려져야 합니다. 요한계시록 14장에 나오는 세 천사의 기별은 방언의 은사를 필요로 하고 있습니다. "또 보니 다른 천사가 공중에 날아가는데 땅에 거하는 자들 곧 여러 나라와 족속과 방언과 백성에게 전할 복음을 가졌더라"(계 14:6). 각각 다른 언어를 사용하는 모든 족속과 민족에게 복음을 전하기 위해서는 반드시 방언의 은사가 필요하기 때문입니다.

4. 누가 누구에게 방언의 은사를 주시는가?

방언의 은사를 내리시는 분은 누구입니까? 방언의 은사를 받기 위해서는 어떤 특별한 장소에 가야만 할까요? 그것을 받기 위해서는 기도원이나 어떤 비밀스런 장소에 가서 오랜 기간 동안 기도해야 할까요? 누가 누구에게 이러한 은사를 주시는 것입니까? 앞에서 읽어본 대로 "은사는 여러 가지나 성령은 같고, 직임은 여러 가지나 주는 같으며, 또 역사는 여러 가지나 모든 것을 모든 사람 가운데서 역사하시는 하나님은 같으니"라고 성경은 은사의 출처를 밝히고 있습니다(고전 12:4-6). 4절에서는 성령을, 5절에서는 예수님을, 6절에서는 하나님을 은사의 출처로 소개하고 있습니다. 은사는 아버지 하나님, 예수 그리스도, 성령, 곧 하늘의 세 분 지도자들에 의해서 내려지는 것입니다. 즉 하늘의 세 분 지도자들이 은사를 내리시는 데 참여하고 있습니다. 그런데 우리가 은사를 성령의 은사라고 주로 말하는 이유는 예수님께서 하늘에 가실 때에 보혜사 성령을 보내시겠다고 약속하셨기 때문입니다. 성령은 은사를 전달하는 역할을 하고 있습니다. 은사를 그리스도인에게 전하는 것은 성령이지만, 하늘의 세 분 지도자가 은사를 내리시는 일에 참여하고 있음을 안다면, 은사가 얼마나 귀하고 중요한 것인지 깨달을 수 있을 것입니다.

그렇다면 모든 교인이 다 같은 은사를 받을까요? 고린도전서 12장에서 바울은 교회를 몸의 지체로 비유하고 있습니다. 우리 몸이 팔, 다리, 눈, 코… 등 같이 기능이 다른 부분이 합쳐져서 일할 수 있게 되어 있는 것처럼, 교회도 서로 다른 기능을 가진 사람들이 모이는 곳이다. "어떤 이에게는 성령으로 말미암아 지혜의 말씀을, 어떤 이에게는 같은 성령을 따라 지식의 말씀을, 다른 이에게는 같은 성령으로 믿음을, 어떤 이에게는 한 성령으로 병 고치는 은사를, 어떤 이에게는 능력 행함을, 어떤 이에게는 예언함을, 어떤 이에게는 영들 분별함을, 다른 이에게는 각종 방언 말함을, 어떤 이에게는 방언들 통역함을 주시나니"(고전 12:8-10).

바울은 이 말씀을 통하여 각각 다른 사람들에게 각기 다른 은사를 주신다고 증거하고 있습니다. 여기에 한 가지 오늘날 기독교회가 오해하는 부분이 있습니다. 누구든지 성령을 받으면 그 결과로 방언해야 한다고 가르치는 것은 잘못입니다. 그래서 어떤 신자들은 방언을 거짓으로 만들어 내고, 어떤 이들은 실망하여 교회를 나오지 않습니다. 그러나 성경은 서로 다른 사람들에게 서로 다른 성령의 은사를 주신다고 말씀하고 있습니다.

고린도전서 12장 29-31절부터 바울은 이 문제에 대하여 확실히 증언하고 있습니다. "다 사도겠느냐, 다 선지자겠느냐, 다 병 고치는 은사를 가진 자겠느냐, 다 방언을 말하는 자겠느냐, 다 통역하는 자겠느냐." 그 대답은 "아니다!"입니다. 다 사도일 수 없고, 다 선지자일 수 없고, 다 병 고치는 은사를 받을 수 없고, 다 방언을 말할 수 없다고 바울은 주장하고 있습니다. 그러므로 우리가 다 방언을 해야 성령의 침례를 받은 증거라고 주장하는 것은 성서적 주장이 아닙니다.

5. 교회에 덕이 되어야만 하는 은사

"너희는 더욱 큰 은사(best gifts)를 사모하라. 내가 또한 제일 좋은 길(more excellent way)을 너희에게 보이리라"(고전 12:31). 바울은 12장 전체를 통하여 성령의 은사에 대하여 설명하였습니다. 성령의 은사는 하나님 아버지, 예수 그리스도, 성령 모든 하늘의 지도자들이 참여하여 주어지는 귀중한 은사임을 바울은 말하였습니다. 그런데 그는 말씀을 마치면서 이 은사들보다 더 중요하고 제일 좋은 길을 보여주겠다고 하였으며, 다음과 같이 그 제일 좋은 길에 대하여 설명하고 있습니다. "내가 사람의 방언과 천사의 말을 할지라도 사랑이 없으면 소리 나는 구리와 울리는 꽹과리가 되고 내가 예언하는 능이 있어 모든 비밀과 모든 지식을 알고 또 산을 옮길만한 믿음이 있을 지라도 사랑이 없으면 내가 아무것도 아니요 내가 내게 있는 모든 것으로 구제하고 또 내 몸을 불사르게 내어 줄지라도 사랑이 없으면 내게 아무 유익이 없느니라"(고전 13:1-3).

"사랑을 따라 구하라 영적인 것을 사모하되 특별히 예언을 하려고 하라. 방언을 말하는 자는 사람에게 하지 아니하고 하나님께 하나니 이는 알아듣는 자가 없고 그 영으로서 비밀을 말함이니라. 그러나 예언하는 자는 사람에게 말하여 덕을 세우며 권면하며 안위하는 것이요, 방언을 말하는 자는 자기의 덕을 세우고 예언하는 자는 교회의 덕을 세우나니 나는 너희가 다 방언 말하기를 원하나 특별히 예언하기를 원하노라. 방언을 말하는 자가 만일 교회의 덕을 세우기 위하여 통역하지 아니하면 예언하는 자만 못하니라"(고전 14:1-5).

성령의 은사는 교회에 덕을 세우기 위함입니다. "하나님께서는 교회 중에 몇을 세우셨"다고 말씀하셨습니다(고전 12:28). 그렇기 때문에 성령의 은사는 개인의 능력을 높이기 위하여 주시는 것이 아니라 교회의 덕을 세우기 위함입니다. 손이 몸에서 떨어져서 스스로 일을 행할 수 없고, 눈이 몸에서 떨어져서 그 기능을 발할 수 없는 것처럼, 성령의 은사는 "그리스도의 몸이요 지체의 각 부분"인 우리에게 교회를 위하여 주시는 것입니다(고전 12:27). 그런데 만약 이 은사가 교회를 돕는 일에 쓰일 수 없다면, 그 은사는 몸에서 떨어져 나온 팔과 같은 것입니다.

그래서 바울은 "그러므로 내가 그 소리의 뜻을 알지 못하면 내가 말하는 자에게 야만인(외국인)이 되고 말하는 자도 내게 야만인(외국인)이 되리라"고 말한 것입니다(고전 14:11). 한국말을 알아듣지 못하는 미국인들에게 한국어로 백만 번 복음을 전한다고 해서 그 사람들이 복음을 이해할 수 있을까요? 그래서 바울은 자신이 알 수 없는 방언으로 자신에게 말을 하는 사람은 자신에게 외국인이 되고 자신도 복음을 듣는 그 사람에게도 외국인이 되어서 결국 아무 쓸모없는 일이 된다고 말한 것입니다.

"그러므로 방언을 말하는 자는 통역하기를 기도할지니 내가 만일 방언으로 기도하면 나의 영이 기도하거니와 나의 마음은 열매를 맺히지 못하리라"(고전 14:13,14). 바울은 만일 방언을 말해야 한다면, 그 말의 의미를 통역해야 한다고 말하고 있습니다. 만약 통역하지 않고 단지 방언으로만 기도한다면 그것도 나의 영이 기도하는 것이지만 그 기도의 의미가 전달되지 못하기 때문에 열매를 맺을 수 없다고 하였습니다. 바울이 이 성경 말씀에서 언급한 영과 마음은 같은 것입니다. 왜냐하면 바울은 로마서에서 몸과 마음을 설명하면서 육체(몸)와 영(마음)을 서로 비교하였기 때문입니다. 그러므로 이 말씀의 뜻은 통역 없이 방언으로만 기도하면 나의 개인적인 소원은 올릴 수 있지만 이것이 다른 신도들에게 전달될 수 없기 때문에 교회 전체에게 전혀 도움을 주지 못한다는 것입니다. 즉, 내가 교회에 대하여 "야만인"(11절)이 되기 때문입니다.

그래서 바울은 "그러면 어떻게 할꼬 내가 영으로 기도하고 또 마음으로 기도하며, 내가 영으로 찬미하고 또 마음으로 찬미하리라"고 말하였습니다. 영어 성경에는 "마음으로", "With the understanding"(이해할 수 있게)이라고 기록되어 있습니다. 기도를 할 때나 찬미를 할 때에는 영으로도 하지만 또한 마음으로도 하여 교회의 다른 사람들도 "덕 세움을"(17절) 받을 수 있도록 하라고 바울은 말하고 있는 것입니다. 더 나아가서 바울은 "교회에서 네가 남을 가르치기 위하여 깨달은 마음으로 다섯 마디 말을 하는 것이 일만 마디 방언으로 말하는 것보다 나으니라"고 강력하게 주장하고 있습니다. "깨달은 마음으로 하는 말"은 곧 말하는 사람과 듣는 사람이 다 이해할 수 있는 말을 가리킵니다. "형제들아 지혜에는 아이가 되지 말고… 장성한 사람이 되라"(20절).

6. 방언은 믿지 않는 자들을 위한 것

"그러므로 방언은 믿는 자들을 위하지 않고 믿지 아니하는 자들을 위하는 표적이나 예언은 … 믿는 자들을 위함이니 그러므로 온 교회가 함께 모여 다 방언으로 말하면 무식한 자들이나 믿지 아니하는 자들이 들어와서 너희를 미쳤다 하지 아니하겠느냐"(고전 14:22,23).

성경은 "방언"을 "언어"라고 말하고 있습니다. 하나님께서 성령의 은사를 주시는 것은 실제적인 필요가 있기 때문입니다. 예수님께서는 그의 제자들에게 "그러므로 너희는 가서 모든 족속으로 제자를 삼아 아버지와 아들과 성령의 이름으로 침례를 주"(마 28:19)라고 말씀하셨습니다. 그런데 이 명령은 문제를 가지고 있습니다. 어떻게 하나 또는 두 가지 정도의 언어밖에 모르는 제자들이 전 세계의 사람에게 복음을 전파할 수 있겠습니까? 비록 제자들이 총명한 사람들이었다고 할지라도, 그들 대부분은 교육받지 못한 문맹이었습니다. 그들이 그리스도의 명령을 따르기 위해서는 성령의 은사가 필요되었습니다. 이것이 바로 알지 못하고 배우지 못한 언어를 말하게 하는 초인간적이고 신비스러운 언어의 은사입니다.

"믿는 자들에게는 이런 표적이 따르리니 곧 저희가… 새 방언을 말하며"(막 16:17). 이 성경절들을 통하여 예수님께서 말씀하신 "새 언어(새 방언)"는 하나의 "표적"으로서 외국어를 공부하지 않고도 그 말을 할 수 있는 능력이 생김을 의미한다는 것을 알 수 있습니다. 즉, 전에 알지 못하고 배우지 못한 언어로 유창한 설교를 할 수 있는 능력을 가리키는 것입니다. 성경에는 방언을 말한 예가 3번 나옵니다(행 2,10,19). 이 성경절의 예를 잘 살펴보면 방언의 은사가 무엇을 의미하는지 확실히 알 수 있습니다.

"오순절 날이 이미 이르매 저희가 다 같이 한곳에 모였더니 홀연히 하늘로부터 급하고 강한 바람 같은 소리가 있어 저희 앉은 온 집에 가득하며 불의 혀 같이 갈라지는 것이 저희에게 보여 각 사람 위에 임하여 있더니 저희가 다 성령의 충만함을 받고 성령이 말하게 하심을 따라 다른 방언으로 말하기를 시작하니라."(행 2:1-4).

"불"은 능력을 상징합니다. 하나님께서는 이 방언의 은사를 불의 임함처럼 보여주심으로써, 애굽의 바로 왕 앞에 나아갈 때에 모세가 받았던 그 능력에(출 4:10-12) 상당하는 능력과, 이사야의 혀에 닿았던 하늘에서 온 숯처럼(사 6:6,7), 그들의 연약한 혀에 하늘의 능력이 내렸다는 것을 느낄 수 있도록 하였습니다.

왜 하나님께서는 방언의 은사를 내리기 위해서 오순절까지 기다리셔야만 하셨을까요? 사도행전 2장 5-11절을 살펴보도록 하겠습니다.

"그때에 경건한 유대인이 **천하 각국으로부터 와서** 예루살렘에 우거하더니 이 소리가 나매 큰 무리가 모여 **각각 자기의 방언으로** 제자들의 말하는 것을 듣고 소동하여 다 놀라 기이히 여겨 이르되 보라 이 말하는 사람이 다 갈릴리 사람이 아니냐. 우리가 우리 각 사람의 난 곳 방언으로 듣게 되는 것이 어찜이뇨? 우리는 바대 인과 메대 인과 엘림 인과 또 메소보다미아, 유대와 가바도기아, 본도와 아시아, 브루기아와 밤빌리아, 애굽과 및 구레네 가까운 리비야 여러 지방에 사는 사람들과 로마로부터 온 나그네 곧 유대인과 유대교에 들어온 사람들과 그레데 인과 아라비아 인들이라. 우리가 다 우리의 각 방언으로 하나님의 큰일을 말함을 듣는도다."

오순절은 유대인들의 명절로서 유월절 이후 50일째 되는 날입니다. 이 날은 로마 제국의 곳곳에 퍼져 있는 모든 진실된 이스라엘 사람이 다 예루살렘에 모여 예배를 드립니다. 하나님께서는 이날을 택하셔서 방언의 은사를 제자들에게 내리심으로써, 그 곳을 방문 중인 모든 사람이 자신의 모국어로 하나님의 말씀을 들을 수 있도록 계획하셨습니다. 이 성경 말씀을 따르면 적어도 15개 이상의 다른 언어를 쓰는 사람들이 오순절에 예루살렘에 모였던 사실을 알 수 있습니다. 제자들에게 내려진 방언의 은사로 말미암아, 타지에서 살다가 오순절에 예루살렘을 방문한 사람들에게도 복음이 전파되었으며, 수많은 사람이 개심의 경험을 하게 되었고, 오순절을 보낸 후 그들은 제자들이 전한 새로운 복음을 가지고 고향 집으로 돌아갔습니다. 이 말씀은, 방언은 전 세계 사람에게 복음을 전파할 때에 필연적으로 부딪히게 되는 언어의 장벽을 허물기 위하여 내리는 은사임을 확실하게 증거해 줍니다. 어떤 사람들은 오순절 날에 있었던 기적이 다른 언어를 이해할 수 있는 능력을 받은 것이었다고 오해하고 있습니다. 이 은사는 다른 언어를 이해할 수 있는 은사가 아니었고, 다른 언어를 말할 수 있는 은사였습니다. 이것은 언어의 은사였지, 들음의 은사가 아니었습니다.

또 어떤 사람들은 방언이 "하늘의 언어"로서 오직 하나님과 통역의 은사를 받은 사람들만이 이해할 수 있는 것이라고 주장합니다. 그러나 성경은 사도행전 2장에서 제자들과 듣는 사람들이 모두 그 설교를 알아들을 수 있었다고 말하고 있습니다(11절).

두 번째 예는 베드로가 고넬료와 그의 가족들에게 전도한 말씀을 통해서 볼 수 있습니다.

"베드로가 이 말 할 때에 성령이 말씀 듣는 모든 사람에게 내려오시니 베드로와 함께 온 할례 받은 신자들이 이방인들에게도 성령 부어 주심을 인하여 놀라니 이는 방언을 말하며 하나님 높임을 들음이러라."(행 10:44-46).

사도행전 10장 1절에 보면 고넬료는 이태리 사람이었고, 베드로는 유대인으로 아람어를 사용하였습니다. 역사에 의하면 로마의 시종들은 여러 나라에서부터 잡혀온 사람들이었습니다. 베드로가 고넬료를 만났을 때, 그 두 사람 사이에는 언어 장벽이 있었음이 확실하며, 베드로는 아마 통역관을 세워서 통역을 하도록 하였을 것입니다. 이러한 상황에서 성령이 고넬료와 그 집안 사람들에게 내려졌습니다. 그 결과, 그 곳에 있던 유대인들과 베드로는 그 사람들의 말을 이해할 수 있었습니다. 그래서 성경은 유대인들이 그 사람들이 그들의 언어로 말하는 "하나님을 높임"의 음성을 들었다고 적고 있습니다(행 10:46). 후에 베드로는 "내가 말을 시작할 때에 성령이 저희에게 임하시기를 처음(오순절 날) 우리에게 하신 것과 같이"(행 11:15) 하였다고 말하였습니다.

베드로는 이 말씀을 통하여 고넬료와 그 집안사람들이, 예수의 제자들이 오순절 날 받았던 동일한 방언의 은사를 받았었다고 밝히고 있습니다. 다른 말로 말한다면, 방언의 은사를 받은 고넬료와 그의 가족들은 그들이 전에 전혀 알지 못하던 다른 언어로 말을 할 수 있었다는 것입니다.

방언에 관한 마지막 예로는 바울이 12명의 에베소 사람들에게 전도한 일입니다. 사도행전 19장 6절에 말하기를 "바울이 그들에게 안수하매 성령이 그들에게 임하시므로 방언도 하고 예언도 하니" 바울은 예수님의 제자 중에서 가장 많은 교육을 받은 사도였으며, 가장 많이 선교 여행을 하였던 사람입니다(고전 14:18). 성령이 12명의 에베소 사람에게 임하였을 때에 바울은 그들이 방언하고, 예언을 하는 모습을 보았습니다. 그들은 로마 제국에서 쓰이는 언어를 말했을 가능성이 많습니다. 그래야 전도하는데 사용할 수 있기 때문입니다.

여러분은 이 성경 말씀들을 통하여 방언의 은사는 여러 다른 언어를 쓰는 사람들이 모였을 때에 그들이 서로 소통할 수 있도록 하기 위하여 내려진 것을 발견할 수 있을 것입니다. 사도행전 4장에는 2장에 나오는 오순절과 유사한 장면이 나타나 있지만, 방언의 은사는 내려지지 않았습니다. 그들이 모였던 장소가 흔들렸으며 사람들은 성령으로 감동되었습니다. 그러나 그곳에서는 다른 언어를 쓰는 외국인들이 없었기 때문에, 방언의 은사는 내려지지 않았습니다. 사도행전 4장 31절에 말씀하시기를 "빌기를 다하매 모인 곳이 진동하더니 무리가 다 성령이 충만하여 담대히 하나님의 말씀을 전하니라."

하늘로부터 성령의 침례가 내려지는 이유는 아무도 알아들을 수 없는 이상한 소리를 만들어내기 위해서가 아니고, 전도하기 위한 능력을 받기 위해서였습니다. 그래서 예수님께서 말씀하시기를 "오직 성령이 너희에게 임하시면 너희가 권능을 받고 예루살렘과 온 유대와 사마리아와 땅 끝까지 이르러 내 증인이 되리라"(행 1:8)고 하신 것입니다.

7. 고린도 교회에게 한 바울의 충고

바울이 기록한 14권의 신약 성경책 중에서 고린도전서만이 방언에 대하여 말하고 있습니다. 고린도 교회는 어떤 특별한 문제들을 가지고 있었음을 알 수 있는데,

왜냐하면 고린도후서나 바울이 기록한 다른 성경에는 방언에 대하여 한 번도 언급하지 않았기 때문입니다. 고대 고린도 도시에는 두 개의 유명한 국제 항구가 있었습니다. 그렇기 때문에 고린도 교회는 여러 다른 나라의 사람들이 모이게 되었고, 예배의 방법에 있어서도 혼란이 생겼습니다. 고린도 교회의 많은 사람은 다른 사람들이 알 수 없는 언어로서 기도하고, 증언하고, 설교를 하였던 것이 분명합니다. 그래서 바울은 조언하기를 만약 다수의 사람이 이해하지 못하는 언어를 말한다면 통역관이 필요하며 그렇지 않을 경우에는 조용히 있으라고 말한 것입니다. "만일 통역하는 자가 없거든 교회에서는 잠잠하고 자기와 및 하나님께 말하라"(고전 14:28). 즉, 다른 사람이 이해할 수 없는 언어로 말하는 것은 예의 있는 행동이 아니라는 것이었습니다.

바울의 다음과 같은 분명한 충고를 들어 보십시오. "그런즉 형제들아 내가 너희에게 나아가서 방언들로만 말하고, 계시나 지식이나 예언이나 교리로 말하지 아니하면 너희에게 무슨 유익을 주겠느냐? 피리나 하프같이 생명이 없는 것일지라도 소리를 낼 때에 그 소리를 구별하지 아니하면 피리를 부를 것인지 하프를 타는 것인지 어떻게 알 수 있으리요? 뿐만 아니라 만일 나팔이 불확실한 소리를 내면 누가 전쟁 준비를 하겠느냐? 너희도 마찬가지라. 만일 너희가 방언으로 쉽게 알아들을 수 없는 말을 한다면, 무슨 말을 하는지 어떻게 알 수 있겠느냐? 이는 너희가 허공에다 말하고 있는 것이라…. 교회에서 일만 마디의 알지 못하는 방언으로 말하기 보다는 차라리 나의 지각으로 다섯 마디 말을 하여 나의 말로 다른 사람들을 가르칠 수 있기를 원하노라…. 누가 알지 못하는 방언으로 말하려면 두 사람이나 많아도 세 사람이 차례로 하고 한 사람은 통역하라. 그러나 만일 통역하는 자가 없거든 교회에서는 조용히 하고 자신과 하나님께만 말하라"(고전 14:6-9,19,27,28 KJV)

소위 방언을 한다는 사람들이 이 성경절들을 이용하여, 교회에서 자신도 이해하지 못하고 다른 사람들도 알아듣지 못하는 말로 중언부언하는 것을 당연한 것으로 주장하는 것은 참으로 놀라운 일입니다. 바울의 충고는 그러한 사람들의 주장과는 전혀 다릅니다. 디모데전서 6장 20절에 "허황된 말과 변론을 피하라"고 하였습니다. 디모데후서 2장 16절에 바울은 또다시 "망령되고 헛된 말을 버리라 저희는 경건치 아니함에 점점 나아가니"라고 하였습니다. 방언의 은사는 우리의 생각을 언어가 다른 사람과 나누기 위해서 마련된 하나님의 고안품입니다. 만약 사람들이 그대가 하는 방언을 이해치 못한다면, 바울의 충고처럼 교회에서 잠잠해야 하지 않을까요?

8. 하늘의 언어

내가 아는 오순절파 교회에 있는 대부분의 그리스도인은 사도행전에 나오는 방언이 실제적인 다른 나라의 언어라는 사실을 인정합니다. 그러나 그들은 다른 나라의 언어를 말하는 것 이외에 두 번째 은사가 있다고 말합니다. 그것이 바로 "하늘의 기도 언어"라는 것입니다. 그들은 이것을 "성령의 말할 수 없는 탄식(Groaning which cannot be uttered)"이라고 합니다. 그들은 말하기를 아무도 알아들을 수 없는 말로 기도하는 이유는 사탄이 자신들의 기도를 알아듣지 못하게 하기 위해서라고 합니다. 그러나 성경의 어느 곳에서도 우리의 기도를 숨기라는 말씀이 없습니다. 오히려 성경은 우리가 기도할 때에 사탄이 그것을 듣고 떤다고 말하고 있습니다.

방언을 하는 분들이 말하는 소위 "기도의 언어"라고 불리는 교리는 고린도전서 14장 14절에 기초하고 있습니다. "내가 만일 방언으로 기도하면 나의 영이 기도하거니와 나의 마음은 열매를 맺지 못하리라"

그들은 사도 바울이 기도할 때에도 하늘의 언어로 기도하였으며, 바울 자신도 무엇을 기도하는지 알지 못했다고 주장합니다. 그러나 이러한 생각은 중요한 문제를 제시합니다. 만약 자신이 어떤 기도를 했는지 알지 못한다면, 자신의 기도가 응답받았는지 어떻게 알 수 있을까요?

우리는 고린도전서 14장 14절의 진정한 의미가 무엇인지를 알아야 합니다. 성경을 읽다가 가끔 문제에 부닥치는 경우가 있는데, 많은 성경 번역본들의 성경절들이 고어를 쓰고 있어서 그 의미가 혼란스럽게 보이기 때문입니다. 이 성경절은 이런 뜻입니다.

"만일 내가 알지 못하는 언어(unknown tongue)로 기도하면, 내 영이 기도한다고 하지만 나의 지각(my understanding, 이해력)은 열매를 맺지 못함이라."(KJV)

사도 바울은 만약 우리가 크게 공중 기도하기 원한다면, 다른 사람들이 알아들을 수 있게 하든지 아니면 잠잠하라고 말하는 바울의 충고를 기억하십시오. 위 구절에서 사도 바울은 오히려 알지 못하는 기도가 아니라 깨달음으로 이해력을 가진 열매 맺는 기도를 하지 않는 기도는 기도한다고 하지만 무슨 열매를 맺겠느냐는 뜻으로 기록하고 있습니다.

그다음 몇 성경절들을 살펴보십시오. "그러면 어찌하리요? 나는 영으로 기도하겠고 깨달음(understanding)으로 기도하겠으며, 나는 영으로 찬송하겠고 깨달음으로 찬송하리라. 그렇지 아니하면 네가 영으로 감사할 때에, 배우지 못한 처지에 있는 자가 네가 말하는 것을 깨닫지 못한 채, 너의 감사드리는 것에 어찌 아멘이라 말할 수 있겠느냐?"(KJV, 고전 14:15,16). 이 성경절에 의하면 누가 이해하는데 문제가 있다고 합니까? 이해(understanding)하는데 문제가 있는 사람은 말하는 사람이 아니고, 듣는 사람입니다.

만일 여러분이 알지 못하는 언어를 사용하는 외국인과 같이 기도를 해 본 경험이 있다면 바울이 왜 "아멘" 하는데 어려움이 있다고 말하였는지 잘 알 수 있을 것입니다. 통역관이 없다면 여러분이 무슨 기도를 하고 있는지, 다른 사람이 무슨 말을 하는지 도무지 알 수 없기 때문입니다.

고린도전서 14장의 문맥을 볼 때에 여기서 방언을 한다고 시끄럽게 중얼거리는 사람들은 알지못하는 무슨 소리를 자랑하듯 하였고 이러한 무질서는 교회를 세우는 것이 아니라고 말하고 있는 것입니다. 사도 바울의 편지의 요지는 방언을 말하는 이유, 또는 외국어를 말하게 되는 이유는 복음의 전파를 위한 의사소통과 그로 인하여 교회의 덕을 세우기 위한 것이라는 사실을 알 수 있습니다. 결과적으로, 만약 통역관이 없다면 그 사람의 말은 단지 허공에 대고 하는 것이고 오직 하나님과 그 사람 자신만이 알 수 있다는 것입니다. 이것이 바로 자주 잘못 오해되고 있는 2절의 말씀의 의미입니다. "이는 알지 못하는 언어로 말하는 자는 사람들에게 말하지 아니하고 하나님께 한다 하니, 아무도 그의 말을 알아듣는 자가 없고, 그가 영으로 신비한 것들을 말하기 때문이라."(KJV, 고전 14:2).

바울은 다시 한 번 강조하기를 방언은 듣는 사람들이 알아들을 수 있어야 하며, 그렇지 않다면 조용히 앉아서 하나님과 묵상으로 이야기하라고 하였습니다. "이와 같이 너희도 혀로서 알아듣기 쉬운 말을 하지 아니하면 그 말하는 것을 어찌 알리요 이는 허공에다 말하는 것이라… 만일 통역하는 자가 없거든 교회에서는 잠잠하고 자기와 및 하나님께 말할 것이요"(고전 14:9,28). 분명, 방언은 언어 장벽을 극복하여 복음을 다른 민족과 나라에게 전하기 위한 의사소통의 수단으로 주어진 것임을 알 수 있습니다.

어떤 사람은 이같이 묻습니다. "바울은 자신이 천사의 언어를 말했다고 하지 않았습니까?" 그렇지 않습니다. 바울이 말하기를 "내가 사람의 방언과 천사의 말을 할지라도…"(고전 13:1)라고 하였습니다. 만약 여러분이 이 말씀을 문맥을 따라 이해한다면, "… 할지라도"의 의미가 "만약 그렇게 한다고 할지라도"라는 의미라는 것을 알 수 있을 것입니다. 그 예로서 바울은 2절에서 "…할 수 있는 믿음이 있을지라도"라는 동일한 방식의 문맥을 사용하고 있습니다. 바울은 참수형을 당하였지 화형을 당하지 아니하였습니다. 그러므로 이 "…할지라도"의 의미는 "…한다"는 의미가 아니라는 것을 알 수 있습니다.

9. 위조품을 조심하라

예수 그리스도는 우리의 모본이십니다. 그분께서는 성령으로 충만한 분이셨습니다. 그러나 그분께서는 한 번도 방언으로 말씀하지 않으셨습니다. 침례 요한도 "모태로부터 성령의 충만함을 입"은 사람이었으나 그가 방언을 말하였다는 기록은 찾아볼 수 없습니다.

신약의 27개 책 중에서 3권이 방언에 대하여 말하고 있습니다. 성경은 약 39명의 저자로 쓰였으나 오직 누가, 바울, 마가만이 방언에 대하여 말하고 있을 뿐입니다. 우리는 하나님께서 강조하시는 곳에 우리의 중요성을 두어야 합니다. 그렇지 않고, 우리의 감정에만 의지한다면 우리는 진품과 위조품을 구별하지 못하고 헛된 방언을 구하다가 믿음을 잃어버릴 것입니다.

진정한 방언의 은사는 복음을 온 세상 사람들에게 전파하는 일에 있어서, 강력한 능력이 될 것입니다. 그러나 사탄은 언제나 위조품을 제시하고 있다는 사실을 기억해야 합니다. "Glossolalia"라는 말은 일반적으로 오순절파 교회들에서 방언의 경험을 말할 때 사용되는 단어인데, 이 단어는 American Heritage 사전에 이렇게 설명되어 있습니다: "복잡하고 의미 없는 말, 특별히 무아경 또는 정신질환적 증상과 관련된 현상"

이와 반대로 "언어"라는 단어는 "인간이 사용하는 목소리, 주로 성문화된 글씨로 나타내는 소리, 생각과 느낌을 표현하기 위하여 조직적으로 구성된 패턴" 이라고 정의되어 있습니다. 성경은 방언을 언어라고 설명하고 있지만, "Glossolalia"라는 분열된 소리는 "언어"가 아닙니다.

가끔 이러한 현상을 볼 수가 있습니다. 어떤 교회에서 목사님과 그의 사모가 "방언의 팀"을 이루고 있으며, 매주 설교 시간만 되면 목사의 사모가 벌떡 일어서서 그의 손을 하늘로 쳐들고 황홀경에 빠진 소리를 내기 시작합니다. 그런데 그 사모는 언제나 똑같은 소리를 반복하여 내는 것입니다. "한다 칼라 샤미, 한다 칼라 샤미…." 이러한 현상은 우리에게 의심을 일으킵니다. 왜냐하면 예수님께서 말씀하시되 "또 기도할 때에 이방인과 같이 중언부언하지 말라. 저희는 말을 많이 하여야 들으실 줄 생각하느니라"고 하셨기 때문입니다.

매번 그 사모가 이러한 소리를 내기 시작할 때마다 그의 남편인 목사는 설교를 중지하고 영어로 통역하는데 한 가지 이상한 사실은, 그 사모가 계속해서 똑같은 말을 반복하고 있는데, 남편인 목사가 통역하는 내용은 매번 달라지는 것입니다. 때로는 통역이 부인의 이상한 소리보다 3배 이상 깁니다. 우리는 이러한 현상을 볼 때마다 "하나님께서 우리에게 주시고 싶은 기별이 있으면, 왜 처음부터 전체 교인들이 알아들을 수 있는 한국말로 주지 않으실까?"하고 의아해지곤 합니다.

10. 언제, 어디서 어떻게 시작되었는가?

현대 기독교회 안에서 급속하게 퍼져 나가고 있는 이상한 방언 현상을 볼 때마다 우리는 학창 시절에 읽었던 역사책의 내용이 생각납니다. 오늘날 수많은 교회에서 나타나는 이상한 방언 현상은 그 뿌리를 성경에 두는 것이 아니라, 고대 이방인들의 제사 의식에 두고 있음을 역사는 말하여 줍니다. 기원전 6세기에, "델피의 오라클"이라는 사람은 아폴로신과 뮤즈의 신의 영지라고 알려진, 그리스 중부에 있는 파르나소스 아래 살고 있었습니다. 델피는 "술, 다산, 선정적 춤의 신"이라고 부르는 "디오니소스"를 믿는 사람이었습니다.

제사 의식 중에 분위기를 돋우는 선정적인 음악이 흘러나오고 있을 때, "피디아"라고 부르는 부족의 사제장은 이상한 연기를 들여 마시면서 황홀경에 빠져들어 가면서 의미 없는 말을 반복하여 지절거렸습니다. 그 사제가 이상한 소리를 낼 때에 다른 사제는 그것을 통역하였습니다. 그의 소리는 아폴로신에 관한 말이었습니다. 그러나 그 메시지는 추상적이었고 그 말이 맞는지 틀리는지도 알 수 없었습니다.

New Mexico에 사는 인디언들 가운데서도 이와 비슷한 현상을 목격할 수 있습니다. 그 인디언들은 "페이요우티"라는 환각제를 마시고 둥글게 앉아서 몇 시간 동안이나 드럼 소리를 들으며 종교적 노래를 부릅니다. 시간이 지남에 따라 몇몇 인디언들은 즉흥적으로 자극적인 몽상에 관한 말을 중얼거립니다. 이러한 제사 형식의 유사함 때문에 미국에서 오순절파 교회들은 미국 인디언들에게 인기가 가장 좋은 곳이 되었습니다. 여러 가지 이교도적 미신을 믿는 아프리카의 부족들은 그들의 신으로부터 축복을 받아내기 위하여 닭이나 염소 등을 제물로 드리고 여러 시간 동안 불을 중심으로 돌며 춤을 추며, 최면적인 리듬과 드럼 소리에 맞추어 노래를 부릅니다. 시간이 지남에 따라 몇 사람들은 신접한 상태에 이르게 되고 혼령의 세계의 말을 중얼거리기 시작합니다. 그러면 그 마을 마법사나 사제가 그 말을 통역합니다. 이러한 의식은 오늘날에도 서인도의 Voodoo Catholic 들에 의하여 행하여지고 있습니다.

이러한 이방적인 제사의식들이 처음 미국 교회에 들어온 시기는 1800년도입니다. 아프리카에서 잡혀온 노예들이 미국에 온 후 그들은 기독교를 받아들이도록 강압 받아서 교회에 나갔지만, 그들은 스스로 성경을 읽어서 이해할 수 있을 정도의 지성을 갖추지 못했습니다. 그들이 비록 아프리카의 서로 다른 부족들에 속해 있었지만, 그들 모두는 신령적 춤과 신접한 소리를 낸다는 점에 있어서는 공통점을 가지고 있었습니다.

이 노예들은 그들의 신접한 소리를 방언의 은사로 오해하게 되었고, 새로운 방법의 방언을 만들기 시작하였습니다. 강한 리듬의 음악과 같이 진행되는 이러한 광신적 의식은 미국 남쪽 지방의 교회들에서 처음 받아들여졌으나, 당시의 기독교 단체들은 이러한 사람들을 "Holy Rollers"라고 비난하였습니다. 어떤 사람들은 자신들이 신접했다는 것을 증거하기 위하여 의식도중에 독사를 가지고 나왔습니다. 이러한 생각은 마가복음 16장 18절에 "뱀을 집으며 무슨 독을 마실지라도 해를 받지 아니하며…"라는 말씀을 잘못 오해하였기 때문입니다. 자신들이 성령을 받았다는 것을 증거하기 위하여 독사를 사냥하여 들고 있는 것은 성령을 받았다는 증거가 아니고 실제로 하나님을 시험하는 것입니다.

백인들의 오순절파 운동은 1906년 로스앤젤레스의 Azusa Street에 있는 Apostolic Faith Gospel Mission에서 시작되었습니다. 이 단체의 지도자는 William Seymour 이라는 흑인 전도사였습니다. 그 때부터 이 단체의 지도자들은 그들의 교리를 계속적으로 발전시켰으며, 일반 기독교인들에게 더욱 흥미 있게 보이도록 노력하였습니다. Compton's Interactive Encyclopedia, under the entry "Pentecostals" "1960년대부터 이 오순절파 운동은 전통적인 백인 기독교인들을 끌어들이기 시작하였다. 현재는 전 세계에 걸쳐서 개신교와 천주교 안에 오순절파의 가르침을 믿는 수백만의 교인이 있다."

무아지경의 주문을 외우는 이방 종교의식에서 음악이 얼마나 중요한 역할을 하고 있는지를 아는 것은 매우 중요합니다. 이러한 것을 모방한 거짓 방언들은 이방 종교의 음악을 모방한 기독교회의 음악과 종교 의식에서 그 뿌리를 찾아볼 수 있습니다. 반복되는 비정규적인 리듬의 연주는 사람들로 하여금 이성적인 능력을 잃게 만들고 최면적인 무아경으로 이끕니다. 이러한 분위기를 통하여 극렬한 상태로 반복되는 중얼거림이 자연스럽게 자리를 잡게 되었습니다.

지금 사탄은 위조된 방언의 은사를 사용합니다. 트로이의 목마처럼, 이방 종교의 예배 방법이 기독교 안에 들어와서 놀라울 만큼 성공적으로 자리를 잡았습니다. 사탄은 기독교인들을 믿음에서 감정으로 이끌려고 합니다. 어떤 오순절파 교회들은 성경은 이미 지나간 구식이고, 방언이 바로 그리스도인에게 새롭게 주어진 기별이며, 심지어는 방언이 성경보다도 더 믿을만한 것이라고까지 주장하고 있습니다. 현대 기독교회 안에 사탄을 위한 무대가 이러한 단계까지 완성되어 있습니다.

11. 성령이 임한 사람의 태도

"영의 침을 당한 사람은 땅에 뒹굴며 방언을 중얼거려야 한다"는 사상은 하나님의 신을 모욕하는 것입니다. 하나님께서 그의 성령을 우리에게 주시는 목적은 그의 형상을 복원하기 위해서이지, 인간의 존엄성을 잃게 하고 자신을 제어할 수 있는 이성을 잃게 하기 위함이 아닙니다.

구약시대에 갈멜산에서 이방신의 예언자들은 제단 주위를 뛰며 신음소리를 내며 소리를 질렀습니다. 그들은 예언을 하면서 자신들의 몸을 자학하였습니다. 그러나 이와 반대로 엘리야는 조용히 무릎을 꿇고 단순한 기도를 올렸습니다. "하나님은 어지러움의 하나님이 아니시요"(고전 14:33). 우리가 성령을 받을 때, 우리 자신을 제어할 수 없게 된다는 생각은 성경 말씀과 어울리지 않습니다. "예언하는 사람들의 영은 예언하는 사람들에게 지배를 받나니"(고전 14:32).

예수님께서 갈릴리 맞은 편 거라사 인의 땅에서 마귀들린 사람을 고치셨을 때에 그 고침을 받은 사람은 "옷을 입고 정신이 온전하여 예수의 발아래 앉"아 있었습니다(눅 8:35). 하나님께서는 "오라 우리가 서로 변론하자"고 초청하십니다.

어떤 분들은 "어떻게 당신은 그런 말을 할 수 있습니까? 나는 여러 해 동안 방언을 하였고 이것이 하나님께로부터 왔는지 내가 알고 있습니다."라고 반문할 것입니다. 그러나 기독교인으로서 우리는 우리가 가지고 있는 느낌으로 결론을 내려서는 안 됩니다. 왜냐하면 사탄은 우리의 감정과 느낌을 통하여 접근하기 때문입니다. 우리의 믿음은 하나님의 말씀에 기초되어야 합니다.

방언을 자주 하였던, 열심 있는 한 오순절파 교인이 방언에 관하여 공부한 후 자신의 방언이 정말로 올바른 영으로부터 왔는지 다시 생각하게 되었습니다. 그래서 그는 진정한 마음으로 "주여 만약 이것이 당신의 뜻이고, 만약 내가 참 방언의 은사를 받지 못했다면 이것을 내게서 제하여 주소서"라고 기도하였습니다. 그는 말하기를 그 시간으로부터 무아경의 중얼거림은 다시 그에게 오지 않았다고 하였습니다. 진정한 기독교인이라면 자신이 소중하게 여기는 모든 생각과 행함을 하나님의 제단 위에 올려놓고 포기할 줄 알아야 하며, 이것들이 어떠한 인기를 가지고 있거나, 얼마나 많은 기독교인이 좋아하는지에 상관없이 진리의 말씀에 일치하지 않는 모든 것을 버릴 줄 알아야 합니다. "예수님께서 이르시되 너희는 사람 앞에서 스스로 옳다 하는 자이나 너희 마음을 하나님께서 아시나니 사람 중에 높임을 받는 그것은 하나님 앞에 미움을 받는 것이니라"(눅 16:15).

12. 기적이 모두 성령의 역사는 아니다

성경에 계시된 가장 분명한 마지막 시대의 징조 중의 하나는, 모든 영혼의 운명을 종결지을 최후의 전쟁을 위해서, 사탄의 세력이 가시적으로 출현하는 것입니다. 성경은 마지막 시대에 사탄은 세상 전체를 자기 진영으로 끌어들이는 기만적인 작전을 펼치기 위해서 온갖 방법을 동원할 것이라고 기록되어 있습니다. 사도 요한은, "마귀가 자기의 때가 얼마 못 된 줄을 알므로 크게 분 내어… 내려 갔"다고 기록했습니다(계 12:12). 지구 역사 전체를 통하여 준비해온 이 마지막 전쟁을 위해서, 사탄은 정치적 세력과 종교적 힘을 모두 이용할 것입니다. 머리가 비상한 사탄은 사람들을 구원받지 못하게 하는 전략을 세워왔습니다. 그의 최종적 목표는 사람들로 하여금 하나님의 율법을 범하게 하는 것입니다. 왜냐하면 사람들이 하늘에 가지 못하도록 만들기 위해서는 그들이 계속해서 율법을 범하는 죄를 짓게 하면 되기 때문입니다.

이 최후의 기만을 위한 그의 전략은 모든 사람으로 하여금 하늘의 권위에 도전하도록 만드는 것입니다. 그러기 위해서는 첫째로, 모든 교파에 속해 있는 그리스도인이 율법을 범하면서도 아무런 가책을 느끼지 못하도록 만들어야 하며, 둘째로는 하나님의 뜻 안에 살고 있지 않으면서도 자신이 행하는 기적을 보면서 하나님께서 자신과 함께 하신다는 강력한 감정적 확신을 갖도록 만드는 것입니다.

이러한 계획을 성취하기 위해서, 사탄은 신앙 문제에 있어서 성경을 최종적인 권위로 받아들이던 전통적 견해를 무너뜨리고, 그에 걸맞은 다른 권위를 확립하려고 하였습니다. 사탄은 모든 교파 간에 존재하는 어떠한 종류의 견해 차이도 극복할 수 있는 전략을 세웠는데, 그러한 전략을 통하여 사탄은 자신이 원하는 방향대로 전체 그리스도인들을 유도하려고 합니다.

그리스도께서는 다음과 같이 경고하고 있습니다. "나더러 주여 주여 하는 자마다 천국에 다 들어갈 것이 아니요 다만 하늘에 계신 내 아버지의 뜻대로 행하는 자라야 들어가리라. 그 날에 많은 사람이 나더러 이르되 주여 우리가 주의 이름으로 선지자 노릇하며 주의 이름으로 귀신을 쫓아내며 주의 이름으로 많은 권능을 행치 아니하였나이까 하리니 그 때에 내가 저희에게 밝히 말하되 내가 너희를 도무지 알지 못하니 불법을 행하는 자들아 내게서 떠나가라 하리라"(마 7:21-23).

주님께서 주신 이 경고의 의미를 잘 생각하여 봅시다. 이 성경절에 나오는 사람들은 그리스도인들이라고 자처하고 있으며 심지어 예언하고 병 고치며 귀신을 쫓아내는 일에 엄청난 능력을 행사하였습니다. 그러나 예수님께서는 그들을 모른다고 말씀하셨습니다. 그러므로 그들은 그리스도의 능력을 힘입어 그런 영적 은사들을 행사한 것이라고 말 할 수 없습니다. 그렇다면 누가 그들에게 이러한 초자연적 능력을 주어서 그런 기적을 행할 수 있도록 하였을까요? 그러한 능력이 나올 수 있는 근원은 오직 하나님과 사탄 이외에는 없습니다. 예수님께서 그들에게, "불법을 행하는 자들"이라고 말씀하신 것을 보면, 그들이 불법의 창시자 사탄의 능력으로 병을 고치고 예언했던 것임에 틀림없습니다. 이 말씀은 마지막 때에 성령의 은사를 받은 것처럼 보이는 기만적인 기적들이 있을 것임을 우리에게 말해주고 있습니다. 외부적으로 그것들은 정말 참된 은사와 유사하게 보일 것이며, 신앙적 열성이 충만한 분위기 가운데서 예수의 이름으로 행해질 것입니다.

예수님께서 말씀하시기를 "진리의 성령이 오시면 그가 너희를 모든 진리 가운데로 인도하시리"(요 16:13)라고 하셨습니다. 성령께서 우리를 인도하시는 "모든 진리 또는 모든 것"은 죄를 지적하시는 성령의 사업부터 시작됩니다. "그가 와서 죄에 대하여 세상을 책망하시리라"(요 16:8). 어떤 사람도 자신이 율법을 범한 일에 대한 성령의 책망을 받고 십자가로 인하여 용서와 성화의 경험을 하지 못한다면, 진짜 성령의 충만함을 경험할 수 없습니다. 거짓말, 도둑질, 간음…. 등을 행하면서도 성령 충만함을 바라는 것은 하나님께 대한 믿음이 아니라 참람된 요구입니다.

"그러므로 내가 너희에게 이르노니 사람의 모든 죄와 훼방은 사하심을 얻되 성령을 훼방하는 것은 사하심을 얻지 못하겠고 또 누구든지 말로 인자를 거역하면 사하심을 얻되 누구든지 말로 성령을 거역하면 이 세상과 오는 세상에도 사하심을 얻지 못하리라"(마 12:31,32). 사도 누가는 성령을 받을 수 있는 원칙에 대해서 분명하게 선언하였습니다. "우리는 이 일에 증인이요 하나님이 자기를 순종하는 사람들에게 주신 성령도 그러하니라"(행 5:32). 하나님께서는 진리의 말씀을 받아들이고 그 말씀대로 순종하는 사람들에게 성령을 주십니다. 이 성경절들을 통하여 우리는 왜 기적을 행하였던 자들을 예수님께서 "불법을 행하는 자들"이라고 배척해 버리셨는지 알 수 있습니다. 그들은 하늘의 능력을 요구하였지만, 하늘 아버지의 뜻과 그분의 율법을 거절하는 삶을 살았으므로, 그들은 성령의 능력을 받지 못하고, 사탄의 속임을 당한 것이었습니다.

성령의 은사를 구하기 전에, 성령의 9가지 열매인 사랑, 희락, 화평, 오래 참음, 자비, 양선, 충성, 온유, 절제가 자신의 성품과 생애 속에 충만하게 맺히고 있는가 생각하여 봅시다. 성령의 열매들이 충만하게 맺히지 않은 그리스도인들에게도 성령의 능력이 부어질 수 있다는 것은 사탄의 속임수라는 사실을 기억하십시오. 하나님의 진리를 고의적으로 부인하거나 거절하는 사람들에게 성령의 능력과 은사가 내려질 수 없습니다. 만일 하나님의 말씀을 거절하고 부인하는 사람도 성령의 침례를 받을 수 있다면, 어떤 사람들이 성령의 은사와 능력을 받을 수 없을까요? 성령의 은사와 능력이 이기적으로, 무례하게 사용하는 변화되지 않은 자들에게도 주어질 수 있다고 생각하십니까?

방언이 신앙적인 만족감을 주기 위하여 주어진다고 생각하십니까? 한국 사람이 한국어를 잘 아는 한국의 청중들에게 설교하는데, 방언을 사용해야 할 이유가 있을까요? 한국 사람이 한국 사람들에게 설교하는데 통역자를 두어야 할 이유가 있을까요? 방언을 하는 사람 자신도 무엇을 말하고 있는지 이해하지 못하며 듣는 사람들도 이해하지 못하는 묘한 상황이 성경적으로나 합리적으로 납득이 되십니까?

여러분은 하나님의 기적을 간구하는 것만큼, 하나님의 진리를 중요한 것으로 생각하고 계십니까? 여러분은 예수님을 사랑할 뿐만 아니라 예수님의 진리와 계명을 사랑하고 순종하십니까? 여러분 자신의 신앙적인 경험이 하나님의 말씀과 일치하지 않을 경우, 여러분은 자신의 경험을 부인할 만큼 성경 말씀의 권위를 인정하십니까?

방언(언어)의 은사는 현대 기독교회에서도 복음을 전하는 일에 있어서 꼭 필요합니다. 만약 여러분이 방언의 은사를 받았다고 느낀다면, 그 은사를 주장하기 전에 기도와 성경 연구를 통하여 그 은사의 진실성을 먼저 점검해야 합니다. 거짓 선지자와 참 선지자가 있는 것처럼, 거짓 방언과 참 방언이 있으며 이 모든 것의 진실성은 성경으로 판단해야 할 것입니다.

13. 도대체 어떻게 하는 것이 진짜 방언인가?

1800년도에 아프리카에서 미국으로 온 노예들이 기독교회 교인이 되도록 강요당하면서, 그러한 교인들이 예배 도중에 이상한 소리들을 발하기 시작하면서부터 출발한 방언 운동이 이제는 전 세계적인 현상이 되어 버리고 말았습니다. 지금은 거의 모든 기독교회의 교파들이 예배 시에 방언을 허용하고 있는 실정입니다.

집회에 참석하는 분들이 다음과 같이 질문을 하는 일들은 꽤 흔한 경험입니다. "목사님! 방언을 해야만 성령을 받은 증거입니까?", "어떻게 해야 방언을 유창하게 할 수 있나요?", "교회에서 방언하는 것이 성경적입니까?", "어떻게 하는 것이 진짜 방언인가요?"

방언이란 문자 그대로 다른 곳의 언어를 말하는 것입니다. 서로의 의사를 소통하기 위하여 말하는 체계적인 언어 말입니다. 요한계시록 14장 6절은 다음과 같이 말씀하고 있습니다. "또 보니 다른 천사가 공중에 날아가는데 땅에 거하는 자들 곧 여러 나라와 족속과 방언과 백성에게 전할 영원한 복음을 가졌더라." 여기에서 방언이란 외국어를 말하는 것임이 틀림이 없습니다. 다른 나라 사람들에게 복음을 전하기 위해서는 그 나라의 언어를 알아야 하기 때문입니다.

고린도전서 12장 10절의 말씀 중에 이러한 말씀이 있습니다. "…다른 이에게는 각종 방언 말함을, 어떤 이에게는 방언을 통역함을 주시나니" 여기에서도 방언이란 다른 나라 사람들이 말하는 외국어를 말하고 있음을 우리는 알 수가 있습니다. 그런데 도대체 어떻게 해서 요즈음에는, 방언이란 개인이 하나님께만 말하는, 이상한 알아들을 수 없는 소리 냄을 말하는 것으로 이해되고 있는 것일까요?

성경에 원래 말씀된 방언의 은사의 내용과 그 종류가 심각하게 오해되어 버리고 만 것 같습니다. 사도행전 2장에 나타난 신약 시대의 첫 방언의 경험인 오순절의 방언도 외국 각 나라에서 몰려온 사람들에게(이민 간 유대인들) 그들의 언어로 복음을 알아들을 수 있게 나타난 성령의 은사가 바로 방언의 은사였던 사실을 우리는 간단한 성경 연구로 알 수가 있습니다. 외국에 살다가 유월절을 지키려고 예루살렘에 모여 온 사람들이 별로 배움이 없었던 제자들의 설교를 자기들의 방언(외국어)으로 알아듣게 되자 다 놀라워 했다고 성경은 기록하고 있는 것입니다. 그런데 도대체 어떻게 해서 이 성경의 방언이 현대에 와서는 알아들을 수 없는 이상한 소리들을 발하는 것으로 둔갑을 하게 되었을까요? 참으로 이상한 일입니다.

오랫동안 방언을 해 왔었다는 한 자매가, 하루는 자기의 방언의 경험이 성령의 가장 큰 증거인 성품의 변화에는 아무런 도움을 주지 못하고 있다는 사실에 소스라치게 놀랐다는 간증을 한 적이 있습니다. 감정적으로 흥분된 상태를 주거나 짜릿한 고조의 느낌이 드는 것은 사실이나 실제로 성령의 열매를 맺게 하는 일에는 속수무책이었고, 오히려 느낌에 의존하여 신앙생활을 하는 자신을 발견하게 되었다는 것입니다. 어떤 교인들은 옆에서 남들이 방언하면 자기도 무엇인가를 하여야 하기 때문에 일부러 알아들을 수 없는 말들을 만들어 내어 지껄여 왔다는 간증들은 그저 웃고 지나가야 할 일만은 아닙니다.

예수님께서 곧 오실 마지막 시대에 사는 교인들로서, 우리는 우리가 믿는 모든 진리를 성경을 가지고 시험해 보아야 할 때가 된 것 같습니다. 성경에 맞지 않는 것이라면 아무리 많은 사람이 믿고 따른다고 할지라도 단연코 버려야 하는 것이 하나님께만 충성하는 믿음입니다. 만일 오늘날 흔히 하는 방언이 하나님의 말씀 성경과 맞지 않는 경험이라면 그것은 성령께서 주시는 경험이 아니라 할 수 있습니다. 그것이 성령이 주시는 경험이 아니라면 그것은 다른 영에서 오는 일이라고 말 할 수 있는 것입니다. 그렇다면 이것은 보통 심각한 일이 아닙니다.

14. 사탄의 공격 목표는 감정

성경 진리에 의존하지 않는 그리스도인은 자신의 감정에 의지하게 됩니다. 그러므로 사탄은 기적과 초자연적인 현상을 통하여 사람의 감정을 집요하게 공격합니다. 느낌과 감정에 의존하여 신앙생활을 영위하는 그리스도인은 자신을 사탄의 공격으로부터 방어할 수 있는 아무런 보호벽도 가지지 못하게 됩니다. 왜냐하면 사탄은 사람의 정신을 흥분시키고 자극하는 방법으로 오류와 거짓을 퍼트리기 때문입니다. 진리 안에 존재하는 참된 행복과 만족을 발견하지 못한 그리스도인들은 헛된 감정적 환희를 추구하다가 사탄이 만들어 놓은 덫에 걸려들게 됩니다.

사탄은 오늘날 교회 안에서 감정과 믿음을 섞어 놓으려고 최선을 다하고 있습니다. 그러므로 감정이 고조되어야만 믿음의 향상과 구원의 확신을 얻을 수 있다고 믿는 사람들은 사탄의 전략에 기만당하기 매우 쉬운 형편에 놓여 있다는 사실을 이해해야 합니다. 사탄은 진리를 제대로 이해하지 못하거나, 그 성품과 생애에 있어서 아직 충분하게 열매 맺지 못한 그리스도인들에게 각종 기적과 거짓 은사를 행사할 수 있는 능력을 줌으로써, 그들의 고조된 감정을 통하여 접근하고 있습니다. 이렇게 해서 고조된 감정은 그들로 하여금 하나님께서 자신과 특별하게 함께 하신다는 거짓 확신을 갖게 합니다.

그러나 이러한 경험은 성경이 말하는 참된 변화가 아닙니다. 심지어 어떤 사람들은 어떤 단조로운 말을 빠르게 반복하여 기도함으로써, 이전에 자신이 경험했던 감정적 환희와 만족을 억지로 이끌어 내려고 애쓰지만, 그들의 생애를 이끌어 가는 진리와 신앙의 원칙이 교정되지 않는 한 진정한 변화는 이루어지지 않으며, 새롭게 거듭난 생애도 시작될 수 없습니다. 이러한 사람들은 자신의 신앙이 감정적으로 만족되지 못할 때마다 깊은 낙담을 맛보게 됩니다. 그들은 사탄에게 속은 것이며, 또한 스스로 감정에 속은 것입니다. 이러한 사람들의 영적 경험은 자신이 느끼는 감정 이상으로 깊이 들어가지 못합니다.

15. 감정적 신앙의 특징

감정적 신앙이 있다는 증거는 무엇입니까? 그것은 매우 분명한 하나님의 말씀과 진리의 요구에도 불구하고 자신의 뜻을 포기하지 않는 것입니다. 하나님께서 성경 말씀을 통하여 분명하게 밝히신 뜻과는 달리 그와 반대되는 길로 갈 수 있도록 허락해 달라는 억지 기도를 드리는 것이야말로 감정적인 신앙의 대표적 증거입니다. 사탄은 광명한 천사로 가장하여 의심을 받지 않을 만한 곳에 그물을 치기 때문에 정직한 마음으로 열심히 성경을 연구하지 않는 한, 누구도 사탄의 덫을 피할 수 없습니다.

대개 감정을 중요시 하는 신앙은 하나님의 진리와 율법의 요구가 무엇인지를 분명하게 알고 있음에도, "성령께서 내게 개인적으로 말씀해 주실 때까지 나는 이 길을 그대로 가겠다"고 고집하는 경향이 있습니다. 사탄은 이러한 사람들에게 접근하여 그들이 원하는 감정과 느낌을 줌으로써, 그들의 욕구를 만족하게 해줍니다. 이러한 과정을 통하여 그들은 하나님의 진리가 요구하는 바를 저버리고, 자신의 감정과 느낌이 요구하는 바에 따라서 생애 함으로써 결국에는 자기 자신을 속이게 됩니다.

그렇다면, 우리가 예수 그리스도의 마음을 가지고 있다는 표적은 무엇일까요? 그것은 자아와 교만이 죽은 생애이며, 자신보다 진리를 높이 여기는 삶입니다. 분명하고 예리한 성경 진리를 받아들이기 원치 않는 그리스도인들은 명백한 진리 대신에 자기의 양심을 진정시키고 감정을 만족하게 해주는 설교를 좋아합니다. 극기와 자아 희생을 요구하는 그리스도의 진리가 빠져 있는 교리에 큰 호감을 나타내는 것이 감정적 신앙인의 특징입니다. 느낌은 믿음이 아닙니다. 믿음은 하나님의 말씀을 따라 사는 우리의 생애입니다.

16. 믿음이 필요한 순간

모든 것이 예상대로 잘 진행되고, 모든 일이 잘 풀려나갈 때에는 믿음의 참된 가치가 드러나지 않습니다. 믿음은 주변 상황이 최악으로 흘러나갈 때에 진정으로 그 가치가 발휘됩니다. 모든 것이 원만하고 평화로울 때에는 참된 믿음을 소유하는 그리스도인이 누구인지 알 수 없습니다. 그러나 상황이 변해서 모든 것이 악화될 때에는 참 믿음을 가진 그리스도인이 높이 드러나게 됩니다. 자신의 감정이 잘못된 것을 요구할 때, 자신의 느낌이 건강에 유익하지 않은 음식을 요구할 때, 그리고 자신의 육체가 정욕적이고 세속적인 것을 달라고 외칠 때에 참된 믿음은 그 모든 것을 거절하고 승리합니다.

믿음에 대한 오해를 가지는 그리스도인은 감정적 신앙을 가지게 됩니다. 어떤 사람들은 성령이 자신에게 많이 부어질 때에는 큰 믿음을 얻게 되며, 자신이 성령의 큰 능력을 느끼지 못하면 아무런 믿음도 가질 수 없다고 생각합니다. 그러나 성령의 결핍을 느낄 때야말로 믿음을 활용해야 할 때입니다. 짜증과 속상함이 치밀어 오르고, 허전함과 외로움이 밀려올 때야말로, 우리가 믿음을 발휘하여 하나님께 구조의 손을 뻗칠 때입니다. 시커먼 검은 구름이 마음을 덮쳐올 때야말로 산 믿음을 통하여 흑암을 꿰뚫고 구름을 흩어 버림으로써 암흑 저편에서 여전히 나를 바라보고 계신 그리스도의 모습을 쳐다보아야 할 때입니다.

참된 믿음은 하나님의 말씀에 전적으로 의지하는 것인데, 그 말씀에 순종하는 자들만이 하나님의 말씀이 약속하는 축복을 주장할 수 있습니다. 바로 이것이 "너희가 내 안에 거하고 내 말이 너희 안에 거하면 무엇이든지 원하는 대로 구하라 그리하면 이루리라"는 말씀의 의미입니다(요 15:7).

성경공부
성령의 역사
6장

창조인가? 진화인가?

인간과 우주의 기원에 대한 진리는 무엇일까요?

서론
원하는 자는 찾을 수 있다

우주, 인간, 지구, 그리고 생물계의 기원을 설명하는 이론은 크게 진화론과 창조론, 이 두 가지로 나누어집니다. 창조론은 하나님께서 이 세상을 말씀으로 6일 만에 창조하셨다는 이론이며, 따라서 모든 만물의 나이도 성경 역사에 따라 매우 젊을 수밖에 없게 됩니다. 진화론은 원소, 우주, 생명체, 인간 등이 수십억 년에 걸쳐서 서서히 자발적으로, 그리고 우연히 발전해 왔다는 이론입니다.

대개 사람들이 창조론을 부인하고 진화론을 받아들이는 이유는, 진화론은 논리적인데 반하여, 창조론은 비논리적이라고 생각하기 때문입니다. 사람들은 진화론은 믿기가 쉽고, 창조론은 맹목적으로 받아들이지 않는 한 믿기 어려운 이론이라고 생각합니다. 우주, 물질, 원소, 인간 등의 기원을 전적으로 하나님의 창조로 돌리는 것은, 실험실 안에서 다룰 수 없는 존재를 가상하여 만들어내는 것이라고 말합니다. 그렇습니다! 우리는 결코 실험실에서 하나님을 검증할 수는 없습니다. 그러나 이미 창조된 우주와 자연계를 통하여 창조주 하나님이 존재하신다는 사실을 확인할 수는 있습니다.

진화론자들은 생명을 탄생시키는데 있어서, 어떤 에너지나 외적 요인이 개입될 필요가 없다고 주장하는데, 이것은 매우 비논리적이고, 비과학적인 이야기입니다. 왜냐하면, 최근에 이루어진 모든 연구는 한결같이 물질을 그대로 내버려 두었을 경우, 스스로 조직을 하여 생명체를 만들어 내는 일은 절대 일어나지 않는다는 결론을 내리고 있기 때문입니다. 하늘을 날아가고 있는 점보 비행기를 보면서, 저렇게 크고 복잡한 기능과 구조를 가진 물체가 어떤 사람이나 기계의 도움 없이 오랜 시간에 걸쳐서 우연하게 만들어졌다고 말한다면, 그것은 얼마나 비과학적이고 비논리적인 말이 되겠습니까? 현대 과학은 생명체가 탄생하기 위해서는 반드시 지적인 외부 존재가 어떤 정보나 에너지를 물질 속에 넣어 주어야 한다는 사실에 동의합니다. 그러므로 이러한 면에서 창조론은 매우 과학적인 논리에 잘 부합된다고 말할 수 있습니다.

성경은 하나님의 존재를 입증하기 위해서 시간을 소비하고 있지 않습니다. 창세기 1장 1절부터 하나님이 계시다는 것을 기정사실로 인정한 상태에서 성경의 기록이 시작됩니다. "태초에 하나님이 천지를 창조하시니라." 성경은 하나님이 없다고 생각하는 자들을 어리석은 자로 단정하고 있습니다. "어리석은 자는 그 마음에 이르기를 하나님이 없다 하도다"(시편 14:1).

이 우주의 시작과 기원에 대해서 진지하게 생각하는 자, 진리를 추구하는 자, 자신의 마음을 깨끗하게 보존하려고 애쓰는 자들은 이 자연계에 나타난 몇 가지 증거만을 가지고도 하나님의 존재를 믿지 않을 수 없을 것입니다. 그러므로 성경은 "창세로부터 그의 보이지 아니하는 것들 곧 그의 영원하신 능력과 신성이 그 만드신 만물에 분명히 보여 알게 하나니"라고 선언하는 것입니다(롬 1:20). 하나님께서는 보이는 것들을 통해서 보이지 않는 당신의 존재와 속성을 우리 앞에 계시해 보이셨습니다.

하나님께서 만드신 이 우주와 천연계를 자세히 살펴봄으로써, 우리는 도무지 논박할 수 없는 증거들을 발견할 수 있습니다. 이러한 이유 때문에 뉴턴, 로드 캘빈, 캠프톤과 같은 위대한 과학자와 천문학자들이 창조주 하나님께 대한 놀라운 신앙을 가지게 된 것입니다. 그들은 이 엄청난 우주계를 깊이 연구하면 할수록 우주가 놀랍도록 정확한 계획과 시간에 맞추어서 움직이고 있다는 사실을 깨닫게 되었으며, 그 결과 그들은 이 우주를 창조하신 하나님의 존재를 인정하지 않을 수 없게 되었던 것입니다.

1923년, 35세의 나이로 노벨 물리학상을 받았던 A.H. 캠프톤 박사는 "나에게 있어서 창조주 하나님께 대한 믿음은, 지고한 지성을 가지신 이가 우주의 존재를 가능하게 하셨으며 또한 그분께서 인간을 창조하셨다는 것을 깨달은 데서부터 시작되었습니다. 이러한 결론을 내리기란 그다지 어려운 일이 아닙니다. 왜냐하면 설계(Design)가 있는 곳에는 반드시 지성이 개입되어 있다는 단순한 원칙을 우리는 모두 인정하기 때문입니다. 질서 있고 정확하게 운행되고 있는 우주는 '태초에 하나님이 천지를 창조하시니라'라는 엄숙한 기록이 진실임을 보여주는 가장 강력한 증거입니다."

"하나님을 알 만한 것이 저희 속에 보임이라 하나님께서 이를 저희에게 보이셨느니라"(롬1:19). "신은 존재하지 않는다"는 사상은 인간

의 본성과는 거리가 먼 것입니다. 사람이 자신의 직관을 억압하고 양심을 조작하기 전에는 본성적으로 무신론자가 될 수 없습니다. 사람들이 진화론을 믿기로 택하는 것은 진화론이 신빙성이 있어서 때문이 아니라, 진화론을 믿지 않으면 하나님을 믿어야 하기 때문입니다. 진화론 아니면 하나님, 이 둘 중의 하나입니다. 어떤 진화론자들은 자신의 학문적인 자존심이 무너지는 것이 두려워서 하나님을 거절하고, 어떤 사람들은 자신의 이기적이고 죄악적인 삶을 포기하고 싶지 않아서 하나님을 거부합니다.

하나님께서는 이 지구에 아름다운 천연계를 창조하심으로서 천연계를 통하여 하나님의 존재를 나타내고자 하셨습니다. 또한, 그분께서는 예수란 이름을 가진 사람의 모습으로 인간들 앞에 자신을 나타내심으로서, 인류들로 하여금 그분을 이해할 수 있도록 도와주셨습니다. 이 우주에 존재하는 모든 생물 가운데 오직 인간만이 지적 존재자입니다. 만일 우리가 우리를 만드신 창조주 하나님을 이해할 수 있도록 창조되었다면, 우리는 하나님의 존재에 대해서 이해하기를 소원해야 하며, 또한 이해하기 위해서 노력해야만 합니다.

"모든 족속을 한 혈통으로 만드사 온 땅에 거하게 하시고 저희의 연대를 정하시며 거주의 경계를 한하셨으니, 이는 사람으로 하나님을 혹 더듬어 찾아 발견케 하려 하심이로되 그는 우리 각 사람에게서 멀리 떠나 계시지 아니하도다"(행 17:26,27).

제1부 젊은 지구

성경은 지구의 나이가 현재 약 6000년이 되었다고 기록하고 있습니다. 성경의 창세기에 나오는 인물들의 연대기를 계산해 보면 지구의 나이가 약 6000년이 되었다고 말할 수 있는데, 대부분의 성경 학자들도 지구의 나이가 매우 젊다는 사실에 대해서는 동의하고 있습니다. 진화론자들이 지구의 나이를 수십억 년이라고 주장하고 있음에도 불구하고, 오늘날의 현대 과학은 지구의 나이가 매우 젊다는 사실을 인정하게 하는 수많은 증거를 우리에게 제시해 줌으로써, 창조론과 함께 성경이 말하는 지구의 나이를 뒷받침해 주고 있습니다. 지구의 나이를 수십억 년으로 추측하는 진화론자들에게 반박할 수 없는 증거들을 제시하는 방법이 없을까요? 여러분이 지구의 젊음에 대하여 확실한 믿음을 가질 수 있도록 도와주는 8가지 과학적 증거들을 모아 보았습니다.

1. 지구의 자기장에 의하여 확인된 지구의 나이

지구 자기장의 세기는 백 년 이상 동안 주의 깊게 잘 측정되어 왔습니다. 지난 백여 년간의 자기장의 측정 결과를 토대로 이루어진 토마스 G. 반스 박사의 최근 연구 결과에 의하면, 지구 자기장의 세기는 1400년을 주기로 반으로 감소합니다. (이것을 지구 자기장의 반감기라고 부름) 다시 말하자면, 지금으로부터 1400년 전에는 지구 자기장의 세기가 지금보다 약 2배 이상 강하였다는 뜻입니다.

지구의 자기장이란, 지구 중심에서 발생하는 전류에 의해서 형성되는 원형의 전기장을 말하는데, 우리는 지구의 자기장 세기와 그것에서 발산되는 열을 계산해 낼 수 있습니다. 그래서 지금으로부터 2만 년 전의 지구 자기장의 세기와 그것에서 발산되는 열을 수학적으로 계산해 보면, 그것은 지구 전체를 녹여버리고도 남는 엄청난 열과 자기장의 세기가 됩니다. 그러한 상태에서는 어떠한 종류의 동식물뿐만 아니라 지구 자체도 존재할 수 없습니다. 그러므로 지구 자기장의 반감기를 근거로 해서 볼 때, 지구의 나이는 결코 만년을 넘을 수 없다는 과학적 결론을 얻게 됩니다. 지구의 자기장은 지구가 만년이 안 되는 젊음을 가지고 있다는 사실을 증명하고 있습니다.

2. 우주 먼지를 통해서 확인된 지구의 나이

거의 모든 과학자는 우주로부터 지구의 대기권으로 들어오는 우주 먼지의 양이 항상 일정할 수밖에 없다는 사실에 대해서 동의해 왔습니다. 시간이 지남에 따라서, 대기권 내로 들어온 우주의 먼지들은 궁극적으로 지구 표면에 쌓이게 됩니다. 한스 피터슨 박사는 지구로 유입되는 우주 먼지의 양을 정확하게 측정한 결과, 지구는 일 년에 약 1천4백만 톤의 우주 먼지를 받아들이고 있다는 사실을 알아내었습니다.

만일 진화론자들이 말하는 것처럼, 지구의 나이가 5십 억년 이상 되었다는 가정이 사실이라면, 지금 현재 지구의 표면에는 182피트(약 55미터) 이상의 우주 먼지가 덮여 있어야 한다는 기상천외한 결론에 도달하게 됩니다. 그러나 지구의 어느 곳에도 이러한 우주 먼지 층은 존재하지 않습니다.

지구뿐만 아니라, 달의 표면에도 이처럼 엄청난 두께의 우주 먼지 층은 존재하지 않습니다. 인간 역사 최초로 달 착륙에 성공한 아폴로 11호에 얽혀 있는 매우 흥미 있는 한 이야기가 있는데, 이 이야기는 지금도 지구의 나이를 정하는 일에서 매우 귀중한 증거 자료가 되고 있습니다. 아폴로 우주선의 설계를 맡은 미국 항공우주국(NASA)의 과학자들 사이에서 달착륙선의 다리 길이는 매우 치열한 논쟁점이 되었습니다. 왜냐하면, 그들 중의 많은 사람이 지구의 나이가 적어도 수십억 년 이상 되었다고 믿는 진화론자들이었기 때문이었습니다.

그들은 착륙선의 안정성이 다소 저하되는 한이 있더라도, 달착륙선의 다리를 가능한 한 길게 만들어서 착륙선이 우주 먼지 층의 깊은 수렁에 빠지는 위험을 막아야 한다고 주장하였습니다. 그래서 아폴로 11호 달착륙선의 삼각 다리가 그렇게 길게 설계되었던 것입니다. 또한, 그들은 달 표면 중에서 가장 높고 평탄한 지역에 착륙선을 안착시켜야 우주 먼지 수렁을 피할 수 있다고 생각하였습니다.

드디어 착륙선이 달 표면에 착륙하고 아폴로 11호의 선장인 닐 암스트롱이 최초로 달 표면에 발을 내딛는 순간, 우주항공국에서 텔레비전을 통하여 그 장면을 지켜보고 있던 과학자들은 숨을 죽이고 긴장하고 있었습니다. 왜냐하면, 닐 암스트롱 선장의 발이 우주 먼지 수렁에 빠지게 될 것을 염려하고 있었기 때문이었습니다.

그러나 닐 암스트롱 선장은 달 표면에 발을 대는 순간 "Its solid!"(표면이 단단한데!)라는 탄성을 질렀습니다. 그의 입에서 나온 이 한마디가 지구의 나이에 대한 미 우주항공 과학자들의 생각에 커다란 혼란을 일으켰습니다. 아폴로 11호 우주인들은 달 표면에 착륙하여 처음으로 달 표면에 내려앉은 우주 먼지 층의 두께를 측정하였는데, 그들은 약 0.8인치(약 2cm) 라는 매우 낮은 수치를 얻었습니다. 달 표면의 우주 먼지 층이 엄청나게 깊을 것을 염려하여 달착륙선의 다리를 길게 만들었었던 미 우주항공국의 과학자들은 약 0.8인치라는 매우 얇은 우주 먼지 층으로 인하여 지구의 나이가 매우 젊다는 충격적 사실을 인정할 수밖에 없었습니다.

태초로부터 지구와 달 표면에 쌓인 우주 먼지의 두께는 지구의 나이가 만년 이하라는 사실을 외치고 있습니다.

3. 석유와 천연가스가 말하는 지구의 나이

일반적으로, 석유와 천연가스는 지금으로부터 약 4300년 전에 있었던 노아 홍수에 의해서 생성되었습니다. 그 당시에 엄청난 규모로 함몰된 산림의 퇴적암층에서 발견되는 석유와 천연가스는 매우 높은 압력 하에서도 누출되거나 스며나가지 않게 주변에 있는 지하 바위들에 의해서 잘 밀봉된 상태로 저장되어 있습니다. 대부분의 경우에 있어서, 석유와 천연가스에 가해지는 압력은 매우 높습니다. 그러나 많은 경우에 있어서 이 압력은 1만 년 이상 지속할 수 없다고 지질학자들은 말합니다.

최근에 이루어진 실험을 통해서, 해저 생물과 식물이 매우 짧은 시간 안에 석유와 천연가스로 바뀔 수 있다는 확실한 결론을 내릴 수 있게 되었습니다. 예를 들면, 식물성 물질에 적당한 온도와 압력을 20분 동안 가하는 실험을 한 결과, 양질의 석유를 얻었다는 특별한 시험 결과가 발표되었습니다. 나무와 섬유성 물질을 사용하여 동일한 실험을 한 결과, 몇 시간 만에 석탄 또는 석탄과 유사한 물질을 얻을 수 있었습니다.

진화론자들은, 석탄은 사람이 진화되기 이전 수백만 년이라는 장구한 시간에 걸쳐서 만들어졌다고 주장합니다. 그러나 그들이 수억 년 전에 형성되었다는 지하 석탄층의 이곳저곳에서 사람의 뼈와 금으로 만든 각종 귀금속이 발견되는 사실에 대해서는 어떻게 설명할까요?

석유와 천연가스의 존재는 노아 홍수의 사실성과 함께 지구의 나이가 만년 이하로 매우 짧다는 사실을 입증하고 있습니다.

4. 지구의 자전이 입증하는 지구의 나이

현대 지질학자들은 지구의 자전 속도가 매우 서서히 늦추어지고 있다는 사실을 발견하였습니다. 그들은 지구의 자전 속도가 서서히 늦어지고 있는 이유에 대해서, 태양, 달, 그리고 다른 여러 가지 요소들이 지구를 향하여 끌어당기는 힘(인력)을 가하고 있기 때문이라고 설명하고 있습니다. 그러므로 만일 진화론자들이 주장하는 것처럼 지구의 나이가 수십억 년이라면, 지구는 이미 오래 전에 자전을 멈춘 채 정지했어야만 합니다.

또한, 만일 지구의 나이가 수십억 살이라면, 지금으로부터 수십억 년 전에는 지구의 자전 속도가 지금보다 훨씬 빨랐기 때문에 엄청난 원심력에 의해서 모든 대륙이 지구의 적도 근방에 집결하게 되고, 그 결과 지구의 모양은 납작한 팬케이크처럼 형성되었을 것입니다. 그러나 우리가 잘 아는 대로 지구의 모양은 둥그스름한 타원형을 이루고 있습니다. 이것으로 보아서 지구의 나이는 진화론자들이 주장하는 것처럼 수십억 년이 된 것이 아니라, 매우 젊다는 사실을 확신할 수 있습니다.

5. 혜성이 말하는 지구의 나이

천문학자들은 태양의 중심을 도는 혜성의 나이와 태양계의 나이가 같다는 사실을 인정합니다. 그들은 또한 혜성이 태양을 한 바퀴 돌 때마다, 혜성이 조금씩 타서 없어지기 때문에 그 무게가 조금씩 감소한다는 사실을 밝혀내었습니다. 그래서 비교적 짧은 주기를 가진 혜성들은 1만 년이 지나기 전에 완전히 타서 없어지게 됩니다. 새로운 혜성이 중간에 추가로 나타날 수 있는 이유와 가능성이 전혀 없음에도 불구하고, 아직도 수많은 혜성이 태양을 중심으로 돌고 있다는 사실을 근거로 해서 볼 때, 우리가 사는 지구가 속해 있는 태양계의 나이는 만년을 넘지 않았다고 보는 것이 과학적이고 합리적인 견해입니다.

6. 대기권의 헬륨이 증거 하는 지구의 나이

진화론자들은 우라늄과 같은 방사성 물질의 붕괴가 지구의 표면에서 지난 수십억 년 동안 끊임없이 있었다고 말합니다. 그런데 방사성 물질이 붕괴할 때는 항상 헬륨이 그 부산물로 생성되게 됩니다. 그러므로 지구의 대기권 내에 있는 헬륨의 양을 조사해 보면, 방사성 물질이 얼마나 오랫동안 붕괴하여 왔는지를 정확하게 계산할 수 있으며, 그 계산치는 곧 지구의 나이임을 알 수 있습니다. 만일 진화론자들이 말하는 것처럼, 방사성 물질의 붕괴가 수십억 년 동안 계속됐다면, 지구의 대기권은 현재 대기권 내에 있는 헬륨의 양보다 훨씬 많아야만 합니다.

진화론자들은 대기권 내에 헬륨의 양이 원래 있어야 할 양보다 적은 이유는 헬륨이 대기권 밖으로 빠져나갔기 때문이라고 말하지만, 헬륨이 대기권 밖으로 빠져나갔다는 그들의 가설을 뒷받침할 만한 증거를 찾을 수 없을 뿐 아니라, 헬륨은 수소와는 달리 대기권 밖을 빠져나갈 수 없다는 최근의 실험 통계가 발표되었습니다.

실제로는 헬륨은 대기권을 빠져나가기보다는 태양의 코로나로부터 대기권 안으로 진입하여 들어오고 있는 현실입니다. 현재 지구의 대기권 안에 존재하는 헬륨의 양은 지구의 나이가 만년을 넘지 않는다는 사실을 우리에게 말하여 주고 있습니다.

7. Poynting-Robertson 효과를 통해서 확인하는 지구의 나이

태양은 태양계에서 마치 거대한 진공청소기와 같은 역할을 하고 있습니다. 매일 10만 톤에 달하는 미세한 먼지와 같은 운석 입자들을 청소해 냅니다. 또한, 태양 방사선의 압력에 의해서 혹성 사이에 존재하는 수많은 작은 먼지 입자들이 우주 공간으로 밀려 나가고 있는데, 이러한 현상을 과학 용어로 Poynting-Robertson 현상이라고 부릅니다.

만일 태양계가 정말로 수십억 년이 되었다면, 이러한 우주 먼지 입자들은 태양계에 더는 존재하지 않을 것입니다. 현재 태양계 안에 남아 있는 우주 먼지의 비율을 계산해 보면, 지구의 나이가 만년을 넘지 않았다고 보는 것이 타당합니다.

이 태양계에는 미소 운석 입자들이 헤아릴 수 없이 많이 있습니다. 그러므로 우리는 이러한 현실을 근거로 해서 이 태양계의 나이가 상당히 젊다는 사실을 인정하지 않을 수 없습니다.

8. 대양의 침전물과 록키산맥의 높이로 확인하는 지구의 나이

지질학계의 보고에 의하면, 매년 약 275억 톤 가량의 침전물이 강으로부터, 토양의 침식작용과 홍수로 말미암아 바다로 옮겨져서 쌓인다고 합니다. 만일 진화론자들이 말하는 것처럼, 지구의 나이가 수십억 년이라고 한다면, 지금쯤은 바다 밑에 쌓인 침전물들의 높이가 가장 높은 산보다도 높게 올라가서 모든 산과 계곡을 메워 버렸을 것입니다.

그러나 대양의 바닥에 쌓인 침전물의 높이를 측정해 보면, 지구의 나이가 1만 년 미만이라는 결론을 얻게 됩니다. 해저면에 쌓인 침전물들은 지구의 나이가 매우 젊다는 사실을 외치고 있습니다.

또한, 지질학자들의 조사에 의하면 미국의 로키산맥의 높이가 매년 약 1피트가량 낮아지고 있는데, 만약 진화론자들의 주장처럼 지구의 나이가 수십억 년이 아니라 몇만 년이 되었다고 할지라도, 지금 현재 로키산맥은 그 흔적도 없이 사라졌어야만 할 것입니다. 바다와 산이 공히 지구의 나이가 젊다는 사실을 외치고 있습니다.

9. 열역학 제2법칙에 의해서 살펴본 지구의 나이

우주는 질서에서 무질서로, 그리고 에너지가 감소하는 경향으로 퇴화되어 나가는 자연법칙에 의해서 운영되고 있는데, 이러한 법칙을 열역학 제2법칙이라고 부릅니다. 그러나 진화론의 창시자인 다윈은 이와는 반대로 생물계가 무질서에서 질서로, 하등 동물에서 고등 동물로 발전해왔다는 가설을 주장하였습니다.

그러나 실제에 있어서, 이 우주는 다윈의 진화론과는 정반대의 방향으로 퇴화되어 왔습니다. 시간이 갈수록 새로운 형태의 발전된 생물이 나타나기는커녕 오히려 기존에 존재하고 있는 수백 종의 생물들이 멸종되어 왔으며, 지금도 수많은 생물이 멸종의 위기 속에 살아가고 있습니다. 이것은 광물의 세계도 마찬가지입니다. 우라늄은 시간이 지남에 따라서 라디움으로 퇴화되고, 또 그것이 다시 납으로 퇴화됨으로써, 물질은 그것이 전환될 때마다 그것 자체가 가지고 있는 에너지가 낮아진다는 열역학 제2법칙에 순응하고 있습니다.

만일 진화론자들이 주장하는 것처럼, 물질이 수십억 년 전부터 존재하기 시작하였다면, 아마도 지금쯤은 모든 것이 퇴화하여 어떤 것도 존재하지 않을 것입니다. 열역학 제2법칙은 시간이 지나가면 갈수록 모든 것은 퇴화하여 결국에는 죽음과 혼돈만이 남게 된다는 것인데, 이러한 자연법칙을 근거로 해서 생각해보면, 지구의 나이는 결코 수십억 년이 될 수 없다는 사실을 분명하게 이해할 수 있습니다. 지구에 생명력과 넘치는 에너지가 존재한다는 사실은 지구의 나이가 매우 젊다는 가장 강력한 증거입니다.

제2부 진화론에 관한 6가지 질문

1. 진화론은 실제로 존재하는 증거들을 토대로 해서 세워진 이론인가? 아니면 가설이 먼저 세워지고 그것을 입증하기 위해서 증거를 찾아내려고 애쓰는 학문인가?

진화론은 가설이 먼저 세워지고 그것을 입증하기 위해서 증거들을 찾아내고, 확률을 계산해내는 학문입니다. 진화론자들이 매우 중요시하는 이론 중에 적자생존이 있습니다. 적자생존이란 각 세대를 통하여 강한 생물들은 살아남게 되고, 반면에 약한 것들이나 변화되는 환경에 적응하지 못하는 생물들은 자연스럽게 멸종된다는 이론인데, 이것을 자연도태라고도 부릅니다. 진화론자들은 적자생존이라는 가설을 진화론의 중요한 골격 가운데 하나로 삼고 있습니다. 그래서 그들은 생물이 다음 세대로 이어지는 과정에서 오직 강한 자들만이 생존하게 되므로, 생물은 점점 더 진보되고 향상되는 방향으로 진화되어 나가게 될 것이라고 믿습니다. 다윈은 자연도태야말로 자신의 이론을 정립시키는 데에서 가장 중요한 요소라고 생각하였습니다. 그는 이러한 자연도태설을 사용하여 인간과 모든 생물의 진화의 흔적을 찾아내려고 노력하였습니다.

자연도태설은 오늘날 현대 진화론자들부터 전체적인 지지를 받지 못하고 있는데, 그 이유는 자연도태라는 가설을 통하여 아메바가 사람으로 변모해 가는 전 과정을 설명할 수 없으며, 그것을 재현할 수도 없고, 진화 과정 중에 있는 확실한 중간 형태도 발견하지 못했기 때문입니다. 오직 강한 자들만 살아남게 되고 약한 자들은 사라져 없어져 버린다는 가설을 가지고 생물이 한 종류에서 전혀 다른 종류로 변화될 수 있다는 과학적 입증을 할 수 없기 때문에 자연도태설은 일부 진화론자들 사이에서도 외면당하고 있습니다. 그래서 진화론자인 G.G. 심슨 박사는 자연도태설에 대해서 다음과 같이 말하고 있는 것입니다. "그 이론은 아직 완전히 입증되지 않았으며, 단지 추측으로 이루어진 가설에 불과하다."(Major Features, p.118)

진화론은 확실한 증거 없이 단지 추측에 의해서 세워진 가설입니다. 다윈은 아메바가 사람으로 진화되었다는 실제적인 증거를 하나도 발견하지 못했음에도 불구하고, 적자생존(자연도태)이라는 가설을 토대로 아메바가 사람으로 진화되었을 것이라는 이론을 펼쳤던 것입니다. 처음에는 그의 이론이 그럴듯하게 들렸기 때문에 많은 사람의 시선을 끌었지만, 자연도태설에 의해서 한 종류에서 다른 종류로 변화된 실례가 없기 때문에 오늘날에는 자연도태설의 신뢰도가 추락하게 된 것입니다. 다시 말하자면, 자연도태설은 한 생물이 실제적으로 한 종류에서 다른 종류로 전이된 사실을 토대로 세워진 법칙이 아니라, 인간이 아메바로부터 진화되었을 것이라는 진화론자들의 추측을 합리화하기 위해서 고안된 추상적 이론인 것입니다.

2. 비록 진화론이 가설에서 출발한 이론이라고 할지라도, 그것이 실제로 일어났을 가능성을 전혀 배제할 수는 없지 않는가?

가장 단순한 생명체도 지금까지 인류가 만들어낸 어떤 것보다 훨씬 더 복잡한 구조를 갖고 있다는 사실을 이해해야 합니다. 지구에서 가장 복잡한 도시로 손꼽히는 뉴욕시 전체의 복잡함도 가장 단순한 세포 하나의 구조에 비하면 아무것도 아닙니다. 이토록 복잡하고 정교한 세포가 우연히 생겼다고 말하는 것이 얼마나 우스꽝스러운 일인가요? 현대 과학이 발달함에 따라서, 세포의 복잡함과 정교함에 대한 과학자들의 찬탄의 소리가 더욱 높아지고 있습니다. 분자들이 질서를 잡아서 아미노산이 되고, 그것이 생명체의 정교한 구조를 가질 수 있는 가능성이란 전혀 없다는 것이 수학자들의 견해입니다.

과학 전문지인 Scientific American 지는 다음과 같은 글을 발표하였습니다. "확률적인 견지에서 본다면, 현재의 주어진 환경에서 한 개의 아미노산 분자가 만들어진다는 것은 생명체의 탄생을 위하여 지구가 가진 모든 공간과 시간을 허용한다고 할지라도 전혀 불가능한 일이다" 스위스의 수학자인 찰스 유진은 지구상에 생명체가 우연히 생성될 수 있는 가능성을 1x10 -160이라고 계산하였습니다. 이토록 미세한 가능성을 믿는 믿음을 가지는 것보다는, 우주의 중심에 계신 하나님께서 생명체를 창조하셨다는 사실을 믿는 것이 훨씬 논리적이고 합리적이 아닐까요? 지구에 생명체가 생성될 수 있는 가능성에 대해서 다른 과학자는 이렇게 표현하였습니다. "물질들이 서로 섞여 흔들리다가 우연히 한 개의 단백질 분자의 모양을 갖추기 위해서는 현재 우주 전체 안에 있는 물질의 백만 배 이상에 해당하는 양이 존재해야만 한다. 더구나 그러한 단 하나의 단백질 형성이 이 지구상에 일어나기 위해서는 확률적으로 거의 끝없는 수십억 년이라는 세월이 필요하다." - The Evidence of God in an Expending Universe, p.23

하나님의 창조를 자연도태설이라는 진화론으로 설명하기 위해서, 진화론자들은 자연도태가 긴 시간에 걸쳐서 우연히 이루어질 수 있는 수학적 확률을 계산하였는데, 진화론자 헉슬리 박사는 그 확률에 대해서 이렇게 설명하였습니다. "그 확률은 소수점 이

하로 0이 삼백 만개가 붙어야 하는 숫자입니다. 이 숫자를 기록하기 위해서는 500쪽 두께의 책이 3권이나 필요할 정도이다 … 아마 아무도 그렇게 실현 가능성이 없는 일에 승산을 걸지는 않을 것이다. 그러나 그것은 일어났다!" - Evolution in Action, p. 46

바로 이것이 진화론자들의 믿음입니다. 도무지 불가능하다는 사실을 알면서도 엄청난 확신을 가지고 믿는 진화론자들의 믿음을 어떻게 이해해야 할지 모르겠습니다. 헉슬리 박사가 표현한 이런 확률은 수학적인 각도에서 볼 때, 실제로 0으로 취급됩니다. 과거에 발생되었던 증거도 없고, 지금 현재 실험실에서 조차 재현시킬 수 없는 진화론을 어떻게 과학이라고 부를 수 있겠습니까?

마샬과 샌드라 홀 부부는 헉슬리 박사가 계산한 확률에 대하여 다음과 같이 응답하였습니다. "헉슬리 박사가 계산해낸 확률은 말의 진화를 수학적으로 계산한 숫자이다. 말보다 훨씬 복잡하고 정교하게 창조된 인간을 진화론으로 만들어내기 위해서는, 얼마나 많은 "0"이 붙어야 하겠는가! 그리고 한 마리의 말과 한 명의 사람의 생명을 유지시키기 위하여 존재해야 하는 식물과 동물들의 진화 가능성을 계산하면 어떤 숫자가 되겠는가? 아마, 그 숫자를 기록하기 위해서만 수천 권의 책이 필요하게 될 것이다 … 그리고 나아가서 태양과 달과 별들이 진화론에 따라 생성될 수 있는 가능성을 계산해 보면 어떤 천문학적 숫자가 나올까? 그리고 이 모든 확률을 곱해서 현재와 같은 생물과 우주가 존재하게 되는 확률은 또 어떠할까? 진화론은 과학도 아니고 지성적인 학문도 아니다. 그것은 하나의 헛된 공상에 불과하다. 그럼에도 불구하고, 지금도 수많은 진화론자는 그것은 그렇게 되어야만 한다고 주장하고 있는 것이다. 그들이 주장해오던 이론들이 과학에 의해서 하나씩 무너질 때마다 그들은 새로운 학설과 가설을 세우려고 애썼으며, 또한 자신의 새 학설이 실현될 수 있는 가능성을 수학적으로 계산해내기 위하여 엄청난 시간을 소모하고 있다. 진화론은 결코 과학의 한 분야로 취급될 수 없다. 이제 이 모든 넌센스를 중단해야 할 때가 되었다. 이제, 진화론에 관한 책들은 도서관에서 과학책이 아니라 공상 소설로 분류되어 보관되어야 한다." - The truth, God or Evolution, p.39

3. 진화론의 핵심이론인 돌연변이 현상을 통하여 원숭이가 사람으로 진화될 수 있나?

진화론의 주축을 이루고 있는 이론 중의 하나가 돌연변이에 의한 생물이 발전된다는 이론입니다. 돌연변이란, 유전인자의 염색체가 화학적으로 비정상적으로 변화되는 현상을 말하는데, 진화론자들이 이 돌연변이 이론을 중요시 여기는 이유는, 사람이 아메바로부터 진화되어 나왔다는 가설을 입증하기 위해서는 어떤 돌발적 변화가 필요하기 때문입니다.

각 생물마다 유전인자 안에 고유의 염색체 수를 가지고 있는데, 사람의 경우에는 약 10만 개의 유전인자를 가지고 있습니다. 유전인자는 각 사람의 개성을 특징 지워주는 결정적인 인자인데, 이러한 유전인자들이 특이한 쌍을 이루거나 화학적인 손상을 받거나, 이외 다른 영향들로 말미암아 변질될 경우, 다음 세대 가운데서 정상이 아닌 변화가 일어나게 됩니다. 진화론자들은 이러한 돌연변이 이론을 근거로 해서, 수십억 년이라는 길고 긴 기간에 걸쳐서 아메바가 무척추동물이 되고, 그 다음에는 양서 동물, 그 다음에는 파충류, 그 다음에는 포유류, 그 다음에는 유인원, 그리고 그 다음에는 인간의 순서로 진화되어 나왔다고 주장하는 것입니다.

돌연변이에 대해서 분명하게 알아 두어야 할 것이 있는데, 첫째로 돌연변이 현상은 매우 희귀한 현상이며, 둘째로 그것은 생물체에 치명적이고 해로운 영향을 준다는 것입니다. 실제적으로, 돌연변이에 의해서 나온 생물은 더욱 발전적이고 강력한 모습으로 진화되는 것이 아니라, 오히려 퇴화되고 열등하게 되어서 결국에는 멸종하고 맙니다. 그래서 헉슬리는 돌연변이에 대해서 다음과 같이 말하였습니다. “돌연변이 현상의 확률은 10만분의 1이며, 대다수의 돌연변이 유전인자는 생명체에 손상을 끼친다.”- Animal Species and Evolution, p.39

진화론의 창시자인 다윈을 포함하여 모든 과학자는 대부분의 돌연변이 유전인자들이 열성형질이거나 퇴화적이라는 사실에 동의하고 있습니다. 실제에 있어서, 돌연변이에 의해서 변질된 유전인자를 가진 생물들은 더 높은 단계로 발전되는 대신에 오히려 퇴화되고, 적자생존의 법칙에 의해서 멸종하게 됩니다. 현대 진화론자들의 대변인격인 G.G. 심슨 교수는 1억 명의 사람들이 매일 1명의 자녀를 출산할 때, 돌연변이에 의해서 진화적이고, 유용성 있는 좀 더 발전된 생명체를 얻을 수 있는 수학적 확률은 2740억 년에 한 번 정도 생길 수 있는 가능성이 있다고 말하면서, 다음과 같은 결론을 내렸습니다. “분명히 … 그러한 과정(돌연변이)은 진화 과정에 있어서 아무런 역할도 하지 않았다.”- the Major Feature of Evolution, p.96

좀 이상한 이야기가 아닌가요? 돌연변이를 그들의 이론에 있어서 중심으로 삼고 있는 진화론자들이 발전적 진화를 위한 돌연변이의 수학적 확률에 대해서 말하면서, 결코 그러한 일은 생길 수 없다는 결론을 내리고 있는 모습을 어떻게 받아들여야 할까요? 바로 이것이 진화론자들의 또 다른 딜레마입니다. 그들의 낡은 추측을 지탱하기 위해서 돌연변이라는 이론을 붙잡고 있지만, 그것 역시 발전적인 진화를 설명하기에는 역부족이고 비논리적입니다. 어떤 생물의 종류 안에서 돌연변이가 일어나는 것은 사실이지만, 돌연변이의 결과로 결코 전혀 새로운 종류의 생물이 생길 수는 없습니다. 돌연변이를 통하여, 생물계에 나타나는 여러 가지 변질적인 종자에 대해서 설명할 수는 있지만, 전혀 새로운 종류의 생물의 생성을 설명할 수는 없습니다. 아메바와 같은 단세포 생물이 수십억 년 동안 돌연변이를 거듭하면서 인간이 되었다는 이론을 그대는 받아들일 수 있습니까?

4. 지하 깊은 곳을 파고 내려가면, 현존하는 생물들이 진화되기 이전의 모습으로 존재하는 조상을 발견할 수 있지 않을까?

지하로 깊이 파서 내려가면, 계속해서 이어지는 지층들을 발견하게 됩니다. 산 옆이나 절벽 같은 곳에서도 지층의 분계선들을 쉽게 발견할 수 있습니다. 지질학자들은 이러한 지층들에다 각각 이름을 붙여 놓았습니다. 미국의 그랜드 케년을 가보면, 지질학자들에 의해서 이름이 명명된 미시시피, 디보니안, 캄브리안 지층들을 볼 수 있습니다.

이러한 지층 중에서 진화론자들을 당황하게 하는 지층이 있는데, 이것은 캄브리안 지층입니다. 캄브리안 지층은 화석을 포함하고 있는 지층 중에서 가장 아래에 위치하고 있으며, 그 아래에 있는 지층들에는 생물의 화석이 존재하지 않으며, 단지 세균이나 단세포의 화석만이 묻혀 있을 뿐입니다. 그런데 가장 오래된 지층인 캄브리안 층을 살펴보면, 척추동물을 제외하고는 거의 모든 종류의 화석을 발견할 수 있는데, 이 사실은 다음과 같은 두 가지 점에서 진화론의 허상을 밝혀주고 있습니다.

첫째로, 진화론자들의 주장에 의하면, 생물의 진화는 수십억 년에 걸쳐서 서서히 이루어졌어야 하는데, 화석이 발굴되는 가장 오래된 지층 속에서 이미 오늘날에 존재하는 거의 모든 종류의 생물의 화석들이 발견된다는 점입니다. 여기에 진화론의 커다란 문제가 있는 것입니다. 가장 아래의 지층에서 고등 생물이 발견되었다면, 그 고등 동물이 생성되기까지 진화의 과정을 이끌어온 조상은 어디에 있습니까? 진화론이 사실이라면, 캄브리안 이전의 지층 속에는 고등 생물로 변화되어 가고 있는 원시적 하등 생물의 화석으로 가득 차 있어야 합니다. 그러나 캄브리안 이전 지층

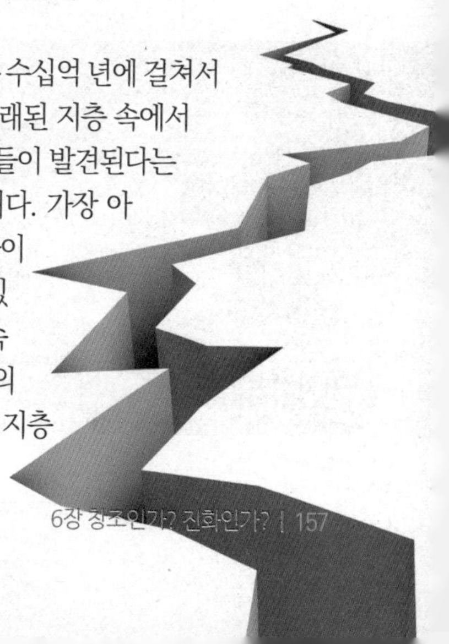

속에서 그러한 화석들을 전혀 발견할 수 없습니다. 이것은 생물들이 한꺼번에 각 종류대로 창조되었다는 성경의 기록을 뒷받침해 줍니다.

둘째로, 캄브리안 층에서 발굴된 화석들의 구조를 살펴보면, 오늘날 존재하는 생물의 구조와 별다른 차이점을 발견할 수 없다는 사실입니다. 이것이야말로 하등생물에서 고등 생물로 서서히 발전되었음을 주장하는 진화론자들의 입장을 가장 곤경에 빠뜨리게 하는 증거인데, 이것 역시 진화를 전적으로 부인하는 성경의 기록을 지지하고 있습니다.

다윈은 그의 저서 "종의 기원" 309쪽에서 고백하기를, "캄브리안 지층 이전 지층에도 화석이 존재할 것이라고 예상하였는데, 왜 우리는 그곳에서 풍부한 화석을 발견할 수 없는가에 대한 질문에 대해서, 나는 만족할만한 답변을 줄 수 없다 … 현재로서는 그 문제를 불가사의한 것으로 남겨둘 수밖에 없다. 바로 이 점은 진화론의 견해에 반대할 수 있는 정당한 논점이라고 말할 수 있을 것이다." 얼마나 놀라운 기록입니까? 다윈은 이 문제에 대해서 특별한 답변을 제시할 수 없다고 고백하였지만, 자신의 이론을 재고하려고는 하지 않았습니다. 다윈 이외에도 많은 진화론자가 캄브리안층의 화석에 대해서 비슷한 실망과 좌절을 표현하였습니다.

캘리포니아 대학의 Daniel Axelrod 박사: "이것은 지질학과 진화론이 가지고 있는 중요한 미결 사항 중의 하나이다."

미국립박물관의 어스틴 클락 박사: "이상한 이야기일지 모르지만 … 그곳에 묻혀 있는 연체동물은 오늘날 존재하는 그대로의 틀림없는 연체동물이었다."- The New evolution: Zoogenesis, p.101

콜롬비아 대학의 마샬 케이 박사와 에드윈 코벌트 박사: "어떻게 그렇게 복잡한 생명체들이 6억 년 전에 생성된 암석 안에 존재할 수 있으며, 그 이전 20억 년 동안 형성된 지층 속에는 아무런 증거도 없단 말인가? 만약 생명체의 진화가 진실이라면, 캄브리안 층보다 더 오래된 지층 속에 꼭 있어야 할 화석들이 없다는 것은 수수께끼이다."- Stratigraphy and Life history, p.102

진화론의 왕자라고 불리우는 G.G.심슨 박사 : "생명체의 갑작스러운 출현은 화석에 나타나 있는 가장 어려운 수수께끼일 뿐만 아니라, 진화론의 증거로서는 가장 불충분한 것이다." - The Evolution of Life, p.144

진화론은 정직한 학자의 음성 앞에 여지없이 무너져 버리고 마는데, 그 이유는 진화론은 진실이 아니기 때문입니다. 캄브리안 이전 지층에서 아무런 화석도 발견할 수 없다는 사실은 지상에 존재하는 모든 생물이 하나님의 창조의 역사에 의해서 거의 동시에 존재하게 되었다는 사실을 입증해 줍니다. 창조론은 비과학적이라고 비웃던 진화론자들의 조소가 캄브리안층에서 발굴된 화석과 그 이전 지층에서 발굴된 화석이 없는 것으로 인하여 침묵으로 변하였습니다.

5. 왜 엄청난 규모의 유전과 석탄광이 지하 깊은 곳에 형성되게 되었을까?

계곡의 벽에 드러나 있는 지층들을 보고 있노라면, 어떻게 해서 이러한 지층들이 형성되었으며, 왜 진화론자들은 그 지층의 나이를 수십억 년이라고 추정하는가와 같은 흥미 있는 질문들이 마음속에 떠오르게 됩니다. 진화론자들은 지질학에서 말하는 소위 "균일론"에 근거하여 지층의 나이를 수십억 년이라고 추정하는데, 이 학설은 과거에 발생하였던 모든 자연적인 과정이 오늘날에도 동일하게 일어난다는 가설을 말하는 것입니다. 다시 말하자면, 지층의 생성은 지금 현재 우리가 이 세상에서 볼 수 있는 것들에 근거해서만 설명되어야 한다는 이론입니다.

그러므로 지층의 나이를 계산하기 위해서는, 먼저 지금 현재 약 1피트의 지층이 형성되기 위해서 얼마나 오랫동안 침전작용이 일어나야 하는가를 계산해 보아야만 하며, 그런 다음에, 그 지층의 위치에 상관없이 균일한 방법으로 깊이에 따라서 나이를 환산합니다. 이러한 방법이 올바른 계산법일까요? 과거에 있었던 모든 자연 현상이 오늘날 우리가 볼 수 있는 것과 동일한가요? 과거에 일어났던 모든 풍화작용과 침전작용을 현재 우리의 경험에 맞추어서 측정하려는 시도가 논리적인 방법인가요?

성경은 지구 전체를 휩쓴 세계적인 대홍수에 대해서 말하고 있습니다. 그리스도인들은 그것을 노아 홍수라고 부릅니다. 그 당시, 노아 방주 밖에 있었던 모든 동식물은 파괴당하였는데, 성경은 그 대홍수에 대하여 이렇게 설명하고 있습니다. "그 날에 큰 깊음의 샘들이 터지며 하늘의 창들이 열려 사십주야를 비가 쏟아졌더라"(창 7:11,12).

지층의 존재와 화석들은 성경에 기록되어 있는 노아 홍수의 기록과 완전히 조화를 이루고 있습니다. 땅속에 매장되어 있는 엄청난 양의 석탄과 원유는 오직 창세기에 기록되어 있는 세계적인 대홍수에 의해서만 설명될 수 있습니다. 지상을 뒤덮은 물이 줄어들기 시작하면서 강한 물살과 격류로 인하여 깊고 큰 협곡이 이루어졌으며, 암석들은 그 무게에 따라서 쌓이게 되었는데, 이것들은 죽은 동물들과 식물들을 엄청난 압력으로 압축하여 지층을 형성하게 되었습니다. 죽은 동물과 식물들이 지하 깊숙한 곳의 열과 압력에 의해서 거대한 유전과 석탄광이 된 것입니다. 오늘날에는 이러한 지층이 결코 형성될 수 없습니다. 지층 속에 매장되어 있는 엄청난 양의 유전과 석탄광은 진화론자들이 주장하는 "균일론"을 완전히 부인함과 동시에 과거에 세계적인 대홍수가 있었다는 사실을 증명해 줍니다. 지금도 세계 곳곳에서 노아 홍수 당시에 있었던 생물체들의 대량 몰사 사건을 확인할 수 있습니다.

Ⓐ 약 8천만 마리의 척추동물들의 죽은 잔해들로 형성된 남아프리카의 건조한 대지인 카루지역.
Ⓑ 약 십억 마리의 물고기 떼가 함몰된 캘리포니아에 있는 약 4평방 마일의 허링 화석군.

엄청난 규모의 유전과 석탄광이 존재하기 위해서는, 수백만 톤의 식물과 동물들이 짧은 시간 안에 파묻혀야 하는 굉장한 지각의 변화가 있어야만 합니다. 또한, 어떤 화석들은 한 지층이나 여러 지층에 걸쳐서 직립으로 서 있는 모양으로 발견되는데, 이러한 사실은 화석화 되는 과정이 수백만 년에 걸쳐서 서서히 이루어지지 않았다는 사실을 말해줍니다. 다시 말하자면, 죽은 동물의 주변에 상당히 급격한 침전작용이 이루어져야만 서있는 모양으로 화석화 될 수 있는 것입니다. 각종 물고기와 해류의 화석들이 가장 높은 산맥에서 발견되고 있는 것은 수백만 마리의 물고기가 갑자기 홍수의 격류에 의하여 지하에 묻히게 되었다는 것을 확실히 뒷받침하고 있습니다. 지구상에 세계적인 대홍수가 있었다는 사실은 도무지 부인하지 못할 정도로 그 증거가 많고 다양합니다. 그러므로 균일론에 따라 지층의 연도를 계산하는 것은 매우 커다란 오차를 가져오게 됩니다.

6. 이 광활한 우주가 태초에 있었던 대폭발에 의해서 형성되었다고 하는데, 그것이 정말인가?

진화론에 의하여 태양계의 근원을 설명하는 이론이 최소 23가지나 됩니다. 우주의 기원을 설명하는 현대 진화론 중에서 가장 대표적인 것이 바로 대폭발 이론(Big Bang Theory)입니다. 이 이론은 모든 물질과 에너지가 "태초 원자"(원시 원자) 라고 불리 우는 곳에 집중되어 있었다는 가정 하에 출발합니다. 모든 물질과 에너지가 이 머리핀 끝보다도 작은 원자 속에 압축된 상태로 아무도 짐작할 수 없는 기간 동안에 우주 공간에 존재하다가, 어느 날 갑자기 그 에너지의 균형이 깨져서 폭발했는데, 거기서부터 은하계와 별들과 행성계가 탄생하게 되었다는 가설이 대폭발 이론의 요점입니다.

이 이론에서 우리는 두 가지 문제를 찾을 수 있습니다. 첫째는 대폭발 이론이 원시 원자가 이미 존재한다는 가정 하에서 출발하는데, 그렇다면 그 원시 원자는 어떻게 존재하게 되었는가 하는 것입니다. 진화론은 결국 최초의 물질이 창조되었다는 결론으로 귀착될 수밖에 없습니다. 결국, 우주의 기원 역시 하나님의 창조가 아니면 설명될 수 없다는 사실을 인정할 수밖에 없는 것입니다.

두 번째 문제는, 현재 존재하는 우주의 어디에서도 폭발에 의해서 질서가 생기거나 어떤 소행성계가 생성되지 않는다는 점입니다. 우주 안에 폭발 현상은 존재하지만, 폭발에 의해서 질서가 생기기보다는 무질서와 혼돈이 발생될 뿐입니다. 밤하늘의 은하계를 보십시오. 천문학자들이 말하는 우주의 정확성과 정교함에 대해서 들어 보십시오. 어떻게 이토록 수학적으로 정확한 우주의 움직임이 폭발이나 우연에 의해서 형성되었다고 말할 수 있을까요?

물론, 대폭발 이론을 주장하는 사람들은 태초에 있었던 그 대폭발의 사건이 일반적인 상식과 상황으로는 이해될 수 없는 것이라고 말하면서, 태초에 있었던 대폭발의 영향 때문에 지금도 이 우주는 팽창하고 있다고 말합니다. 그리고 우주가 팽창하는 증거로서, 별들이 지구에서 멀어지는 방향(우주의 팽창 방향)으로 움직일 때에는, 지구에서 관측되는 별들의 빛이 붉은색 계통을 띄우게 된다는 사실을 지적합니다. 그러나 별들의 빛이 적색 경향을 나타낸다는 이유 하나만을 가지고서 우주가 팽창하고 있다고 결론지을 수는 없습니다. 왜냐하면, 실제에 있어서 이 우주 안에는 별이 지구 쪽으로 가까워지는 방향으로 움직일 때 나타나는 푸른색 계통의 빛을 발하는 별들도 존재하기 때문입니다. 또한, 별들 사이에 존재하는 만유인력에 의해서도 별들로부터 붉은색 계통의 빛이 나타날 수 있기 때문입니다.

그러나 무엇보다도 대폭발 이론을 거절해야 하는 이유는, 폭발에 의해서 질서가 생긴 경우는 이 우주 안에 단 한 번도 없기 때문입니다. 만일 어떤 사람이 화산이 폭발해서 돌로 만들어진 도시가 질서 정연하게 세워진 것을 보았고, 화산이 원래 지녔던 것보다 훨씬 고도의 질서와 정보를 가진 도시로 형성된 것을 보았다는 말을 한다면, 여러분은 그 말을 어떻게 생각하십니까? 아마도 여러분은 그런 일은 결코 생길 수 없으며, 꾸며낸 공상 이야기라고 말하지 않겠습니까?

대폭발의 이론은 앞에서 배운 열역학 제2법칙에 의거해서 생각해 보더라도 쉽게 그 허상을 확인할 수 있습니다. 비록 태초 시대에 대폭발이 있었다고 할지라도, 이 우주의 불변하는 법칙인 열역학 제2법칙에 의해서 우주는 점점 더 무질서하고, 에너지가 낮아지는 방향으로 변화되어 가야만 합니다. 그러므로 대폭발 이론은 이런 면, 저런 면을 고려한다고 할지라도 너무나 허무한 공상 이야기에 불과합니다.

그렇다면, 오늘날 우주계에서 볼 수 있는 모든 생명과 정보와 에너지는 어디서 왔을까요? 우주 어디에서도 이 모든 것의 원천이 될 만한 곳을 찾을 수 없습니다. 오직 우주를 초월하여 존재하시는 창조주 하나님의 정교한 디자인에 의해서 모든 생명과 정보와 에너지가 생성되었다는 결론을 내리는 것이 가장 논리적이고 과학적이 아니겠습니까?

"여호와가 우리 하나님이신 줄 너희는 알지어다 그는 우리를 지으신 자시요 우리는 그의 것이니 그의 백성이요 그의 기르시는 양이로다"(시 100:3).

제3부 천연계에 나타난 창조주의 고유한 디자인

David F. Coppedge

식물학, 동물학, 천문학, 그리고 화학을 연구한 사람이라면, 우주 안에 있는 모든 것이 저마다 독특한 모양으로 설계되어 있음을 보고 깜짝 놀라게 됩니다. 무한한 다양성, 기막힌 아름다움, 완전한 질서와 능률, 그리고 완벽한 수학과 설계를 보면서 창조주 하나님의 손길을 느끼게 될 것입니다. 자연에 새겨 놓으신 하나님의 설계도와 프로그램을 정직한 마음으로 보는 사람마다 진화론자들의 헛된 이론에서 빠져나오게 될 것입니다.

단지 자연을 통하여 하나님의 존재를 아는 것이 가능할까요? 성경의 대답은 '그렇다'입니다.

"창조로부터 그분의 보이지 아니하는 것들 곧 그분의 영원하신 능력과 신성이 그 만드신 만물에 분명히 보여 알게 되나니 그러므로 저희가 핑계치 못할 찌니라."(롬 1:18-22)

이제, 그 증거를 알아보겠습니다!

1. 우연의 법칙

우연히 생명이 만들어질 수 있을까요? 우연이라는 것이 얼마나 바보 같은 것인지를 알고 있는 사람은 그렇게 많지 않습니다. 예를 들어, 당신이 임의로 1에서 10까지 새겨져 있는 10개의 동전들 중에서 하나씩 선택할 때, 우연히 1에서 10까지 순서대로 배열되기를 기대하는 것은 100억 분의 1의 확률과 같은 것입니다. 매번 시도하는 데에 5초가 걸린다고 한다면, 우연에 의해 1에서 10까지 순서대로 나오는 것은 밤낮을 가리지 않고 계속해도, 약 1,500년의 세월이 흐릅니다. 생명을 우연에 의하여 창조하려면 얼마나 많은 시간이 필요할까요? 어떤 사람들은 불가능한 일도 우연히 일어날 수도 있다고 믿고 있습니다.

"충분한 시간만 있다면, 백만 마리의 원숭이가 백만 대의 타자기에서 타이핑을 한다면 우연히 셰익스피어의 작품이 만들어질 수도 있다."

이것은 잘못된 비유입니다. 왜냐하면,

1. 충분한 시간이 없었습니다. 우주는 시작을 가지고 있습니다. 우연적 사건이 영원히 일어날 수 없는 것입니다.

2. 타자기는 고장 날 것이고, 원숭이들은 지겨워할 것이며, 죽게 될 것입니다.

3. 글자들은 종이 위에 오래 남아있지 않습니다. 우연에 의해 생명이 발생하게 된 '최초의 원시 스프(primordial soup)'에서 유용한 분자들은 생성되는 것보다 더 빠르게 파괴되었을 것입니다.

2. 우주와 지구

우주는 생명체들이 존재하도록 자체가 매우 정교하게 조정되어져 있습니다. 전자의 전하량이나 중력상수와 같은 물리학의 기본적인 수치들이 조금이라도 변한다면 생명체는 유지될 수 없을 것입니다. 우리가 살고 있는 태양계는 정해진 법칙에서 조금만 벗어나도 생명체가 사라질 수 있는 여러 특성들이 있습니다. 예를 들어, 목성은 위험한 소행성이나 혜성 등의 대부분을 안전하게 휩쓸어 갑니다. 지구는 움직임이 강한 내부 물질을 충분히 지지하는 단단한 지각(crust)을 가지고 있습니다. 내부 물질의 움직임이 더 클 경우, 지각은 녹고 생명체는 존재할 수 없을 것입니다. 태양으로부터의 지구의 거리, 지구로부터의 달의 거리는 적당한 온도를 유지하게 합니다. 경사진 지축은 각 계절과 기후의 순환을 가능하게 합니다. 달은 해양을 깨끗하게 하는 조수를 일으키기에 알맞은 크기와 지구로부터의 거리를 유지하고 있습니다. 달의 적절한 지름은 태양의 지름과 완벽한 조화를 이루어 아름다운 일식을 만들어 냅니다. 일일이 열거하기에 너무도 많은 우연히 이루어질 수 없는 이러한 사항들이 존재합니다.

3. 세포

분자수준의 생명체는 믿을 수 없을 정도로 복잡합니다. 단백질, 효소, DNA에서 일어나는 화학적인 반응은 빠르고 정확하게 조화를 이루며 일어납니다. 가장 단순한 형태의 세포에도 최소한 239개의 단백질들이 필요합니다. 이러한 단백질 중에 하나가 우연히 만들어질 확률은, 가장 이상적인 조건 아래에서도 1/10161 보다도 작습니다. 가장 단순한 세포가 우연히 만들어질 확률은 1/1040,000 입니다. 1/1050 보다 작은 확률이 일어난다는 것은, 전 우주 내에서 사실상 불가능합니다.

4. 눈

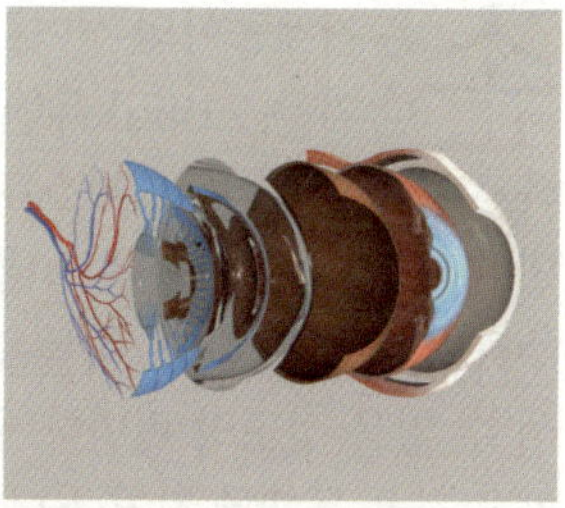

눈은 어떠한 첨단 컴퓨터의 4K 회로 시스템보다도 뛰어납니다. 만들어 낸 색깔과 실제처럼 보여주는 높은 질의 움직이는 동영상들도 눈과 비교될 수 없습니다. 각 렌즈들은 수정 벽돌 같은 22,000 개의 투명 세포들의 미세한 층들로 이루어져 있습니다. 사람이 만드는 렌즈와 다르게, 눈은 최고의 굴절률과 유연성, 다양한 초점을 맞출 수 있습니다. 눈의 조리개(홍채)는 불빛의 강도를 100에서 1까지 조절할 수 있습니다. 각막은 구면 수차를 최소화 할 수 있도록 매우 얇게 고루 펴져있습니다. 눈의 안쪽 부위는 난반사를 감소시키기 위해 어둡습니다. 눈은 자신의 방어를 위한 일종의 윤활 시스템을 가지고 있습니다. 눈은 두 개의 눈동자를 협력해서 움직일 수 있는 근육 시스템을 가지고 있습니다. 눈은 또한 1억 배나 되는 명암 차이를 감지해낼 수 있습니다. 망막은 1억2500만 개에 달하는 간상체(rods)와 추상체(cones)를 가지고 있습니다. 간상체는 마치 빠른 속도의 흑백 필름 같고, 추상체는 8백만 개의 색깔들을 인식할 수 있는 좋은 칼라 필름과 같습니다. 근육은 이러한 극도로 복잡한 세포들이 포화(피로화)되지 않도록 상들을 움직이게 합니다. 망막의 중심부에는 원추체가 밀집되어져서 존재하는데, 각각의 시신경들은 뇌로 연결되어 있습니다. 우리의 눈은 우리의 의식적인 노력 없이도 운영되고 있습니다. 그리고 아무런 수리 없이도 평생 동안을 작동할 수 있습니다.

5. 귀

귀는 대개 30만개 이상의 소리 종류를 구분해낼 수 있습니다. 이것은 생존하는 데는 별 필요가 없지만, 음악을 감상하고 즐기기에 충분합니다. 우리의 귀는 1에서 100억 까지의 소리 강도를 감지해낼 수 있습니다. 귀의 안쪽에는 20,000 개의 모세포(hair cell)가 있습니다. 각 모세포는 100개의 분리된 모세포로 나뉘어지는데 (모두 200만 개), 각 모세포들은 자신의 주파수와 소리 강도에 반응합니다. 중이의 뼈들은 미세한 기계적 조정 역할을 담당합니다. 작업을 완벽하게 수행하기 위해서 이들 소골(ossicles)들은 일정한 크기를 반드시 유지해야만 합니다. 그러므로 소골들은 태어나서부터 늙을 때까지 자라지 않는 유일한 뼈입니다. 우리의 귀는 복잡한 스테레오 음향기기를 우리 머릿속에서 구성하고 있는 것입니다.

6. 손

손은 기계공학의 경이로움입니다. 손은 27개의 뼈, 떨어져 있는 엄지손가락, 독특한 지문, 그리고 유연성을 가지고, 복잡한 다수의 일들을 수행합니다. 타이핑을 하고, 수화를 하며, 오케스트라를 지휘하고, 얇은 금속에 나있는 미세한 흠집을 감지해 낼 수 있으며, 야구공을 쳐내고, 망치질을 하고, 박수를 치고, 뜨개질을 하고, 악기를 연주하고, 수영을 하고, 벽돌을 격파하고, 곡예를 하고, 섬세한 것들을 집어 내고, 그리고 셀 수 없을 정도의 평범하거나, 평범하지 않은 모든 기능들을 할 수 있습니다. 손톱은 매우 작은 물체를 집거나 다룰 수 있게 하며, 현악기의 소리를 내게 할 수 있습니다. 손의 피부는 많은 학대에도 견딜 수 있을 정도로 거칩니다. 그러나 매우 작은 접촉들을 느낄 수 있을 만큼 민감하기도 합니다.

7. 얼굴

얼굴은 28 겹의 종이처럼 얇은 피하 근육들로 이루어져 있습니다. 이 근육들은 우리가 250,000개의 표정을 짓는데 뼈보다도 더 큰 도움을 주고 있습니다. 대부분의 동물들은 자신들의 종 내에서 다른 개체와 잘 구별되지 않습니다. 그러나 오늘날 70억의 사람들은 각자 매우 독특한 얼굴들을 가지고 있습니다. 그것을 통해 수많은 사람들 사이에 서로가 구별되어 집니다. 사람은 얼굴을 통해 감정의 대부분을 표현하기도 합니다. 이런 모든 것들은 사람으로서 서로 서로가 관계를 맺고 지내도록 디자인되어졌음을 보여주고 있습니다. 그리고 하나님은 각 개인을 하나님과 개인적으로 관계를 가지도록 창조하셨음을 의미합니다.

8. 뇌

뇌는 천 억 개의 뉴런(neurons)을 가지고 있습니다. 각 뉴런들은 다른 뉴런들과 1,000번 이상의 연결로 이어져 있습니다. 이것은 뉴런들 사이는 1조 개 이상으로 상호 연결이 되어있음을 의미합니다. 이것은 지구상에 존재하는 모든 전기적 장치들의 연결과 맞먹는 것입니다. 생각하고 기억을 저장할 수 있는 뇌의 기능에 대해서는 아

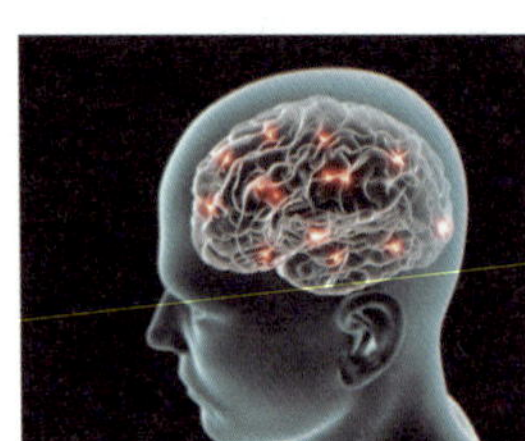

직까지 알려지지 않았습니다. 그러나 전자적 기호와 복잡한 화학적 신경전달물질에 의한 과정을 포함하고 있는 것은 확실합니다. 로봇 제작자들은 로봇들이 종이컵을 움켜쥐거나 눌러 부수는 일 없이, 가볍게 들어 올리거나 하는 단순한 일들을 가능하게 하는데 시간을 보내고 있습니다. 그러나 작은 아이들도 종이컵을 들어 올릴 수 있습니다. 다른 수천만 명의 사람들도 특별한 생각 없이도 누구나 이 일을 할 수 있는 것입니다.

9. DNA(유전정보)

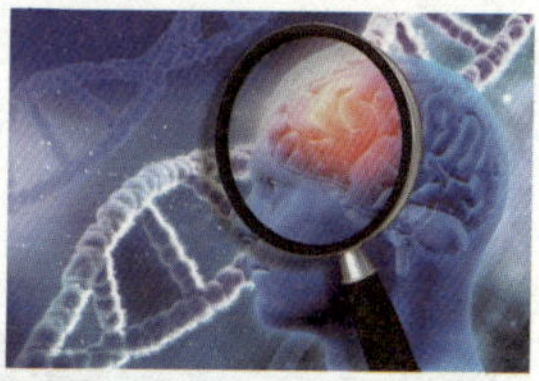

몸 전체는 바늘 끝 보다도 훨씬 작은 수정란 세포로부터 시작되었습니다. 이 안에는 몸의 조직, 기관, 기능들을 만들어낼 수 있는 완벽한 암호 체계가 들어 있습니다. 만약에 살고 있는 모든 인류의 수정란 속의 DNA를 다 모은다 하더라도, 그것은 단지 우표 무게의 1/50에 지나지 않을 것입니다. 우리 몸에 있는 세포들 속에 들어있는 DNA의 총 길이는 달까지 100,000번을 왕복할 수 있습니다. 그러나 이것은 한 스푼 안에 다 들어갈 수 있습니다. 그러나 책으로 그것을 기록한다면, 정보의 양은 그랜드 캐년 40개를 채우고도 남을 책들이 될 것입니다.

10. 수많은 디자인의 예

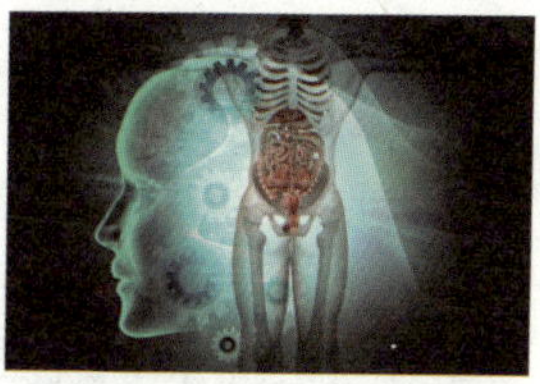

신체는 70-80 년 동안 한번도 쉬지 않고 작동하는 심장, 순환기관, 소화기관, 호흡기관, 배설기관, 생식기관, 림프계, 내분비선, 골격, 감각기관, 면역기관, 그밖에 신체의 모든 기관이나 조직들은 생명을 유지하기 위해 긴밀한 관계를 갖고 있어야 합니다. 이들의 긴밀한 관계를 어떻게 설명할 수 있을까요? 쉬지 않고 42km를 달리는 마라토너, 공중 2번 제비돌기를 하는 체조선수, 그리고 신체적 결함으로 인해 수학적 계산을 오로지 머리로만 해야 하는 물리학자에게서 이들 기관들이 함께 일을 한다는 것은 매우 어려운 일입니다. 실제로 우리는 경이롭고 신묘막측하게 만들어져 있습니다(시 139:14).
(참조 : 한국창조과학회/자료실/창조의 신비/지적설계에 있는 자료들)

11. 야자

창조주 하나님의 놀라운 프로그램이 야자열매에서도 발견됩니다. 대개 야자나무는 해변에서 자랍니다. 익은 야자열매는 일반적으로 열대성 태풍이나 갑작스러운 강풍에 의해서 떨어지는데, 이때 야자는 소금기가 있는 바닷물에 떨어지기가 일쑤입니다. 이러한 이유 때문에 하나님께서는 야자열매의 껍질 속에 강력한 방수 작용을 설계해 넣으셨습니다. 바닷물에 장기간 동안 떠있어도 결코 바닷물이 껍질 속으로 새어들지 않습니다. 바다에 떠다니다가 결국에는 파도에 밀려서 먼 곳에 있는 어떤 섬의 해안까지 여행하게 되는데, 이 긴 여행에도 불구하고 야자열매는 완벽한 방수 껍질에 보호되어 그 생명력을 유지할 수 있습니다. 야자열매는 바람에 의해서 날라 온 모래에 의해서 땅속에 묻히게 되는데, 야자를 덮은 모래의 두께가 야자 지름의 1/3이 되면, 드디어 싹이 나오기 시작합니다.

그런데 야자열매가 싹을 내기 위해서는 소금기가 없는 수분이 필요합니다. 바로 이러한 위급한 경우를 위해서 하나님께서는 야자 안에 한 컵 정도의 달콤한 액체를 넣어 두셨던 것입니다. 이 달콤한 액체가 야자 씨로 하여금 싹을 트고 뿌리를 내려서 비가 올 때까지 생존을 가능케 하는 것입니다. 야자 씨에서 볼 수 있는 창조주의 지혜를 보면서, 어떻게 창조를 부인할 수 있을까요?

3. 실난초

실난초를 수정하는 특별한 나방이 있습니다. 이 나방은 주로 밤에 고치로부터 나오는데, 어떻게 고치에서 방금 나온 나방이 실난초를 정확하게 식별하여 찾아갈 수 있을까요? 태초에 하나님의 정확한 설계도가 나방의 세포 속에 새겨졌다는 사실을 기억하십시오. 실난초 꽃은 밤에만 피어서 향기를 발산함으로 나방을 유인합니다. 나방은 실난초 꽃이 발산하는 강한 향기를 추적하여 실난초를 찾아낸 후 꽃가루를 묻혀서 다른 실난초의 수정을 도와주게 됩니다. 실난초는 이 나방의 도움이 없이는 수정하여 번식할 수 없습니다.

이와 비슷한 경우로서, 밤에 날아다니는 박쥐에 의해서만 수정되는 열대성 꽃들이 있는데, 이러한 꽃들 역시 밤에만 피어서 박쥐들을 유인하는 향기를 발산합니다. 만일 이러한 꽃들이 특정한 종류의 곤충이나 새들을 유인할 수 있는 특별한 향기를 만들어 내는데 진화론자들이 말하는 것처럼 수백만 년이 걸렸다고 가정한다면, 모든 꽃은 오래전에 멸종되고 말았을 것입니다.

4. 벌

일벌은 능숙한 항공조종사입니다. 일벌은 꿀을 얻기 위해서 여러 산과 개울을 넘어서 먼 거리를 여행해야만 하는데, 그들의 집으로 돌아올 때에는 자신의 위치에서 최단거리를 선정하여 일직선으로 돌아옵니다. 누가 그에게 방향을 가르쳐 주었을까요? 누가 그의 몸에 최신 레이더 기능을 넣어 주었을까요? 진화론으로 설명할 수 없는 꿀벌의 기능을, 성경은 창조주 하나님의 디자인과 프로그램이라고 소개하고 있습니다.

꿀벌은 꿀을 구하기 위해서 꽃에 들어갔다가 나올 때에는 온몸이 꽃가루 투성이가 되어 질식될 수밖에 없습니다. 그런데 자상하신 하나님께서는 이럴 때 사용할 수 있도록 특별히 설계된 솔을 꿀벌의 무릎에 달아두셨습니다. 진화론자들의 말처럼, 꿀벌 역시 진화의 결과로 우연히 생긴 존재라면, 진화의 결과로 첫 번째 꿀벌의 형태를 갖춘 벌의 앞다리 부분에 솔 같은 털이 필요에 의해서 진화되어 나올 때까지 수백만 년을 기다려야만 한다는 이야기가 되는데, 꽃가루를 털어내는 솔 같은 털이 진화되어 나오기 훨씬 이전에 그 첫 번째 꿀벌은 질식사하고 말 것이며, 이로써 꿀벌의 번식은 중단되고 말았을 것입니다. 벌과 꽃과 새들을 좀 더 자세히 살펴보세요. 그대는 진화론이 얼마나 허구적이며 비논리적이고, 비과학적인지 알 수 있을 것입니다!

박쥐에게 최첨단 레이더를 장치해 주셨고, 오징어에는 제트기식 추진 기능을 부여하셨으며, 낙지에게는 연막 액체를 퍼뜨릴 수 있는 기능을 주셨으며, 비둘기에게는 기적에 가까운 자동 지향 장치를 장비케 하셨고, 카멜레온에게는 수시로 색깔을 변화시키는 위장 기술을 넣어주셨으며, 사람에게는 창조의 신비를 이해할 수 있는 놀라운 지성과 영적 분별력을 사용할 수 있도록 디자인해주신 신적인 설계자가 반드시 존재한다는 사실을 기억하십시오!

예전에 무신론자인 칼 세이건(Carl Sagan)은 다음과 같이 말한 적이 있습니다.

"이러한 것들은 150억년 동안의 우주 진화에 의해 수소 원자들로부터 만들어진 것이다"

이것을 믿을 수 있겠습니까? 이 극도로 복잡하고 정교한 구조들이 우연히 저절로 만들어질 수 있다는 말입니까? 성경에서 전하는 말씀을 다시 한번 읽어 봅시다.

"하나님의 진노가 불의로 진리를 막는 사람들의 모든 경건치 않음과 불의에 대하여 하늘로 좇아 나타나나니, 이는 하나님을 알 만한 것이 저희 속에 보임이라. 하나님께서 이를 저희에게 보이셨느니라. 창세로부터 그의 보이지 아니하는 것들 곧 그의 영원하신 능력과 신성이 그 만드신 만물에 분명히 보여 알게 되나니, 그러므로 저희가 핑계치 못할 지니라. 하나님을 알되 하나님으로 영화롭게도 아니하며 감사치도 아니하고 오히려 그 생각이 허망하여지며 미련한 마음이 어두워졌나니, 스스로 지혜 있다 하나 우준하게 되어"(로마서 1:18-22)

설계(design)는 설계자(designer)가 있음을 의미합니다. 우리가 관측할 수 있는 극도로 복잡한 질서의 설계는 전지하시며 전능하신 하나님이 하셨음을 의미합니다. 우리가 개개인의 특성에 따라 각각 설계되었다는 것은 한 사람 한 사람을 사랑하시는 하나님을 의미합니다. 당신을 만든 창조주이시며, 하늘에 계신 당신의 아버지를 알기를 원하십니까? 오늘부터 성경을 읽으십시오.

부록
진화론자들에게 묻습니다!

1. 어떻게 세 가지가 한자리에 모였을까요?

진화론자 여러분, 당신들은 이 우주가 대폭발로 시작되었는데, 이 대폭발에 의해서 생성된 에너지가 어쩌다가 단세포 생물을 만들어 냈으며, 그것이 수십억 년이라는 긴 세월을 지나면서 고생대 삼엽충으로 진화하였고(5억 50만 년 전), 그러다가 약 6백만 년 전에는 그것이 다시 공룡으로 진화되었으며, 그 후에 원숭이에서 사람으로 진화되었다고 말합니다.

그러나 얼마 전 미국의 그렌 로스 박물관 팀이 발견한 한 무더기의 화석들은 진화론자들에게 또 하나의 커다란 숙제를 안겨 주었습니다. 그 발굴 팀은 한 개의 지층 속에서 한꺼번에 삼엽충, 공룡, 그리고 약 57개에 이르는 인간의 발자국과 물에 빠져 익사한 것으로 보이는 여인의 화석을 발견함으로써, 모든 생물체가 동시대에 존재했었다는 확실한 증거를 발견하였습니다. 지질학자인 카알 바우와 클립포드 윌슨 박사는 진화론에 대해서 다음과 같은 우려를 표명했습니다. "만약 공룡과 인간이 같은 시대에 살았다는 것이 증명되면, 진화론의 모든 것은 일시에 붕괴된다."

진화론자들에게 묻습니다! 그대들의 이론에 의하면 수억 년이라는 길고 긴 세월의 간격을 두고 존재 했어야 할 삼엽충, 공룡, 사람의 화석이 어떻게 한 지층, 한자리에서 발견될 수 있을까요?

2. 수십억 년 전의 태양의 크기를 계산해 보셨나요?

태양은 지구에 중요한 에너지원입니다. 그런데 천문학자들의 관측에 의하면 매 시간 태양의 에너지가 조금씩 감소하고 있다고 합니다. 다시 말하자면, 태양의 크기가 줄어들고 있다는 말이죠. 그래서 천문학자들은 지금부터 수만 년 전에는 태양의 크기와 에너지가 얼마나 될까를 계산해 보았습니다. 그 결과, 지구의 역사는 결코 지금으로부터 수만 년 전으로 거슬러 올라갈 수 없다고 합니다. 왜냐하면, 만 년 전까지만 거슬러 올라가도 태양의 크기가 너무나 크고, 또한 거기서 발생하는 에너지가 너무나 강력하기 때문에, 지구는 불타서 없어지거나 엄청난 인력의 힘으로 태양 속으로 빨려 들어가 버릴 수밖에 없기 때문이죠.

이러한 논리에 의해서, 천문학자들은 태양계의 나이가 만년을 넘을 수가 없다는 결론을 내렸답니다. 진화론자들에게 묻습니다. 그대들은 이러한 견해에 대해서 어떤 답변을 하고 있습니까?

3. 수만 년 전의 지구와 달의 거리를 계산해 보셨나요?

달은 1년에 1인치씩 지구로부터 멀어져 가고 있습니다. 그러므로 지금으로부터 수만 년 전에만 해도 달은 지구와 매우 가까운 거리에 있었을 것입니다. 그러나 이 같은 경우, 지구 표면은 달의 인력의 증가로 말미암아 하루에 두 번씩 대홍수를 겪게 되며, 대부분의 생물이 몰사할 수밖에 없다고 합니다. 그러므로 지구와 달의 나이를 수십억 년으로 추론하는 그대들의 이론은 매우 비과학적입니다.

진화론자들에게 묻습니다. 지구와 달의 거리가 멀어지고 있는 현상을 근거로 해서 말하는 과학자들의 이야기를 어떻게 생각하십니까?

너희는 여호와 그분께서 하나님이심을 알라.
우리를 만드신 분은 우리들 자신이 아니라 그분이시라.
우리는 그분의 백성이요
그분의 풀밭의 양이로다

시편 100:3

11HN 열한시 네트워크

11TH HOUR NETWORK

01 YouTube채널 [11HN 성서연구원]

11HN.NET

■ 유튜브에서
11HN 성서연구원 검색

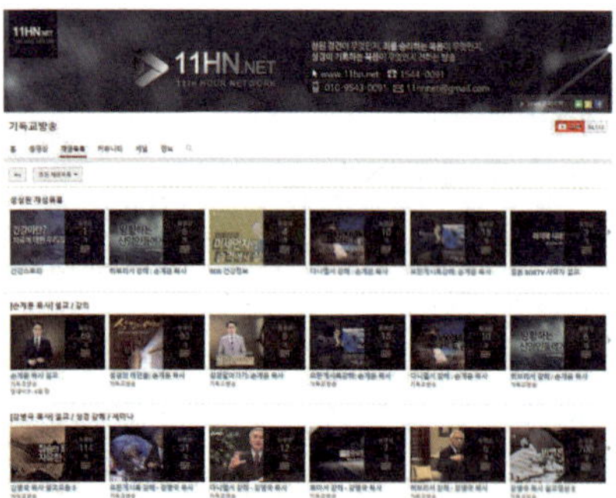

차별화된 기독교 방송이 제공됩니다!

- **설교** 마지막 시대를 살아가는 현대인들을 하늘 백성으로 준비시키는 참된 만나
- **강의** 성경의 예언들, 성경연구, 그리스도인 연애와 결혼 등 다양한 주제의 성경강의
- **간증** 거듭난 사람들의 간증과 행복한 가정, 자녀 교육, 그리스도인의 삶
- **건강** 현대인에게 필요한 건강 상식, 스트레칭, 채식 요리 레시피
- **토크쇼** 그리스도인 청년들의 토크, 참 신앙을 찾는 사람들의 이야기
- **다큐** 마지막 시대를 살아가고 있는 현대인들을 위한 성경 다큐

02 성경공부 시리즈
Bible Study Series

복음과 예언 등 성경의 다양한 주제들을 쉽고 깊이있게 알아갈 수 있는 성경공부 시리즈입니다.

연락주시면 1권을 무료로 보내드립니다

03 도서 단행본
11HN Books

요한계시록/다니엘 등 예언 연구, 복음, 그리스도인 생활, 교리, 그리스도의 생애, 기독교회사 등 삶을 변화시키는 진리가 담긴 책자들이 있습니다.

필요하신 분은 연락주시면 보내드리겠습니다.

04 월간지
Magazine

성경의 진리를 회복하고
가정과 건강과 신앙을 지키는 월간지

지금 신청하시면 무료로 보내드립니다

05 소셜 네트워크
SNS & Network

네이버 카페 Naver Cafe

그리스도인
www.kingsm.net

진리의 말씀을 사모하고 그 말씀대로 살길 원하는 사람들을 위한 온라인 카페

카카오스토리 Kakao Story

11HN기독교방송

팟빵 • 팟캐스트

Podbbang • Podcast

11HN 검색하기
컴퓨터와 스마트폰에 MP3를 듣고 다운받을 수 있습니다.

06 11HN 선교센터
11HN Global Ministry

www.11hn.net ✉ 11hnnet@gmail.com

- 한국 ☎1544-0091/010-9543-0091
- 미국 ☎1-917-935-9006
- 캐나다 ☎1-778-385-0691
- 일본 ☎81-050-1141-2318
- 인도네시아 ☎(62) 812-1026-3892

보내주시는 후원과 기도에 진심으로 감사드립니다!

후원 계좌 (예금주 : 열한시)

농협 301-0019-4151-11	국민 611601-04-222007	신한 100-025-300569
우리 1005-601-482208	우체국 700245-01-002423	하나 630-006815-376

후원 자동이체 서비스

스마트폰에 [네이버 앱]을 설치하신 후, [QR 코드] 검색하시면 아래와 같이 [렌즈] 인식검색이 보입니다.

음성 음악 렌즈 어라운드

[렌즈]를 누르시고, 오른쪽에 있는 QR코드 이미지를 찍으면 [후원 자동이체 서비스]페이지로 이동합니다.

11HN 네트워크

미국 후원 계좌
Pay to order : **11HN SOSTV Inc**
보내실곳: **4640 Glen Level Dr, Sugar Hill, GA 30518**
11HN SOSTV의 Tax ID No는 82-4291717 이며, 세금 공제 혜택을 받으실 수 있습니다.

11HN 선교센터로 연락하세요. 참 신앙과 새로운 영적경험이 열립니다.
TEL. 1544-0091, 010-9543-0091 E-mail: 11hnnet@gmail.com 카톡 ID: 11HN